山东开放40年
不忘初心再出发

山 东 省 商 务 厅
山东省商务发展研究院 编

山东大学出版社

《山东开放40年:不忘初心再出发》

编委会

前　言

世事几番新局面。1978 年，党的十一届三中全会开启了改革开放历史新时期，40 年来，山东始终与祖国开放步伐同步，与时代全球化浪潮同步，山东商务发展成为我国改革开放的鲜活缩影，为山东经济注入蓬勃驱动力，擘画出山东开放的宏章伟卷。

40 年来，山东紧紧抓住全球化快速发展的历史机遇，以解放思想为引领，冲破观念围墙、敢破敢立，形成“大开放、大市场、大商务”的商务发展理念，谋篇商务体制机制改革，释放山东经济发展活力，在高质量发展道路上取得累累硕果，对外贸易实现历史性跨越，外贸出口突破万亿大关；区域开放布局不断优化，外商投资环境持续改善，对外投资合作深入推进，山东已经深度融入全球市场价值链，对外开放成为经济高质量发展的必由之路。

生逢大时代，谱写大篇章。上一个 40 年，山东商务改革生发澎湃万象，汇聚成我国改革开放波澜壮阔的时代浪头；接下来，山东商务伴着“全力打造对外开放新高地”的号角，将进一步发挥山东优势，总结改革开放 40 年来的经验智慧，在国家开放战略中勇于担当作为，在新一轮对外开放中再领改革风气之先、再立开放波澜潮头。

进入 2019 年，山东大地春潮涌动，“担当作为、狠抓落实”汇聚成新旧动能转化重大工程和高质量发展的最强音。《山东开放 40 年：不忘初心再出发》汇集了山东省、16 市、国家级经济技术开发区、海关特殊监管区和部分优秀企业的改革经验和开放历程，对各方面的支持与配合，在此一并表示诚挚的感谢！

编者

2019 年 3 月

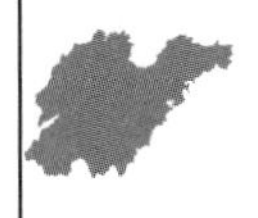

目 录

综合篇

区域篇

园区篇

企业篇

综合篇

山东开放40年 不忘初心再出发

SHAN DONG KAI FANG 40 NIAN
BU WANG CHU XIN ZAI CHU FA

山东对外开放40年的发展历程*

编者按：1978年12月18日，党的十一届三中全会做出了实行改革开放的重大决策，这是党和国家具有深远历史意义的伟大转折。时至今日，我国的改革开放走过了40年不平凡的辉煌历程，山东也在扩大开放中发生了几千年来从未实现的沧桑巨变。为此，我们系统梳理我省对外开放40年的发展历程、伟大成就、历史经验，并对下步对外开放进行了展望，以期在新形势下解放思想、统一认识，增强信心、保持定力，推动山东开放工作在新的起点上开启打造对外开放新高地的伟大征程。

改革开放40年来，全省上下在省委、省政府的坚强领导下，始终坚持改革开放的基本国策不动摇，抢抓国家扩大开放的战略机遇，不断解放思想、锐意进取，着力推动全省开放向全方位、宽领域、高层次方向拓展，加快构建陆海内外联动、东西双向互济的开放格局，城乡面貌发生了翻天覆地的巨大变化，经济社会实现了前所未有的历史跨越，为全省经济发展、民生改善、社会进步和各领域文明程度的提高做出了突出贡献。改革开放40年来，我省开放从东部向中西部不断延伸，从经济领域向经济社会各领域不断拓展，参与国际竞争合作的层次水平不断提升。40年的开放征程主要划分为四个阶段：

一、对外贸易规模迅速扩大

党的十一届三中全会之后，改革开放的浪潮迅速席卷神州大地，作为东部沿海省份，山东也立即拨乱反正，乘风劈浪，开启了波澜壮阔的开放征程。

---

* 山东省商务厅(研究室)供稿。

1979年初，我省先后与奥地利、瑞士启动外贸谈判，接待万国邮联邮政考察团，批准德国在济南、青岛举办了图书展，打开了与世界交流的大门。1979年7月26日，邓小平同志专程视察山东，发表了题为《思想路线政治路线的实现要靠组织路线来保证》的即席讲话，为我省的开放卸下了思想包袱，指明了工作方向。第二年，省政府改组省对外贸易局，成立省进出口管理委员会，统一管理全省的进出口贸易、利用外资和引进技术等工作。

由于组织领导有力，全省开放工作在多个领域突飞猛进，创造了多个全国第一。1979年，济南汽车制造厂同罗马尼亚联合建设了全国首条多品种重型汽车装配线；1980年，我省自营的第一艘远洋货轮自青岛首航香港；1981年，我省首家中外合资企业成立，首家对外投资企业登陆美国；1982年，国内首个世界银行无息贷款农业项目落地山东；1983年，中建山东分公司承接了我省第一个对外承包工程项目科威特阿尔迪亚的住宅建设工程；1987年，德国汉高在烟台设立我省第一个世界500强企业投资项目；1990年，在中韩尚未建交的情况下，中韩首个海上航班"金桥"轮抵达威海。此外，我省还在全国服装行业第一个实行"面料直供"，制造了我国第一台高精度外圆磨床，生产了第一台电脑控制自动加油机，建成国内第一家海水印染厂，众多的"第一"凝结了全省人民的勤劳与智慧，也铸就了开放大省的底蕴与辉煌。

山东的开放工作也得到了国家的肯定与支持。1980年，国家首批14个沿海开放城市中，我省青岛、烟台两个城市入选；1984年，设立了包括青岛、烟台在内的14个经济技术开发区，东部沿海成为我国对外开放的前沿阵地，充分彰显了在全国开放大局中的地位和作用。我省顺势提出"东部开放、西部开发、东西结合、共同发展"的开放战略，1988年国务院批准济南、青岛、烟台、威海、潍坊、淄博、日照7市列入沿海经济开放区，成为同期国内最大的开放区。各地抢抓机遇，大搞引进劳动密集型出口加工项目，1981～1991年，全省共批准设立外商投资企业1735家，合同外资14.8亿美元，实际利用外资5.6亿美元，为全省进出口、税收、就业等做出了突出贡献。逐步推进外经贸体制改革，实行出口代理制，激发出口企业积极性，对外贸易额由1978年的300万美元增长到1991年的48.3亿美元。

二、1992～2001年，东西结合推进开放向纵深展开阶段

1992年，邓小平视察南方并发表重要谈话，中共中央出台《关于加快改革，扩大开放，力争经济更好更快地上一个新台阶的意见》，党的十四大明确我国经济体制改革的目标是建立社会主义市场经济体制，回答了多年来困

扰和束缚人们思想的许多重大认识问题。我省确立了“全面开放、重点突破、梯次推进、东西结合、加快发展”的开放方针，提出实施外向带动战略，把全省经济发展的重点由内向型为主，转到内外兼顾、以外向型为主的发展轨道上来，开放工作全面加速。

1992 年，国务院先后批准设立了威海经济技术开发区、青岛保税区和济南、青岛、淄博、潍坊、威海 5 个高新技术产业开发区。山东省政府制定了发展外向型经济“划区布点”总体方案：在青岛、烟台、威海、日照、潍坊、淄博、济南设立了 34 个外向型工业加工区，在济宁、泰安、莱芜、枣庄、临沂、德州、聊城、菏泽、东营、滨州等地设立了 12 个开放开发综合试验区，在泰安、曲阜设立了两个旅游经济开发区，形成了由东部沿海到内陆腹地梯次推进的开放格局，促进外向型经济实现了较快发展。当年，全省利用外资达到 13.8 亿美元，接近改革开放以来总和；外贸进出口增长 61%，创历史最高水平。

其间虽然爆发了亚洲金融危机，但山东省第七次党代会坚持对外开放不动摇，把经济国际化战略作为全省跨世纪发展的重大战略，坚定不移发展外向型经济。1992～2001 年，全省累计设立外商投资企业 34201 家，利用外资 439.4 亿美元，外商投资企业年销售收入达到 2173.3 亿元，利润 107.4 亿元，纳税 110.7 亿元，吸收就业 175 万人。对外贸易连续跨上 100 亿美元、200 亿美元两个台阶，贸易结构不断优化，工业制成品出口比重提高到了 78.3%，机电产品出口占比达 20%，加工贸易出口占据半壁江山。“走出去”上升为国家战略，我省对外承包工程合同、对外投资分别于 1994 年和 2001 年突破 1 亿美元。

三、2002～2011 年，对外开放实现快速扩张的关键阶段

2001 年 12 月 11 日，中国正式加入了 WTO，我国体制机制全面接轨国际规则惯例，产业结构深入参与世界分工体系，为国民经济发展开拓了新的空间，迎来了我国经济发展史上的“黄金时期”。省委、省政府提出“抢抓机遇，应对挑战，推进经济在更大范围、更深程度上参与国际经济合作与竞争”，集全省之力打造外经外贸、高新技术、民营经济三个亮点，把外经外贸列为三个亮点之首，确立了开放在全局工作中的引领地位。

在工作机制上，省委、省政府主要领导亲自带队连续举办“香港山东周”活动，成为山东开放史上的一大创举和集中展示全省开放形象的盛会，全省上下形成了浓厚的开放氛围和鲜明的开放导向。在开放布局上，提出了“深化日韩、提升东盟、突破欧美、拓展非洲”的全面开放战略，不断完善内外联动、互利共赢、安全高效的开放型经济体系。在主攻方向上，以“两国两地

(日韩、港台)、两洲两市(欧美、京沪)”为重点，优化境外代表处布局，加快引进龙头型、基地型战略投资项目，形成了全方位、宽领域、多层次的全面开放格局。

对外贸易高歌猛进，全省出口由不足200亿美元增加到1258亿美元，10年跨过了11个百亿级台阶，全省进出口一举超过2000亿美元，年均增长24%。“引进来、走出去”双向提升，累计批准外资项目3.75万个，实际利用外资915.2亿美元，年均增长11.8%；服务外包连续三年实现翻番增长；对外投资、对外承包工程合同分别达到27.1亿美元和82亿美元，均进入全国前两名。省级以上经济开发区达到156家，其中国家级经济技术开发区由开放之初的3个发展到9个，拥有青岛、烟台2个保税港区，1个综合保税区，4个出口加工区，在带动产业升级和区域发展上发挥了重要作用。

四、2012年至今，新一轮高水平高质量对外开放的新阶段

国际金融危机之后，发达国家贸易保护主义、反全球化思想抬头，国际经贸规则和世界经济格局面临深刻调整；国内经济面临“三期叠加”的新常态，经济结构加快转型发展。受劳动力、土地、环保等成本提升和人民币持续大幅升值等因素影响，全省外贸2014年创造历史最高的2771.2亿美元之后，出现高位徘徊、横向盘整现象。党的十八大提出了“全面提高开放型经济水平”的工作部署，习近平总书记2013年视察山东时提出“适应经济全球化的新形势，实施更加积极主动的开放战略，充分利用沿海的独特地理位置，努力塑造开放型经济发展新优势”，山东省委、省政府审时度势，提出在新一轮对外开放中确立四个新定位、培育六大新优势、实现八大新突破。2017年，省委、省政府时隔9年再次召开了高规格的全省开放型经济发展大会，出台了《关于推进新一轮高水平对外开放的意见》。

全省上下加快构建新体制、发展新模式、形成新格局、塑造新优势，推动外贸业态拓展、外资主体提升、走出去战略对接、园区功能再造，开放型经济发展的质量不断提升。2017年，全省跨境电商、市场采购、综合服务等外贸新业态带动出口接近1000亿元，一般贸易、民营企业出口比重均高于全国，服务贸易占比连续提升。实际利用外资规模超过浙江，上升到全国第五位，当年吸引美国谷歌、江森自控、苹果、英国石油公司、荷兰路易达孚、德国赢创等51家世界500强企业，签约项目115个，合同外资71.2亿美元，发达经济体投资占比高于全国近10个百分点，先进制造业投资比重高于全国27个百分点。“一带一路”成为经贸合作亮点，对沿线实际投资100.6亿元，增长81.7%，占比26.7%；完成对外承包工程营业额473.4亿元，增长11.2%，占

全省的 59.6%;在沿线建成 4 个国家级经贸合作园区,居全国首位。潍柴集团、烟台喜旺等以“走出去”带动“引进来”,形成了良好的示范效应。全省省级以上开发区主要经济指标增长速度均高于全省平均水平。由于我省开放工作成效明显,得到国务院的通报表彰奖励。

2018 年以来,习近平总书记先后对山东作出“加大改革开放力度,重塑开放型经济发展新优势”“主动融入国家开放大局,提高开放水平,扩大高质量招商引资,深度融入‘一带一路’建设,把山东打造成为对外开放新高地”重要指示,为我们做好新时代开放工作提供了总遵循、总定位、总航标。山东省委、省政府贯彻党的十九大精神,组织党政代表团到广东、江苏、浙江三省考察学习,召开了全省招商引资招才引智工作会议,承办中国—上合组织青岛峰会,举办首届中国儒商大会、青年企业家论坛、外交部蓝厅推介会等重大经贸活动,出台扩大高质量招商引资招才引智考核办法、支持实体经济高质量发展意见等政策措施,重大活动亮点纷呈,重大政策力度空前,“双招双引”高潮迭起,新旧动能转换重大工程全面起势,我省开放发展步入崭新的发展阶段。

山东对外开放40年取得的巨大成就*

回顾40年的开放之路，全省上下以勇立潮头的慷慨气概、攻坚克难的无畏勇气，推动开放工作风雨兼程、稳步向前，向世界展示了厚道鲁商的光辉形象，铸就了开放山东的华丽蜕变，取得了令人瞩目的巨大成就，以当仁不让的姿态在全国对外开放中走在了前列。

一、对外贸易规模迅速扩大

对外贸易进出口总额由1978年的8.7亿美元扩大到2017年的2630.6亿美元，增长301倍，年均增长15.8%；其中，出口、进口分别增长176倍和2766倍，年均分别增长14.2%和22.5%。近年来，对外贸易稳居全国第五位，始终处于全国第一集团行列。贸易方式更加多样，开放初期以“大进大出”为特征的加工贸易发展迅速，1995年首次超过一般贸易，1997年占比达到58.5%，连续8年成为最主要的贸易方式。随着产业竞争能力的提升，一般贸易再次发力，2003年以来年均增长15.8%，高于加工贸易6.6个百分点，2017年一般贸易占比达到64.1%，加工贸易降到26.6%。服务贸易高速增长，2017年达到3528.1亿元，创历史最高水平，其中出口增长快于进口，新兴服务贸易快于传统服务贸易，服务贸易逆差正在不断缩小，占对外贸易总额的比重由2014年的10.7%提高到16.5%。新业态新模式快速崛起，2017年全省跨境电商出口678.4亿元，市场采购出口62.8亿元，38家本土培育的省级外贸综合服务企业进出口231.5亿元。

二、利用外资质量效益提升

自1981年第一家中外合资企业落户青岛，截至目前，全省累计批准外资

* 山东省商务厅(研究室)供稿。

项目7.5万个，实际利用外资2053.7亿美元。2017年，全省实际使用外资1210.5亿元，规模居全国第五位。从外商投资主体看，世界500强投资显著增多，全省先后引进空客直升机、美国通用、德国曼、韩国现代、日本小松、瑞典沃尔沃等213家世界500强投资企业726个。从外商投资领域看，产业结构不断优化，三次产业利用外资占比由2005年的3∶88.1∶8.9调整到2017年的1.7∶59.7∶38.6。2017年，制造业实际使用外资645.8亿元，占全省的53.4%，高于全国27个百分点。高技术服务业实际使用外资120亿元，占10%。累计设立外资研发中心37家。从外商投资区域看，东部沿海地区仍是吸收外商投资的主要集聚地，中西部地区利用外资比重正在逐步提升。2017年，青岛、烟台、威海三市实际利用外资比重为62.6%；省会城市群利用外资的占比达到20.7%，比2005年提高了10.3个百分点。

三、对外投资合作蓬勃发展

2000年，我国明确提出加快实施“走出去”的战略，山东省对外投资合作进入了发展的快车道。2013年、2014年、2015年三年连续跨上30亿、40亿、50亿美元台阶；2016年，实际对外投资达到129.8亿美元，是入世前的92.7倍，对外直接投资存量达到411.9亿美元，位居全国第四位。截至2017年，累计设立境外投资项目5689个，核准中方投资总额758.2亿美元，投资方式向境外营销网络、优势产能转移、境外资源开发、跨国并购、研发中心等形式拓展。对外承包劳务快速发展，对外承包工程营业额由2001年的5.6亿美元，增加到2017年的117.6亿美元，年均增长21%。截至2017年，全省累计完成对外承包工程营业额1001.4亿美元，居全国第二。累计外派劳务人员92.5万人次，常年在外人数达13万人，居全国第一。在全国率先开展省级境外经贸合作区建设，引导企业抱团走出去，目前，纳入商务部统计初具规模的境外经贸合作园区达13家(全国共99家)，其中国家级境外经贸合作区4家，居全国首位。

四、开发区成为对外开放的主阵地

开发区事业伴随着改革开放的伟大进程兴起壮大。截至目前，全省共设立省级以上开发区161家，其中国家级经济技术开发区15家、海关特殊监管区域10家、省级经济开发区136家，总量居全国前列。鼓励开发区创建特色产业园区、国际合作园区、生态工业示范园区、循环化改造示范园区，青岛上合组织地方经贸合作示范区、威海中韩地方经济合作示范区、烟台中韩产业园获得国家支持，青岛中德生态园成为中德两国合作的典范。近年来，先后组织3批55家省级开发区体制机制创新试点，支持开发区建设创新创业公共服务示范平台，开展产才融合发展示范园区试点，促进创新资源要素向开发区聚集，全省开发区共拥有国家级重点实验室28个，国家级企业技术中心和工程技术研究中心121个，省级以上工程技术研究中心922个，院士工作站251个、博士后科研流动工作站161个。实施开发区转型升级五年行动计划、产业集群培育行动计划，全省开发区已形成百亿级以上产业集群222个，其中500亿级31个，千亿级7个。2017年，省级以上开发区实现公共财政预算收入2594.9亿元，固定资产投资28611.3亿元，进出口11333亿元，实际利用外资687.1亿元，分别占全省的42.5%、52.8%、63.6%和56.8%，全省70.8%的世界500强企业投资项目、83家外贸进出口百强企业均坐落在开发区，开发区已经成为全省改革开放的排头兵、区域经济发展的增长极。

五、开放倒逼改革不断深入

改革开放40年来，改革与开放一直如影随形，相辅相生，成为贯穿中国经济发展的两大主线，开放为改革提供了经验借鉴和活力源泉。改革开放初期，以经济特区、经济技术开发区为代表的开放试验田，对改革的深入推进起到了巨大的促进作用。入世后，我国全面接轨国际规则、国际惯例，建立完善市场经济制度，极大地激发了经济发展的活力。我省借鉴国际经验，现代市场体系、宏观调控体系、开放型经济体系进一步完善，开放型经济迎来了快速发展的黄金10年。近年来，国家加快构建开放型经济新体制，以新一轮高水平对外开放倒逼改革向深水区推进，重点以自贸试验区建设探索涉外投资体制改革、贸易便利化、金融开放创新、事中事后监管等方面的新路子。我省复制推广自贸试验区试点经验，前三批117项在省内落地实施，探索形成了46项创新复制措施。外商投资负面清单由最初的190条减少到2018年的48条，负面清单制度不仅改变了管理方式，更是治理理念的重大转变，外商投资准入实现了由“有承诺方可准入”到“法不禁止皆可为”的转变。

六、开放促进了产业结构升级

经过40年的改革开放，山东逐步建立了门类齐全的现代产业体系，三次产业结构从1978年的33.3∶52.9∶13.8转变为6.7∶45.3∶48，实现了从农业大省到制造大省、经济大省的跨越，出口商品结构由以农副产品、初级原材料为主，向工业制成品、重要零部件等高附加值产品为主导转变。在农业方面，我省立足自身优势，持续推进出口农产品质量安全示范区建设，农产品出口检验检疫合格率始终保持在99.95%以上，2016年全省农产品出口突破千亿大关，占全国农产品出口的1/4，连续19年位居全国首位，成为全国首个出口食品农产品质量安全示范省。在制造业方面，通过引进跨国企业先进技术、生产设备和管理人才，带动了重型卡车、高速动车、轿车、工程机械、造船、信息技术等先进制造业产业集群发展，我省工业从小到大、从弱到强，国际竞争能力突飞猛进。2006年机电产品成为全省第一大类出口商品，2017年出口比重达38.9%，比1980年提高了34.7个百分点。在服务业方面，不断扩大开放领域，引导外商投资向银行、保险、融资租赁、中介服务、养老等领域拓展，2013年全省服务业实际到账外资规模和占比首次超过制造业，服务贸易企业竞争能力明显提升。烟台中集来福士交付的钻井平台"蓝鲸1号"，设备制造及后续维修费用共计5.8亿美元；东营科瑞集团在30多个国家和地区设立服务中心，已为全球100多个油气田提供综合解决方案。

七、开放激发了企业发展活力

回顾40年的开放历程，我省企业充分利用两个市场、两种资源，在与狼共舞中增强本领，在国际竞争中加快转型，在开放发展中不断壮大。开放初期，我省只有几家国有企业从事进出口业务，1992年全省进出口企业不足100家，目前全省外贸企业达到4.2万家，其中民营企业3.7万家，民营企业进出口的比重达到56.5%。海尔集团是我省最早"走出去"的企业之一，目前在全球拥有六大品牌集群、十大研发中心、54家工厂，白电品牌9次蝉联全球第一，集团先后并购美国通用家电(55.8亿美元)、日本三洋，进一步奠定了在全球家电中的领先地位。潍柴集团先后并购了法国博杜安、意大利法拉帝、德国凯傲与林德液压、美国德马泰克，利用境外获得的核心技术返程投资，有效提升了企业的研发能力和技术水平。如意集团收购日本瑞纳、法国SMCP等国际轻奢品牌，并与LV强化品牌合作，一举迈入全球十大时尚品牌运营商行列。烟台万华收购匈牙利最大的化工企业宝思德化学公司，成为世界前三、欧洲最大的异氰酸酯供应商，其中MDI居世界首位。截至2017年，全省4家企业入围世界500强，10家企业进入中国非金融类跨国公司百强，7家企业入选2017年度ENR全球最大250家国际承包商名录。

八、开放优化了我省发展环境

长期以来，山东人保守的思想观念在开放中加快转变，展现出开拓创新、勇于进取、合作共赢的姿态和风貌。政府职能在开放中加快转变,政府效率和服务水平大幅提升。近年来,全省上下全力推进"一次办好"改革,把"一次办好"贯穿到政府运行的各环节,渗透到经济体制改革的各领域,延伸到社会治理的各方面。据统计,全省共梳理公布省级54个部门(单位)"一次办好"事项共2460项、市级"一次办好"事项平均1738项、县级"一次办好"事项平均1168项。组织开展万企大走访、政策大宣讲、干部大培训系列活动,实施"外商投资环境提升年"活动,启动17市营商环境评价,建立外商投资企业服务大使制度,形成了全方位的外商投资企业服务体系。建立省级贸易便利化联席会议机制,实施贸易便利化专项行动,以"四张清单"为抓手,商务、海关、财政、金融等部门主动协调配合,定向精准发力,促进了贸易便利化水平的提升。港口、机场、铁路、公路立体交通网络以及电力、通信等基础设施逐步完善,国际学校、涉外医院、与国际化城市相匹配的购物消费场所也不断建立健全。

九、开放拓展了国际发展空间

开放伊始,我省对外交往的国家和地区仅50余个,随着我国不断融入全球经贸体系,我省对外友城关系和友好合作关系分别达到218对和219对,对外贸易伙伴拓展到226个国家和地区,几乎覆盖全球每一个角落。日本作为与我国建交较早的发达国家,与我省地缘接近、产业互补,外贸往来十分密切,在2001年前一直是我省最大的贸易伙伴。香港作为我国开放的重要平台和窗口,在我省开放初期外贸发展中占据重要地位,1991年之前排名第二位。随着1992年中韩正式建交,山东对韩贸易迅速崛起,当年韩国即超过美国和香港,成为山东省第二大贸易伙伴,2002年超过日本,连续9年居首位。2011年之后,美国成为我省最大的贸易伙伴。近年来,我省积极融入"一带一路"建设,加快国际市场多元化步伐,东盟、非洲、拉美、印度四个新兴市场的进出口比重由1993年的8.8%增长至2017年的33%。目前,我省与"一带一路"沿线国家的进出口、对外投资、工程承包,分别占全省的27.1%、26.7%和37%。从外商投资来源看,国别地区超过150个,亚洲仍是主要来源地,实际到账外资879.2亿元,占全省的72.6%;其中香港实际投资606.9亿元,占全省的50.1%。欧盟实际投资99.7亿元,美国实际投资48.6亿元,日本实际投资42.2亿元,合计占全省的15.7%,高于全国近10个百分点。

十、开放为全省经济社会发展做出了突出贡献

从我省开放发展历程看，可以说是小开放小发展，大开放大进步。改革开放以来，我省累计创造出口顺差3716亿美元，争取国家出口退税8000多亿元，解决了改革初期我省发展面临的资金瓶颈，成为我省原始资本积累的重要来源。外贸依存度2007年达到37.4%的历史最高值，随着内需作用的不断提高有所回落，2017年仍然保持24.7%的较高水平。对外贸易直接间接创造各类就业岗位1400多万个，成为转移农村剩余劳动力的重要渠道，每年1000多亿元的农产品出口让全省近2000万农民与国际市场建立了密切联系。据测算，出口每增长1%，即拉动消费增长0.68%，拉动投资增长0.74%，出口增长的拉动作用突出。在扩大出口的同时，企业通过扩大先进技术设备的进口，加快技术进步和产业升级步伐，通过进口矿石、煤炭、大豆、橡胶等，缓解了我省资源能源和土地的瓶颈制约。外资企业成为全省经济社会发展的重要力量，目前全省现存外资企业1.5万多家，投资总额2711.3亿美元，注册外资1152.3亿美元，2017年实现进出口5686亿元，完成营业收入1.8万亿元，外资投资企业纳税总额1117.9亿元，占全省税收的25.3%；吸纳就业151.5万人，占全省的2.3%。

山东对外开放40年积累的基本经验*

开放发展是时代的最强音，是推动山东走向未来的生命线。回顾我省对外开放40年，特别是党的十八大以来的工作实践，有许多宝贵经验值得总结。

一、坚持对外开放不动摇，聚心聚力，引领发展

实行对外开放，是党中央根据国际形势发展变化和党的中心工作要求制定的重大战略，是建设有中国特色社会主义的一项基本国策。40年的实践证明，改革开放是经济社会发展进步的活力源泉和永恒动力。山东过去40年的历史性变化，得益于改革开放，实现“两个走在前列，一个全面开创新局面”的总目标，仍然要靠改革开放。我们始终坚持解放思想与扩大开放相统一，以解放思想为先导，用邓小平理论、“三个代表”重要思想、科学发展观和习近平新时代中国特色社会主义思想武装头脑，为扩大开放提供了思想武器和理论指导。我们始终坚持对外开放与深化改革相促进，以开放推改革、以改革促开放，极大地调动了各方面参与国际竞争与合作的积极性、创造性，有力地推动了全省经济社会发展。我们始终坚持对外开放与山东特色相融合，从沿海率先开放，东西结合推进开放向纵深展开到迈进新一轮高水平高质量对外开放的新阶段，四个10年，四个阶段，每个阶段都有中国特色、时代特征、山东特点的鲜明印记。实践证明，只有坚定不移地推进改革开放，把改革开放贯穿于建设现代化强省的全过程，才能不断拓展新空间，增创新优势，再创新辉煌。

二、坚持高层推动开放机制，一以贯之，常抓不懈

改革开放40年来，山东省委、省政府主要领导始终亲自研究开放工作，

---

* 山东省商务厅（研究室）供稿。

亲自推动重大项目，亲自争取重要政策，亲自参与重点活动，高层推动、高位对接，形成了良好的开放发展氛围。2017 年，为深入贯彻习近平新时代中国特色社会主义思想，落实《中共中央、国务院关于构建开放型经济新体制的若干意见》，在省委、省政府领导的亲自推动下，出台了《中共山东省委山东省人民政府关于推进新一轮高水平对外开放的意见》，召开了全省开放型经济发展大会，省委书记刘家义、省长龚正出席会议并讲话，1.9 万人参加了会议，全省上下形成了一心一意谋开放、聚心聚力促发展的浓厚氛围。在重大政策争取上，省领导亲力亲为，亲自推动山东自由贸易试验区申建、中国—上合组织地方经贸合作示范区建设、中日韩地方经济合作、跨国公司领导人峰会等重大平台落户山东。在重大外资项目引进上，省领导高度重视与世界 500 强企业及跨国公司的战略合作，精心筹划首届儒商大会、外交部蓝厅推介会、青年企业家创新发展国际峰会、全国工商联主题高端峰会、“3·20 中国高层发展论坛山东之夜”、香港山东周、欧美山东周、日韩山东周等重大经贸活动，亲自宣传山东、推介山东，“一事一议”，“一企一策”，推动了一大批引领作用突出的外资大项目。在首届儒商大会和刚刚结束的香港山东周上，省委书记刘家义向海内外人士发出“选择山东，共赢未来”的邀请，更大范围、更高水平地推进招商引资、招才引智，培育壮大新动能，打造对外开放新高地，推动经济高质量发展，加快新时代现代化强省建设。实践证明，高层推动引领开放能够提高决策效率、行政效能，加快政策、项目、资金落地，给投资者和企业家以创新创业信心，具有鲜明的工作导向和示范作用，是构建开放型经济新体制、形成全面开放新格局的强大保证。

三、坚持主动对接国家战略，围绕中心，服务大局

党的十八大以来，习近平总书记高瞻远瞩，审时度势，提出建设“新丝绸之路经济带”和“21 世纪海上丝绸之路”的合作倡议。山东作为“一带一路”海上战略支点、新亚欧大陆桥经济走廊的重要沿线地区，主动融入国家开放大局，深耕“一带一路”合作，鼓励企业在探索中前进、在创新中发展、在互惠中壮大，山东制造、山东建设、山东服务受到越来越多国家的欢迎。发挥我省丝路交汇、连接日韩与欧亚大陆的枢纽优势，整合欧亚班列资源，打造我省与沿线国家经贸合作重要通道。支持企业到“一带一路”沿线国家建立国际营销网络，探索建立海外仓库、物流基地和分拨中心。利用出口信贷、出口信用保险等政策，推动大型成套设备、机电产品和高科技产品出口，与“一带一路”沿线国家的贸易往来不断扩大，双向进出口占全省的 27%，东盟取代韩国跃升为我省第二大贸易伙伴，为稳定我省对外贸易发挥了重要作用。在全国率先开展省级境外经贸合作区建设，纳入商务部统计的 13 家境外经贸合作园区（全国共 99 家），累计完成投资 361.9 亿元，居全国首位，其中

9家布局在“一带一路”沿线国家，4家成为国家级，对沿线实际投资占全省的26.7%，对外承包工程营业额占59.6%，合作内容涵盖农林开发、能源资源、加工制造、物流运输、基础设施等多个领域，合作方式从传统的商品和劳务输出为主向资本、技术、标准等方面拓展，拓宽了经济发展空间。实践证明，发展更高层次的开放型经济，需要我们把握开放大势，乘势而上、顺势而为，推动形成全省陆海内外联动、东西双向互济的开放格局。

四、坚持充分发挥区位优势，深耕挖潜，彰显作为

山东地处东亚经济圈的中心枢纽位置，与日韩经贸交流、人文交往、港航交通密切，每年日韩到山东达到206万人次，常驻山东的日韩籍人士超过10万人，现有日资企业约2000家，韩资企业约4300余家，2017年源自日本、韩国的投资，占日本、韩国对华投资的19%和49.3%，对日韩出口2123.6亿元，占全国对日韩出口的13.1%。按照国家部署，我省积极推动中韩自贸区(威海)地方经济合作示范区、中韩(烟台)产业园先后上升为国家战略，与日本建立了多层级战略合作关系，同三菱、住友、伊藤忠、丸红、富士通等30多家企业签署了战略合作协议，为深化双方合作奠定了良好基础。当前我国对外开放的外部环境正在发生重大变化，日韩地缘经济回暖，日本、韩国在高端装备制造、新一代信息技术、新能源汽车、节能环保、生物制药、现代海洋等高端制造业以及工业设计、美丽健康、影视动漫等现代服务业具有较强的产业优势，我省与日韩产业互补性、政策开放性强，合作潜力巨大。下一步，应抓住中日韩自贸区谈判加快推进的有利时机，进一步推动对日韩高质量“双招双引”，做好对日韩合作的文章。实践证明，立足全国、放眼世界，发挥我省地理区位、资源禀赋、产业基础、文化底蕴等综合优势，才能找准开放工作的切入点和着力点，将区位优势转化为经贸合作优势，借势借力开创山东开放型经济发展的新局面。

五、坚持发挥群众首创精神，勇于实践，鼓励创新

创新是人类进步的引擎，是发展的不竭动力，是改革开放的灵魂。发展活力在基层，创新创造靠群众。20世纪90年代，潍坊诸城等地发挥农产品龙头出口企业的作用，采取订单农业、“企业＋农户”等方式，带动农民增收、农业增效，探索形成了农业产业化的新路子。入世后，潍柴集团坚定不移地实施国际化战略，围绕主业开展国际合作，按照“技术引进—联合开发—自主创新”的发展逻辑，不断整合全球资源为我所用，构建了协同、开放、共赢的研发体系，形成了“以我为主、链合创新”的潍柴创新模式，使潍柴集团位列中国机械工业百强企业第2位、中国100大跨国公司第24位。兖矿集团

坚持资本运作与产业运作相结合，并购澳大利亚一系列煤炭企业、煤炭资源，成为我国煤炭行业大规模走出去的企业。2018年，兖矿集团凭借强劲的业绩增长速度、稳健的经营实力和国际竞争力，首次跻身《财富》世界500强行列。近年来，豪迈集团与10多家世界500强企业加强资本、技术和市场合作，成就了全球产能最大、技术领先的轮胎模具制造商，世界前100的轮胎企业中，超过80%的成为豪迈客户。实践告诉我们，推进改革开放，实现高质量发展，必须紧紧依靠基层企业，充分尊重人民群众的创造精神，尊重实践、鼓励创新，只有充分调动广大企业群众的积极性、主动性和创造性，就一定能战胜困难风险，不断推动经济社会向前发展。

六、坚持以变应变抢抓机遇，主动作为，占领先机

改革开放40年来，面对各种困难挑战，全省上下不等不靠，敢闯敢试、敢为人先，确保了开放型经济在高质量发展轨道上行稳致远。开放初期，我省贯彻中央沿海经济发展战略，推动青岛、烟台两市列入全国14个沿海开放城市并设立青岛、烟台经济技术开发区，一举奠定了山东在全国开放格局中的地位。20世纪90年代初期，我省抢抓中韩建交机遇，不断扩大深化对韩合作，韩国连续9年成为我省最大的贸易合作伙伴，凸显了山东对韩合作的优势地位。当前我国经济运行稳中有变，面对国际国内的风险和挑战，国家以庆祝改革开放40周年为契机，连续出台一系列开放文件，年前中央还将出台扩大开放的政策措施。2018年，省委、省政府在推动开放方面也是连出“组合拳”，上合组织青岛峰会圆满成功有力提振了全省上下的信心与决心，实施新旧动能转换重大工程夯实了开放发展的产业基础，南方考察学习引发了各级干部发展理念的变革创新，连续组织的儒商大会、香港山东周、欧美山东周等系列活动，为开放工作搭建了高能级平台。思路决定出路，格局决定结局。面对国际国内环境的深刻变化，只有变中寻机、化危为机，才能在新一轮对外开放中抢占先机、赢得主动、率先发展。

当前，我国开放事业历经40年的辉煌历程，进入了新的发展阶段。面对国际国内经贸格局的深刻变化，我们更要认真总结和发扬40年来的宝贵经验，实施更加积极主动的开放战略，树立全球视野、战略思维和省情意识，统筹国际国内两个大局，用好国际国内两个市场、两种资源，坚持双向开放并举、投资贸易并重、内外贸一体，在国际国内市场相互补充中拓展发展空间，在国际国内资源相互流动中实现优势互补，全力打造对外开放新高地，重塑山东开放型经济发展的新优势，为全省经济社会发展做出更大贡献。

山东对外开放40年的前景展望*

2018年6月，习近平总书记视察我省，提出山东要“主动融入国家开放大局，提高开放水平，扩大高质量招商引资，深度融入‘一带一路’建设，把山东打造成为对外开放新高地”重要指示，为我省开放指明了方向，提供了遵循。全面落实习近平总书记重要指示要求，需要全省上下自觉践行新发展理念，深入推进供给侧结构性改革，牢牢把握“打造对外开放新高地”的目标定位，树立世界眼光、国际视野，把握国家战略、山东优势，探索新的开放方式、开放路径，以新一轮高水平开放实现高质量发展。

一、推动形成全方位开放格局

贯彻落实省委、省政府进一步扩大开放、加强招商引资招才引智等工作部署，实施更加积极主动的开放战略，以开放引领创新、倒逼改革、激发动能、促进发展。

(一)申建自由贸易试验区

围绕服务国家战略实施，着眼于将自贸试验区打造成为中日韩区域深度合作的示范区、构建开放型经济新体制的先行区、服务全国面向世界的沿海开放新高地的战略定位，充分发挥山东优势，在复制推广前四批自贸试验区改革试点经验的基础上，加大中国(山东)自由贸易试验区申建创建工作力度。

(二)构建东西互联国际大通道

发挥我省港口优势，大力发展铁海、陆海等多式联运，构建面向日韩、辐

* 山东省商务厅(研究室)供稿。

射东南亚、西接欧亚大陆的东西互联互通国际大通道，以高效的物流驱动资源集聚、要素集约配置、功能集成优化以及产业集群发展，通过构建“大通道”，发展“大物流”，促进“大通关”，实现“大合作”，不断深化我省对外经贸合作内涵，拓展全球发展空间，重塑我省开放型经济发展的新优势。

（三）抢抓中日韩合作机遇

抓住中日韩自贸区谈判加速推进的有利时机，巩固提升中韩（烟台）产业园、中韩自贸区（威海）地方经济合作示范区建设，支持青岛申建中日韩地方经济合作示范城市，重点在金融服务、高端制造、经略海洋、节能环保等领域加强与日韩的深度合作。

（四）强化跨区域开放合作

主动对接融入京津冀协同发展战略、长江经济带发展战略和环渤海地区合作，建立项目对接、平台共建和利益共享机制，提升区域开放合作层次水平。积极承接北京非首都功能疏解和京津冀产业转移，落实与先进省份交流合作协议，搭建区域产业配套协作、技术转移转化、企业常态化交流等平台，发挥各自比较优势，深化战略合作，推动实现互利共赢、共同发展。

二、塑造外贸竞争新优势

加快外贸转动力、调结构，加大国际自主品牌培育，塑造竞争新优势，推动外贸高质量发展，推进贸易强省建设。

（一）积极应对国际经贸摩擦

跟踪分析国际经济形势变化，研究制定精准应对举措，强化重点地区、重点企业、重点行业分类指导。深入实施“国际市场开拓百展计划”，启动开拓十大新兴市场专项行动，筛选国际知名展会，加大展位补贴支持，帮助企业开拓多元化国际市场。组织参加中国国际进口博览会，借势借力推动进出口平衡发展。支持外贸企业借助电商平台，加快内销品牌建设，引导外贸企业加大内销力度，实现内外贸一体化发展。

（二）加快推进外贸转型升级

利用倒逼机制，引导企业着力推进贸易平台、国际品牌、外贸转型升级示范基地和全球营销网络建设，加快外贸结构转型升级步伐。发挥外贸综合服务企业，跨境电商、市场采购方式等新业态新模式的带动作用，培育新的外贸增长点。按照"特色产业集群＋国际自主品牌＋跨境电子商务＋外贸综合服务企业＋公共海外仓"五位一体发展模式，开展外贸转型升级示范县试点。推动先进制造业和现代服务业深度融合，大力发展服务贸易，开展数字服务出口基地建设，提高对外贸易增加值、附加值，更好地实现高质量发展。

（三）提升贸易便利化水平

紧紧抓住外贸稳增长"四个清单"，实施贸易便利化专项行动，加快推进电子口岸和国际贸易"单一窗口"建设，逐步推行进出口企业注册、通关、退税全程无纸化。降低涉港收费标准，减少整体通关时间，缩短出口退税周期。优化"银关保"担保模式，落实全省小微外贸企业出口信用保险统保平台政策，用好国家信保出口融资政策，改进贸易融资环境。

三、加大利用外资力度

积极对接新旧动能转换重大工程、对接世界500强及行业领军企业、对接中小企业投资合作需求、对接国际高标准规则体系，不断扩大利用外资规模，提高利用外资质量。

（一）打造高层次招引平台

精心组织实施儒商大会、跨国公司领导人青岛峰会、青年企业家创新发展国际峰会等重大经贸活动，打造具有国际影响力的"双招双引"品牌。举办香港山东周、日韩山东周、欧美商务周、"选择山东"全球路演等系列招商推介活动。发挥全省海外经贸办事机构作用，构建全球化"双招双引"工作网络。

（二）创新招商引资方式

发布"十强"产业链招商指导目录，组建专业化招商队伍，大力开展定向精准招商。突出企业主体地位，以商招商、以企招企，加强与跨国公司的资本对接、品牌对接、渠道对接、技术合作。强化亲情招商，加强与海内外山东商会、同乡会、校友会等社团组织的沟通联络，搭建联系交流平台，用乡情、亲情、友情、真情推动人才回乡、项目回归、资金回流。推动中小企业国际双向投资促进平台建设，探索支持中小企业投资促进的新机制。

（三）提高利用外资质量

用足用好国家扩大开放的政策措施，紧紧围绕新旧动能转换重大工程，落实全省招商引资招才引智大会精神，聚焦重大基础设施、重大科技创新和“十强产业”，着力引进战略性、引领性、支撑性的重大项目，以“四新”促“四化”实现“四提”。实施山东省与世界500强和行业领军企业合作三年行动方案，大力引进总部经济及功能性机构。支持企业通过境外投资带动返程投资、技术合作，引进国际先进理念、资本、技术、品牌、人才等高端要素，打造以我为主的产业链、价值链。

四、深度参与“一带一路”建设

主动对接国家战略，发挥山东特色优势，加强与“一带一路”等新兴市场合作，拓宽我省开放发展的国际空间。

（一）建好中国—上合组织地方经贸合作示范区

发挥青岛作为国家“一带一路”建设中“新亚欧大陆桥经济走廊主要节点、海上合作战略支点”的“双定位”优势，对接国际多双边经贸合作机制，落实青岛与上合组织实业家委员会战略合作备忘录，建设“一带一路”地方经贸合作全球化新平台，打造面向上合组织国家的开放合作高地。

（二）加强国际产能合作

针对山东传统产业占工业比重约70%、重化工业占传统产业比重约70%的现状，在纺织服装、电子家电、橡胶轮胎、化工等优势行业领域建立重点企业国际产能合作项目台账，通过“走出去”转移一批富余产能，实现腾笼换鸟。实施跨国公司培育三年行动计划，支持有实力的企业并购境外优质资源、先进技术和品牌，促进企业“走出去、走进去、走上去”，培育一批源自山东、根植山东、服务山东的跨国企业。引导承包劳务企业开展商业模式创新，以EPC+F、BOT、PPP、建营一体化等多种模式，实现对外承包工程业务升级。建设高端劳务基地，促进劳务企业转型发展。

（三）建设境外合作平台

积极对接商务部“丝路明珠”工程，充分发挥我省“一带一路”沿线境外经贸合作园区作用，建立海外仓库、物流基地和分拨中心等，加快境外合作区科学布局、梯次培育，形成加工制造型、资源利用型、农业产业型，商贸物流型、科技研发型、综合开发型等优势互补、良性互动的产业集聚区，打造国际产能和装备制造合作的重要平台和载体。

五、推动开发区创新发展

开发区是对外开放的重要阵地，必须围绕提升产业集聚水平，坚持改革引领、开放带动、创新驱动、突出特色、协调发展。

(一)加快体制机制创新

推动出台《促进开发区高质量发展的若干措施》，开展省级开发区体制机制创新试点，组织实施园区提升专项行动，按照放权、搞活、减负的原则，深化园区管理体制、运营机制、建设模式和干部人事薪酬制度改革，激发开发区发展活力。支持开发区建设各类创新创业公共服务平台，打造新旧动能转换先行区、引领区、示范区。

(二)加快特色园区建设

加大特色产业园区、生态工业园区、循环化改造园区、产才融合发展示范园区和产城融合示范区创建力度，推动各类优质要素向园区集聚，促进园区产业集群扩规模、创特色、上水平，建成与世界500强及行业领军企业合作的产业高地。加快济南、青岛、潍坊、泰安等地中德产业园以及其他国际合作园区建设。支持园区开展一区多园、区中园等市场化改革试点，鼓励社会资本投资建设。

(三)调整园区发展格局

推动海关特殊监管区域整合优化、提升功能，更多地向中西部地区倾斜布局。推动15家国家级经济技术开发区与西部开发区开展合作共建、对口帮扶，促进区域经济协调发展、联动发展。鼓励各市选优配强园区领导班子，完善园区评价考核办法，强化对开发区的考核激励，发挥好开发区机制引领、辐射带动的作用。

六、优化开放发展环境

坚持把营造一流营商环境作为开放发展的最大法宝，深入推进“放管服”改革，为企业发展提供“保姆式”服务，当好企业发展的“店小二”。

(一)营造高效便捷的政务环境

结合机构改革调整，转职能，转方式，转作风，全力推进“一次办好”改革，从体制创新、机制创新、制度创新、环境创新等方面创新管理、优化服务。组织开展优化营商环境专项行动，每年评价 17 地市营商环境。全面实施外商投资企业服务大使制度，对重大招商引资项目实行全程代办和专员负责制，构建全方位的外商投资服务体系。

(二)创造公平竞争的市场环境

落实外商投资准入前国民待遇加负面清单管理模式，大幅度放宽市场准入，在资质许可、标准制定、投融资、招标投标、政府采购、高新技术企业认定、政策扶持等方面，对内外资本一视同仁、平等对待。

(三)打造公正规范的法治环境

加大守信激励、失信惩戒力度，开展“双招双引”违约失信问题专项整治。加强知识产权保护，集中整治侵犯专利权、商标权、商业秘密等知识产权问题，构建快速审查、确权、维权、反馈的侵权查处快速反应机制。完善涉外商事案件快速化解机制、外商投资企业投诉协调机制，积极调处外商投资企业纠纷，有效维护投资者合法权益。

改革开放40年山东对外贸易成就与展望*

1978年，我国开启改革开放的伟大历程。回眸40年，我省对外贸易从小到大，从弱到强，实现了从量到质的飞跃。对外贸易已成为推动全省经济社会发展的重要力量，在拉动经济增长、带动居民就业、增加财政收入、推动产业升级、促进体制机制创新等方面都发挥了十分重要的作用。在纪念改革开放40周年之际，认真回顾和总结40年来取得的成就和经验，对于指导我省对外贸易未来的科学发展大有裨益。

一、40年对外贸易发展的成就和经验

改革开放40年来，我省紧跟时代发展步伐，牢牢把握历史机遇，不断扩大与世界各国和地区的交流，对外贸易实现蓬勃发展。

(一)对外贸易规模不断扩大

改革开放以来，我省对外贸易进出口总值从1978年的8.7亿美元增加到2017年的2630.6亿美元，年均增长15.8%。其中，1995年，进出口首次突破百亿美元大关；2007年，进出口突破千亿美元大关，达到1224.9亿美元；2011年，突破2000亿美元大关，达到2358.9亿美元；2014年，外贸总值达到2771.2亿美元，创下改革开放40年来山东外贸总值的历史纪录。

(二)出口商品结构逐步优化

40年来，通过积极实施科技兴贸和品牌战略，我省的出口商品结构发生了深刻变化，实现了由初级产品出口为主，向工业制成品出口为主的转变。改革开放初始阶段，全省大力发展劳动密集型产品和农产品加工出口产业。

---

* 山东省商务厅(对外贸易处)供稿。

2000 年之前，传统劳动密集型商品占全省出口值的比重在维持在 40%左右；2001～2005 年，占比逐渐降至 30%，占当年出口值比重降至 19.6%。而随着我省制造业体系不断完善，机电产品出口随之快速增长，1993 年出口规模仅5.2 亿美元，2006 年成为我省第一大类出口商品，此后继续维持高速增长，至 2017 年机电产品出口规模达到 572.4 亿美元，年均增长 21.6%，比重达 38.9%。同时，我省立足自身优势，持续推进出口农产品质量安全示范区建设，农产品出口检验检疫合格率始终保持在 99.95%以上，2016 年全省农产品出口突破千亿大关，占全国农产品出口的 1/4，连续 19 年位居全国首位，成为全国首个出口食品农产品质量安全示范省。

（三）市场多元化战略取得明显成效

40 年来，在巩固和扩大传统市场的基础上，积极开拓海外新兴市场，国际市场空间进一步扩大。开放伊始，我省仅与 50 多个国家和地区有贸易往来，到 2017 年底，我省的全球贸易伙伴已发展到了 226 个。在对欧美日韩等传统市场稳步增长的情况下，我省对新兴市场进出口持续扩大，对东盟、非洲、拉丁美洲、印度四个新兴市场的合计贸易额所占整体比重，由 1993 年的 8.8%增长至 2017 年的 33%。2017 年，我省与自贸协定国家和地区外贸进出口值合计达到 925.4 亿美元，占当年山东外贸进出口值的 35.2%。2013 年“一带一路”倡议提出以来，山东对“一带一路”沿线国家进出口实现大幅增长。目前，与“一带一路”沿线的进出口额占全省的 27.1%。

（四）外贸经营主体队伍不断壮大

40 年来，随着外贸体制改革的持续深入、进出口经营资格门槛的不断降低，我省外贸经营主体队伍，尤其是外资企业和民营企业队伍迅速成长壮大，经营主体日益多元化。从数量上看，1992 年之前，全省有进出口实绩的外贸企业数量不足百家；2001 年，我国加入世界贸易组织，山东省有进出口实绩的外贸企业达到 8100 余家；截至 2017 年，山东省外贸企业数量增至 4.2 万家。从经营主体上看，1987 年之前山东省外贸全部由国有企业完成。1987 年，山东省首家外资企业落户烟台，外商投资企业开始登上历史舞台；1996～2011 年，外资企业一直是最大的外贸主体。得益于国家外贸经营权的逐步放开，1993 年民营企业首次“亮相”；2012 年，民营企业外贸规模超过外商投资企业和国有企业，成为外贸发展的中坚力量和绝对主力；至 2017 年，全省民营企业进出口占全省外贸增长至 59.5%，年均增长 45.7%。

（五）贸易方式更趋灵活多样

改革开放之初，我省贸易方式主要以一般贸易为主，随着对外开放战略的实施和外商投资企业的大量进入，全省贸易方式呈现多元式发展，一般贸易、加工贸易以及投资贸易、转口贸易均实现快速增长。1995 年，加工贸易（66 亿美元）首次超过一般贸易，这种“大进大出”的贸易模式领先优势一直保持至 2002 年。随着我省外贸内生动力不断增强，2003 年一般贸易进出口值达到 219.3 亿美元，反超加工贸易；截至 2017 年，全省一般贸易进出口规模（1717.4 亿美元）较 2003 年扩大了 6.8 倍，占比由 2003 年的 49.1%上升至 2017 年的 65.3%。

（六）新业态、新模式快速发展

近年来，跨境电商、市场采购、外贸综合服务等外贸新业态、新模式正在成为我省外贸增长的新引擎。青岛市、威海市先后获批国家跨境电子商务综合试验区，全省跨境电商出口连续三年保持 30%以上高速增长。2017 年，40 家省级外贸综合服务企业出口 220 亿元，其中本土培育企业出口增长 34.5%。临沂市工程物资市场获批市场采购贸易试点，实施“采购地申报、口岸验放、一体化通关”政策，2017 年实现市场采购贸易累计出口 62.8 亿元。新业态有效地激活了一批“不懂不敢不会”做外贸的中小微企业。2017 年，全省新增中小微企业 7278 家，新增出口 499 亿元，拉动全省出口增长5.5 个百分点。

（七）对全省经济社会发展的拉动作用日益增强

改革开放以来，对外贸易成为山东国民经济持续发展的重要推动力，尤其是我国加入世界贸易组织以后，山东省外贸依存度迅速提高并长期稳定在 30%以上，2007 年达到峰值 37.4%。此后，随着经济结构转型升级外贸依存度有所回落，但仍维持较高水平，2017 年外贸依存度为 24.7%。对外贸易的发展促进了山东产业结构和产品升级换代，提高了国内企业的竞争意识和能力，大批企业在充分利用“两个市场、两种资源”中实现了产业链的全球布局。同时，对外贸易大发展，也为我省培养和造就了大批的外向型管理人才，特别是通过加工贸易，提高了从业人员的素质，丰富了企业的管理经验。通过引进国内紧缺资源产品和先进技术，进一步提高了劳动生产率和资源利用率，提高了附加值和效益。

改革开放 40 年的成功实践，铸就了山东对外贸易发展的辉煌历程。

40年来，全省外贸战线广大干部职工开拓创新、拼搏进取，在搏击商海中创出了许多成功的路子，积累了丰富的实践经验：一是坚持解放思想为先导，不断破除传统体制的束缚和羁绊；二是坚持以模式创新为抓手，助推外贸发展动能转换；三是谋求外贸外资的相互融合促进，以扩大外资推进对外贸易上水平；四是坚持积极稳妥“走出去”，进一步拓展对外贸易发展空间；五是坚持不断优化发展环境，努力营造发展开放型经济的良好氛围。

二、今后一个时期对外贸易展望

当前，我国外贸发展面临的环境更加严峻复杂，世界经济下行风险增大，保护主义威胁全球贸易稳定增长。在国际经贸环境不稳定、不确定因素明显增多的大背景下，我省对外贸易进入新旧动能转换的关键时期。虽然从纵向上看，40年来我省外贸取得了跨越式发展，但从横向上看，我省与先进省市的发展还有一定的差距。一是对外贸易结构不优、效益不高的矛盾仍然存在，推进外贸由“大进大出”向“优进优出”转变的任务相当艰巨。二是市场多元化初见成效，但对发达市场的依赖性仍然较大，开拓新兴市场、分散市场风险的任务十分紧迫。三是外贸企业应对复杂多变的贸易环境的适应性逐步提高，但自主创新能力不强，加快推进品牌建设仍是提高企业国际竞争力的关键所在。四是外贸新业态在发展理念、总量规模、创新力度等方面与先进省市仍然存在很大差距，监管制度、服务体系和政策框架仍有待进一步完善。五是全方位开放格局基本形成，但是区域发展不平衡的问题仍较突出，促进东中西协调发展成为关系全局和长远的重大战略任务。这些差距和阶段性特征，是我省外贸处在结构调整空档期、新旧动能转换阵痛期的客观反映，也是我们谋划未来发展的基本依据。

今后一个时期，我省应以供给侧结构性改革为主线，以探索外贸发展新路径、新机制为重点，坚持贸易产业互动发展、贸易投资联动发展、内贸外贸协同发展、货物服务贸易融合发展，推动全省外贸由“大进大出”向“优进优出”转变，由要素驱动向创新驱动转变，由规模速度向质量效益转变，由传统优势向竞争优势转变，实现外贸质量变革、效率变革、动力变革。

（一）夯实基础，培育优势出口产业集群

外贸发展的根基是产业，有什么样的产业结构，就有什么样的出口结构，提高产业竞争力和保持外贸持续发展是一体两面，归结起来就是在全球价值链上占据更加有利的位置。要在全省32家国家级外贸转型升级基地的基础上，用三年时间建设一批产业优势明显、竞争优势突出、公共服务完善

的外贸转型升级试点县。加快加工贸易转型升级步伐，通过培育加工贸易转型升级示范企业，引导加工贸易企业由贴牌生产向委托设计、自主品牌方式发展。策划一批科技含量高、产业带动性强、生态效益好的重大项目，大力开展产业链招商和定向精准招商，吸引配套企业就近落地，推动产业集中集群集约发展，为扩大出口提供支撑和保证。

（二）对标发展，做强做大新业态、新模式

外贸新业态是外贸领域新旧动能转换的重要抓手。我们必须坚持问题导向，坚持对标发展。学习广东、江苏和浙江等省份的先进经验，做强做大跨境电子商务、综合服务企业、市场采购贸易等新业态、新模式，带动“不敢、不懂、不会”做外贸的中小企业出口。推动青岛、威海国家级综试区利用好跨境电商零售进口政策，同时，推动四个省级综试区复制推广相关政策；重点推进跨境电商公共海外仓建设，提供一站式仓储配送服务，扩大跨境电商进出口规模。在已认定的省级综服企业基础上，培育特色型、区域型、本土化外综服企业，助推中小企业“无转有、小升规”。着力解决临沂工程物资市场“集采、集供、贸易服务”三个关键环节存在的问题，用足用好“采购地申报、口岸验放”一体化通关政策，扩大市场采购贸易出口规模。

（三）创新驱动，加快培育国际自主品牌

目前，全球20%多的优势品牌占据了80%的市场份额。我省外贸要转型升级，就必须从传统的生产成本优势，向技术、标准、品牌、质量、服务为核心的新优势转化。在这五个核心要素当中，品牌集中展现其综合价值。要引导企业走科技创新、商标运用与品牌提升的融合发展之路，实现由“山东制造”向“山东创造”“山东设计”“山东标准”转变。同时，通过引进消化吸收再创新，增强集成创新能力，在对外开放和合作中形成自己的品牌。建立健全品牌推介体系，多维度展示“山东制造”形象。完善普惠性支持政策，对出口企业境外商标注册、体系认证和专利申请等进行支持。

（四）多措并举，深度拓展多元国际市场

加强市场开拓是近几年外贸稳增长最直接、最见效的手段。在当前贸易摩擦日益增多的形势下，我们应推动进出口市场结构从传统市场为主向多元化市场全面发展转变，深耕细作发达国家传统市场，加大新兴市场开拓力度，实现“多点开花”“东方不亮西方亮”。发挥境内外展会拓市场的主渠道作用，深入实施境外百展市场开拓计划，有针对性地筛选重点展会给予展

位补贴,支持企业全力开拓新市场、拓展新客户。利用与"一带一路"友好省州合作地区的资源优势,强化信息咨询服务,扩大利益融合,加强与沿线国家和地区之间的产业合作,将为山东轻工、纺织、建材、装备制造等传统优势产业"走出去"提供广阔空间。大力发展铁海联运、多式联运、国际中转集拼等业务,全力打造面向日韩、辐射东南亚、西接欧亚大陆,东西互联互通的国际大通道。整合现有欧亚班列资源,开展转口贸易、过境贸易、多式联运,提高回运配货率。在主要目标市场和辐射带动能力强的区域中心市场,加快建设境外营销网络。

(五)互利共赢,大力发展进口贸易

进口发挥着弥补国内供给缺口、促进企业技术进步、带动产业升级、缓和贸易摩擦等多方面作用。从我省进口结构看,十二大类大宗资源性产品进口占全省进口额的一半以上。下一步应结合我省新旧动能转换,重点支持新一代信息技术、高端装备、新能源新材料、现代海洋、绿色化工、现代高效农业等十强产业转型升级需要的技术、设备及零部件进口,鼓励企业引进消化吸收再创新。增加带动消费升级的优质日用消费品进口。扩大推动医养融合发展的医疗、康复、养老、养生等设备进口。大力培育运用各类进口渠道和平台,支持企业利用中国国际进口博览会平台开展采购对接。

(六)统筹兼顾,推动东中西协调发展

引导我省东部沿海市充分发挥青岛建设上合组织地方经贸合作示范区、烟台建设中韩产业园、威海建设中韩自贸区地方经济合作示范区等政策优势,在培育新技术、新产业、新业态、新模式上领跑全省。特别是青岛市发挥龙头作用,争取设立山东半岛国家自主创新示范区和青岛自由贸易港区。济南市应发挥省会核心城市作用,着力发展高端产业、高端技术、高端产品,建设成具有较强国际竞争力和影响力的区域性经济中心、国际化开放城市,发挥对中西部地区的辐射带动作用。中西部城市应充分挖掘自身优势潜能,培育特色出口产业,实现弯道超越、跨越式发展,形成分工协作和优势互补的开放发展格局。同时,坚持问题导向,继续以落实"货源回流、贸易便利化、外贸扶持政策、三外融合服务"四个清单为抓手,完善"三外融合、上下联动、部门协同"大外贸工作格局,形成全省上下支持外贸发展的良好氛围。

山东利用外资40年的启示录*

1981年5月，山东省第一家从事特殊工艺文化品和五金器材经营的中外合资企业——山东省鲁兴实业有限公司成立，山东与外资的大戏拉开序幕。40年过去了，从年利用外资百万美元级别到如今的百亿美元级别，山东利用外资的历程可谓跌宕起伏，精彩纷呈，既充满了成功的喜悦，也有合作失败的遗憾。回顾过去，成功与失败给了我们什么样的启示？面向未来，经验教训给我们什么样的指引？这些都值得我们深入思考与总结。

一、始终坚持以解放思想为外资发展的先导，既不能急躁冒进，更不能故步自封

40年利用外资的实践一次次证明，观念是引领变化的舵手。1978年，十一届三中全会将党的工作中心转到经济建设上，才有了此后的改革开放，才有了1981年第一家外资企业在山东落户。开放初期，国内对利用外资认识不深，疑虑不少，对引进外资普遍态度谨慎。1984年2月，邓小平在视察深圳、珠海和厦门三个经济特区时发表重要讲话，充分肯定经济特区所取得的成绩，明确进一步扩大对外开放、加快利用外资、引进技术的战略方针。邓小平讲话为扩大利用外资注入了新的动力，我省利用外资快速拓展，到1991年底，17个地市都有了外商投资企业，基本形成了由点到面，由沿海到内地，自东向西，全方位、多层次的对外开放格局，并成为全国最大的沿海经济开放区之一。1992年1月，邓小平同志南方讲话翻开了我国对外开放发展的新篇章，利用外资规模快速扩大，领域不断拓宽，外商投资领域从简单加工扩大到高新技术等产业，从制造业扩大到服务业。1992年，全省新批项目、合同外资和实际利用外资分别增长4倍、5倍和4.4倍。2001年11月

* 山东省商务厅(外国投资管理处)供稿。

11 日，我国成功加入世界贸易组织，开放从单方面自主开放转变为与世贸组织成员在国际规则下相互开放，利用外资更加注重促进产业优化升级和区域协调发展。2002～2004 年，全省累计设立外商投资企业 13544 家，合同外资额 473.2 亿美元，实际利用外资额 239.4 亿美元。我省利用外资既有成功的喜悦，也有失败的教训。新加坡工业园最初选址在我省、蒂森克虏伯曲轴项目最先与我省企业洽谈，这两个有影响的大项目最终没有落户我省，与当时人们的思想不解放、观念跟不上有很大关系。一次次成功与失败，证明了解放思想、观念领先是走在前列的重中之重。

二、始终坚持与时俱进的外资领域开放步调，既不能拔苗助长，更不能停滞不前

外资的准入程度和支持外资的重点投向应与经济发展水平相适应。在国内环境没有准备好的情况下贸然开放，可能造成无法预料的后果。但是，国内产业基础一旦具备，通过引进外资，将有力地促进产业水平的提升，家电领域的开放就是一个很好的例子。从 40 年的历程看，对外资的开放是按照循序渐进，采取与经济发展水平相适应的步调进行的，支持外资的重点领域也因时而变。1981 年 11 月，我省提出利用外资的重点是发挥资源优势，重点支持煤炭、水泥、石油化工和非金属矿等资源的开采加工，扩大抽纱等大宗传统出口产品所需原材辅料的生产能力，重点引进能够发挥山东优势的关键性工艺技术。1992 年 1 月，邓小平南方讲话后，党的十四大决定建立社会主义市场经济体制机，外商投资领域从简单加工扩大到高新技术等产业，从制造业扩大到服务业。我省重点鼓励外资投向对全省经济发展带动力强的产业和区域。2001 年 11 月，省委、省政府出台了《山东省应对加入世贸组织全面实施经济国际化战略行动纲要》，提出了 16 条应对措施，鼓励跨国公司投资建立研发中心；结合产权制度改革，引导外资并购省内企业；结合城市建设规划，引导外资投向供水、供热、供气等城市基础设施和经营城市资产；推动省内有实力的企业在境外上市融资。2017 年、2018 年，国家发展改革委员会、商务部先后发布了两个版本的《外商投资准入特别管理措施（负面清单）》，后者准入领域更宽。我省利用外资领域的逐步拓宽，有力地支持了产业转型升级，对提高我省经济竞争力起到了极大的推动作用。

三、始终坚持管理手段与开放水平相适应，既不能好高骛远，更不能抱残守缺

40年外资管理经历了一个限制放宽、重心下移的演变过程。在改革开放初期，外资采用逐案审批的办法，根据外资发展的形势，审批权限也分批逐步从国家层面下放到省级层面再下放到市级层面。例如，1981年10月，我省根据国家进出口委员会关于执行《开展对外加工装配和中小型补偿贸易办法》，确定了各地市对外加工装配项目、补偿贸易项目以及引进技术和进口设备使用外汇额的审批权限，由原定各地市审批权限15万美元，改为青岛、济南、烟台、潍坊4市扩大到50万美元，其他地市扩大到30万美元。1990年12月，山东省对《发展外向型经济的若干规定》等文件进行了重新修订，省内3000万美元的外资审批权限由原来的5市扩大到包括青岛、烟台、威海、潍坊、淄博、日照和济南在内的7市山东半岛沿海经济开放区。2009年2月，为进一步有效地应对金融危机冲击，促进外经贸平稳较快发展，山东省下发《关于促进外经贸平稳较快发展的意见》，进一步下放外商投资审批权限。此后，又进一步将特定的外商投资企业设立审批权下放到17市。近年来，国家对外商投资企业加大"放管服"力度，外商投资企业的设立更加便利，对外资企业的管理更适应外资发展的新形势。2016年10月，商务部发布3号令，公布实施《外商投资企业设立及变更备案管理暂行办法》，负面清单以外的外商投资企业设立及变更由审批改为备案。目前，超过97%企业在市县(市、区)通过备案设立。对外商投资企业的管理，从事前审批，转到事中事后监管，采用"双随机、一公开"监管模式，减少了对企业的干扰，同时提高了监管的科学性。外商投资的管理手段，与当时的经济发展水平、开放水平、人们的认识水平和管理人员的能力水平密切相关。如果管理手段滞后，就会影响外资的发展。如果管理手段太超前，也可能造成混乱，起不到预期的效果。

四、始终坚持利用外资政策服务于开放大局，既不能包治百病，更不能一劳永逸

利用外资的政策是在特定的时期解决特定的问题，是为当时的开放大局服务，不可能制定一个政策就解决一切问题，一劳永逸地贯彻下去。时代在变化，环境在变化，利用外资的政策也必须进行相应的调整。从改革开放以来，我省利用外资的政策正是这样一路走下来，适时应对困难和问题，为

对外开放大业逢山开路，遇水架桥。1986 年，国务院出台《关于鼓励外商投资的规定》(国发〔1986〕95 号)，除了明确给予外商投资各种优惠政策外，对地方政府保障外商投资企业经营自主权、禁止向企业乱摊派、提高办事效率等方面进行了明确。1993 年 4 月，山东省人民政府办公厅出台《关于简化外商投资企业中方人员出国(境)审批手续的通知》，规定产品出口年创汇 100 万美元以上的或优先技术企业的外资企业中方人员，简化多次出国或赴港澳地区的审批手续。1994 年 6 月，为利用外资促进我省产业升级，山东省人民政府出台《山东省利用外资嫁接改造现有企业的若干规定》，提出利用外资改造现有企业所兴办的合资企业，享受相应的优惠政策。1997 年 10 月，为尽快消除亚洲金融危机的影响，稳定全省外资引进局面，我省出台《关于贯彻国务院国发〔1997〕14 号文件进一步加强对台经济工作的通知》，提出加大力度、提高吸引台商投资工作的水平。2006 年，国务院召开全国电视电话会议，要求坚决禁止各级政府代替企业招商引资，层层分解并考核招商引资指标；政府要将抓经济的主要精力放在为各类市场主体服务和创造良好发展环境上。2015 年 5 月，国务院发布《关于税收等优惠政策相关事项的通知》(国发〔2015〕25 号)，紧急叫停国发〔2014〕62 号要求开展的专项清理。2017 年 7 月，为更好地适应新时期利用外资工作面临的新形势、新要求，助推供给侧结构性改革和新旧动能转换，我省出台《关于新时期积极利用外资若干措施的通知》。从以上不同时期的政策，我们可以清晰地看到每个政策都有明确的目标，都有针对的问题，随着目标的达成和问题的解决，该项政策也会逐步退出。新时期，制定和实施利用外资政策，应当着眼于当下的形势，解决当下的关键问题，既要有明确的时效，又要有明确的目标。

五、始终坚持利用外资要“以我为主，为我所用”，既不能放任自流，更不能束手缚脚

40 年利用外资的历程，见证了山东经济崛起的过程，印证了“他山之石，可以攻玉”的古训。40 年来，外资推动了山东产业不断转型升级，发展质量不断提高；外资引进先进设备、技术、人才、管理经验，推动了本地企业和组织不断加强国际科技交流与合作，推动了我省自主创新能力不断增强。山东省积极引导外商投资企业逐步由沿海地区向中西部布局，促进了本省区域协调发展；强化对外商投资的产业引导，节能、环保、高技术产业外资迅速增加，为山东省节能减排和资源综合利用做出了表率。外资是把“双刃剑”：一方面能拉动经济增长，增加就业，促进一地的产业迅速转型升级；另一方面，也会对本地的经济带来不可测的因素。比如，大型跨国公司的候鸟效应

可能导致一个地方的经济从繁荣迅速走向萧条。40 年来，我省通过产业政策和不断科学化的管理，引导外资的投向，做到了趋利避害，“以我为主，为我所用”。1984 年，海尔集团引进德国利勃海尔先进的工艺技术和生产制造流水线，生产出了中国电冰箱的金牌。2007 年，沃尔沃建筑设备公司收购 70％山东临工股份，派遣不同领域的专家到临工提供研发和生产指导，改进了多项质量问题，使临工品牌的产品事故率在国内同行业降到最低，山东临工在研发、采购、制造、品牌推广及人力资源等方面得到了全面整合和提升。丹麦马士基集团、意大利的庞巴迪公司、通用汽车公司、LG 公司的节能环保理念，不仅在公司建设运营中得到贯彻，对其他内地企业也起到了良好的示范带动作用。我们应当始终坚持利用外资“以我为主，为我所用”的理念，围绕我省打造开放新高地的目标，积极有效地利用外资，推动我省新旧动能转换重大工程的实施。

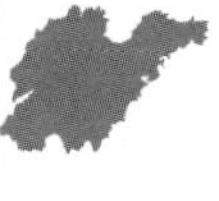

山东对外投资合作多年位居全国前列*

40 年风雨兼程，40 年砥砺前行。全省上下在省委、省政府的坚强领导下，创新对外投资合作方式，积极参与“一带一路”建设，“走出去”各项指标多年位居全国前列，为全省开放型经济的发展做出了积极贡献。

一、准确把握对外开放发展阶段特征，顺势而为，乘势而上，对外投资合作实现跨越式发展

我省企业“走出去”发展历程，大致可分为四个阶段：第一阶段，自党的十一届三中全会召开到 1992 年党的十四大召开，是企业“走出去”的探索起步阶段，这一阶段“走出去”规模较小，企业数量较少；第二阶段，随着 1992 年邓小平同志南方讲话和社会主义市场经济体制的不断完善，“走出去”进入稳步推进阶段，规模逐步扩大，领域进一步拓展；第三阶段，2001 年，中国成功加入世界贸易组织，国家提出积极实施“走出去”战略，我省建立工作推进机制，完善政策扶持体系，“走出去”企业数量明显增加，海外业务规模显著增长，“走出去”进入积极推进阶段；第四阶段，2012 年党的十八大胜利召开，全面深化改革加快推进，对外投资合作管理体制改革大大释放了企业活力，2013 年“一带一路”建设倡议提出，拓展了企业全球化互利共赢发展新空间，“走出去”步入了快速发展阶段。截至 2017 年底，全省累计对外实际投资 477 亿美元，对外承包工程营业额 871 亿美元，对外派出劳务人员 92.5 万人次。“走出去”企业遍布全球 140 多个国家和地区，涉及跨国并购、国际产能合作、境外资源开发、境外园区建设、基础设施建设合作、外派劳务合作等多个领域，形成了全方位发展的格局。2018 年前 10 个月，全省实际对外投资 59.8 亿美元，完成营业额 98 亿美元，派出各类劳务人员 4.9 万人次，规模分

* 山东省商务厅（对外投资和经济合作处）供稿。

别居全国第四位、第二位和第一位。

二、坚持腾笼换鸟、凤凰涅槃，加强国际产能和资源开发合作，促进产业链全球延伸、供应链全球布局、价值链高端提升

针对我省传统产业比重大、贸易壁垒日趋增多的情况，积极推动优势行业开展国际产能合作，多方式、多渠道拓展国际市场，为转方式、调结构腾出发展空间。重点引导氧化铝、橡胶轮胎、造纸和木材加工等原料进口依存度高的产业靠近资源生产国投资合作；推动电子家电、纺织服装、塑料制品等劳动密集型产业向生产成本低的国家开展国际产能合作。在橡胶轮胎领域，赛轮集团、玲珑轮胎、森麒麟、新远大等企业先后在越南、泰国建立生产基地；在纺织服装领域，鲁泰集团、山东桑莎集团、岱银集团、华纺集团等一批骨干企业布局东南亚；在铝产品加工领域，魏桥集团、南山铝业、信发铝业都在印度尼西亚从事铝土矿开采及加工；在电子家电领域，海尔集团在巴基斯坦投资建设家电产业基地，海信集团在墨西哥投资建设电视机制造基地，歌尔声学在越南投资建设多媒体电子产品生产基地。针对部分资源性产品对境外依赖度高的特点，积极推动兖矿集团、山东黄金、魏桥集团、华岳集团等省内有实力的企业，采取绿地投资和并购投资相结合的方式参与境外能源资源开发合作，获取煤、铁、铝土、金矿、钾盐、铜矿、林权、天然橡胶、棉花等境外资源权益量，提高了能源资源保障能力。在矿产资源开发方面，魏桥集团在几内亚铝土矿项目探明储量8亿吨，引入多元资本参与经营，对带动资源回运起到了积极的示范引领作用。山东黄金集团并购阿根廷贝拉德罗金矿公司50%股权，黄金产量每年增加近10吨。兖州煤矿通过一系列并购成为澳大利亚最大的独立煤炭运营商，煤炭储量、产量提升至澳大利亚第三位。在农业资源开发合作方面，如意集团投资收购澳大利亚罗伦杜牧场和卡比棉田，强化优质原料保障；青岛瑞昌棉业在赞比亚投资建设棉花种植加工示范区，成为中非合作典范项目；威海华岳集团在柬埔寨实施境外天然橡胶种植、加工，获得1万公顷特许林地70年开发权。

三、大力推进跨国并购，"走出去"带动"引进来"提升企业技术创新能力，促进新旧动能转换重大工程

按照"以我为主，为我所用"的原则，引导企业整合全球创新资源，通过与欧美等发达国家行业领先企业合作，引进消化吸收再创新，延伸产品链、提升价值链，加快培育源自山东的跨国公司，通过"走出去"带动"引进来"，促进新旧动能转换。在装备制造行业领域，潍柴集团着眼提升技术创新实

力，积极开展跨国并购合作，打造从单纯的发动机到机械装备的产业链，战略重组工业用叉车制造商和液压技术全球领先者德国凯傲集团和林德液压公司，进入了全球高端叉车领域；并购法国博杜安公司，填补船舶发动机技术空白；兼并顶级豪华游艇制造商意大利法拉帝集团，掌握了优秀游艇产业资源，借助潍柴资本和管理融合，提升了境外企业国际竞争力和综合效益，同时，以“走出去”带动“引进来”，与法国博杜安公司合作在省内生产船用发动机，与林德液压公司合作在潍坊投资建设液压工厂，实现了“欧洲品质+中国成本”的双轮驱动，内外联动发展，目前潍柴海外板块在集团主营收入中占比超过40%。在高端医疗领域，威高集团投资8亿美元并购美国血管介入器械制造企业爱琅医疗，向高端医疗器械生产迈进，同时带动国内医疗器械产品出口。淄博蓝帆集团通过内外股权置换投资近60亿元并购全球第四大心脏支架企业新加坡柏盛国际集团，下一步拟在淄博投资建设心脏支架等生产项目，实现由医疗器械低值耗材领域向高端领域转型。青岛双星并购韩国锦湖轮胎，利用双星卡客车轮胎优势和锦湖乘用车胎优势，实现取长补短协同发展。围绕引进国际知名品牌和营销渠道，通过质量、管理、品牌国际化提升企业品牌知名度，借助境外品牌和企业渠道网络拓展全球市场。海尔集团“走出去”并购斐雪派克、三洋、通用电气，搭建了以海尔、斐雪派克、通用为主体的品牌架构，实现了战略、技术、市场、制造多赢的合作，打开了走向国际化中高端市场的大门。海信集团收购夏普、东芝映像，得到技术积累、品牌授权和渠道资源，实现研发、生产、供应和市场的资源共享。如意集团针对纺织服装业设计、营销等软实力较弱这一现实短板，通过创新融资模式，并购日本株式会社瑞纳、法国SMCP、英国雅格狮丹、瑞士百丽等国外知名品牌，扩大了国际市场份额，实现了由纺织加工企业向品牌运营企业的战略转型。

四、主动对接国家开放大局，以大项目合作为抓手，参与“一带一路”建设取得积极进展

“一带一路”倡议提出后，山东紧紧围绕国家推进“一带一路”建设总体部署，加强组织领导、规划引导，积极搭建央企合作、“3+1”银政企合作机制、“走出去”风险保障、“走出去”信息服务、对外承包工程行业发展联盟、“走出去”银企合作联盟等平台机制，强化服务、防范风险，与沿线国家经贸合作取得了良好成效，成为对外投资合作的亮点。五年来，山东与“一带一路”沿线国家实现贸易额2.2万亿元，占同期全省外贸进出口总额的25%；实际投资超370亿元，占全省的16%；对外承包工程营业额1886亿元，超过

全省的50%。通过加强建设互访交流和合作机制，着力推动大项目合作，烟台万华、浪潮集团、中国重汽、太阳纸业等企业在“一带一路”沿线46个国家加快布局。2018年第四届俄罗斯东方经济论坛期间，在国家主席习近平、俄罗斯总统普京的见证下，潍柴集团与俄罗斯卡玛斯集团签署发动机合作项目协议。烟台万华并购匈牙利宝思德公司，是目前我国在中东欧最大投资项目，为当地提供了3300个就业岗位，获得了匈牙利经济部授予的2017年度大型企业最佳社会责任奖。浪潮集团通过发起成立“一带一路”数字化经济战略联盟，打造数字经济丝绸之路。如意集团与华能集团在巴基斯坦联合投资建设的燃煤电站，成为中巴经济走廊亮点项目。山东电建总公司建设全球最大石油气化电站项目沙特阿美石油吉赞3850MW燃机联合循环电站EPC项目，合同额18.3亿美元。发挥产业优势加快境外经贸合作区建设，制定出台了《山东省境外经贸合作园区考核管理办法》，加快建设省级境外经贸合作区，积极争创国家级合作区，梯次培育，纳入商务部统计的具有一定规模的13家境外经贸合作区中，9家在“一带一路”沿线国家布局，通过商务部考核确认的4家国家级境外经贸合作区全部位于“一带一路”沿线国家，数量居全国第一。

五、创新对外承包劳务合作模式，积极参与对外援助建设项目，对外承包劳务层次质量不断提升

发挥我省在电力、石化、交通、建筑等行业领域的优势，抢抓国际基础设施市场发展机遇，聚集各方资源，支持有实力的企业拓展海外承包工程市场，发挥承包工程带动外派劳务、装备、建材、技术和服务出口的综合作用，提升发展质量效益。山东外经集团建设的塞尔维亚E763高速公路项目，成为我省企业进入欧洲高端工程市场的里程碑；青建集团海外发展30年，在30多个国家开展国际工程业务，创新“青建＋”模式，已从单一的建筑施工发展到投融资、地产开发、设计施工和商贸物流一体化的综合建设服务商。2018年，山东电力工程咨询院通过对外承包工程带动出口22.6亿元。山东电力建设第三工程公司创新合作模式，发挥设计、建设、施工优势，与日本企业的资金、技术管理和设备制造优势相结合，共同开拓第三方市场，与三菱商事在沙特拉比格联合建设了燃油电站项目，完成营业额18亿美元；与三井联合在阿曼开展了萨拉拉二期电站、益贝利电站、苏赫电站三个燃气电站建设合作，合同额达20亿美元。山东外经集团、青建集团、威海国际、烟台建设集团、中石化胜利石油工程公司等企业多次入选ENR全球最大国际承包商250强。积极推动有实力的企业参与国家援外项目建设，24家企业获得援

外项目资格，山东外贸职业学院获得国家援外培训资格。中铁十四局承建了援阿富汗国家科技教育中心、援尼泊尔国家武警学院等一批精品援外工程项目；烟建集团援建的斯里兰卡国家艺术剧院被誉为“中国政府赠送给斯里兰卡人民令人满意的珍贵礼物”；山东外经集团援建的援苏丹农业技术示范中心、援乍得议会大厦及青岛瑞昌棉业承担的援马拉维农业示范中心等援非项目得到受援国政府和人民的高度赞誉。2018 年，山东外贸学院承接国家援外培训项目达 66 期，通过开展援外培训合作，促进了山东与受援国友好交流和经贸合作。树立对外劳务合作民生工程理念，壮大主体队伍，建设高端劳务基地，规范外派劳务市场秩序，外派劳务结构逐步优化，具有经营资格的企业由最初的几家发展到现在的 130 余家，外派劳务保持年均 5 万人，常年在外 10 万多人，外派人数连续 10 年居全国首位。山东作为获得中国以色列建筑劳务合作试点的两个省份之一，山东外经集团、威海国际获得试点企业资格，目前累计已派出 2000 余人。积极参与商务部外派劳务扶贫工程实施，23 家企业进入商务部对外劳务合作扶贫试点企业名单，数量居全国第一位。

山东经济开发区40年的发展情况*

在省委、省政府的坚强领导下，山东省经济开发区经过34年的发展壮大，基本形成了以国家级开发区为龙头，省级开发区为主体，布局合理，形式多元，各具特色的发展格局，发展速度明显高于全省平均水平，主要经济指标占全省的比重不断上升，发挥了改革开放试验田、经济发展主阵地的作用。

一、发展历程和成就

山东省经济开发区事业，伴随着改革开放的伟大进程发展壮大。从1984年国务院设立青岛、烟台经济技术开发区到现在，开发区建设和发展大致分为三个阶段：

(一)1984～1991年的探索起步阶段

1984年，国务院首次批准在包括青岛、烟台在内的14个沿海城市设立经济技术开发区，由此拉开了我省开发区建设的序幕，期间，确立了“三为主、一致力”的发展方针，即“以发展工业为主、以利用外资为主、以出口创汇为主，致力于发展高新技术产业”。青岛、烟台经济技术开发区设立以后，认真学习借鉴经济特区的发展经验，以基础设施建设为重点，努力打造招商引资软硬件环境，积极进行探索和尝试，为开发区健康发展积累了宝贵的经验。

(二)1992～2010年的快速发展阶段

1992年，邓小平同志南方谈话后，国务院在山东省批准设立了威海经济

---

* 山东省商务厅(开发区管理处)供稿。

技术开发区，省委、省政府提出“全面开放、重点突破、梯次推进、东西结合、加快发展”的战略。我省经济开发区先后经历了1992年、2002年、2006年三个新设数量快速增长的时期，共新设经济开发区139家。“十一五”末，全省经济开发区实现规模以上工业增加值10343亿元，占全省的46%；公共财政预算收入898亿元，占全省的32.7%；实际利用外资50.5亿美元，占全省的55%；进出口1038.4亿美元，占全省的55%，成为推动地方经济发展的主动力。

（三）2011年至今的转型升级阶段

“十二五”以来，全省经济开发区积极践行新发展理念，加快转型升级和新旧动能转换。推动招远、德州、明水、胶州、聊城、滨州、威海临港开发区相继升级为国家级经济技术开发区，按规定和程序撤销、新设、更名省级开发区。截至2018年9月，全省共有省级以上经济开发区152家，其中国家级经济技术开发区15家、省级经济开发区137家。2017年，全省经济开发区实现公共财政预算收入2594.9亿元，实际利用外资697亿元，进出口11340.3亿元，与“十一五”末相比，均实现大幅增长，主要经济指标占全省比重不断上升。

二、主要工作举措

40年来，省委、省政府高度重视开发区工作，省政府多次召开全省经济开发区工作会议，先后推动出台了《山东省人民政府关于进一步搞好园区建设加快经济发展的意见》（鲁政发〔2003〕78号）、《山东省委、省政府关于突出重点全方位高水平扩大对外开放的意见》（鲁发〔2005〕4号）、《省委办公厅、省政府办公厅关于全面提升经济开发区发展水平的意见》（鲁办发〔2011〕1号）等文件，促进了全省经济开发区持续健康发展。党的十八大之后主要采取了以下措施：

（一）推动出台《山东省经济开发区条例》

2016年7月22日，山东省第十二届人大常委会第二十二次会议审议通过了《山东省经济开发区条例》，并于2016年10月1日起施行。《条例》明确了经济开发区发展定位、法律地位，体现了改革创新导向，为全省经济开发区新时期发展指明了方向，为推进经济开发区依法行政、体制机制创新、优化整合、转型升级提供了法律保障，为开发区健康有序发展营造良好的法制环境。

(二)引导开发区转型升级创新发展

认真贯彻落实国务院《关于完善国家级经济技术开发区考核制度促进创新驱动发展的指导意见》(国办发〔2016〕14 号)、《关于促进开发区改革和创新发展的若干意见》(国办发〔2017〕7 号)精神。省政府印发了《关于印发山东省经济开发区转型升级五年行动计划的通知》(鲁政办字〔2016〕202 号)、《山东省人民政府办公厅关于促进开发区改革和创新发展的实施意见》(鲁政办发〔2017〕58 号),从科学把握开发区功能定位、加快推进开发区转型发展、积极推动开发区体制机制创新、完善开发区土地利用机制、推动开发区规范发展等五个方面引导开发区转换新理念、新动能,发展新经济、新模式。

(三)开展园区提升专项行动

按照《山东省新旧动能转换重大工程实施规划》和省委、省政府部署要求,积极推进《促进开发区高质量发展的若干措施》的起草工作。经过向省有关部门和经济开发区等多种形式征求意见,初步形成了《促进开发区高质量发展的若干措施》。

(四)务实推进开发区体制机制创新试点

2014 以来,联合省发改委、编办、人社厅、国土资源厅、住建厅等部门共组织 32 家开发区重点在行政管理机制、项目审批机制、开发运营机制、用人分配机制和市场监管机制等五个方面进行先行先试,取得了一批可复制、可推广的经验做法。2017 年,32 家试点开发区实现公共财政预算收入、固定资产投资、实际利用外资和进出口分别增长 13.3%、9.7%、11.1%和 26.6%,分别高于全省经济开发区 3.4 个、0.1 个、1.7 个和 10.6 个百分点。

(五)积极培育现代优势产业集群

会同省经信委、科技厅、财政厅、人社厅、国土厅、住建厅、中小企业局联合印发了《山东省经济开发区产业集群培育行动计划》(鲁商发〔2016〕3 号),选择新一代信息技术、新材料、生物医药、高端装备制造、汽车及零部件、化工、食品、纺织服装、有色金属、现代物流等规模较大、特色鲜明、配套完善、成长性好的产业集群,进行重点推进和培育。烟台、临沂、日照等地突出电子信息产业、装备制造产业、汽车产业,发展形成一批千亿级的特色产业集群。滨州、邹平经济技术开发区打造的滨州高端铝材产业集群成为国家创新型产业集群试点。

(六)加快特色园区建设

按照特色化、专业化、集约化的发展之路，支持经济开发区采取区中园、一区多园等形式，创建特色产业园区、国际合作园区、生态工业示范园区、循环化改造示范园区、智慧园区。青岛、烟台、淄博、明水、德州、临沂、龙口、阳谷、即墨、平度、日照、诸城、滕州等开发区创建为国家级新型工业化产业示范基地；青岛、烟台、东营3个国家级开发区获批成为国家知识产权试点园区。青岛中德生态园被评为中德智能制造合作试点示范园区；青岛、胶州、威海、东营、日照等国家级经济技术开发区创建的国际产业合作园实现了快速发展。

(七)持续推进园区优化整合提升

支持具备条件的经济开发区向城市综合功能区转型，因地制宜优化功能分区和城乡用地布局，实现城市功能与产业功能有机融合。中德生态园获评全国十大产城融合经典案例，临沂、威海、潍坊滨海经济技术开发区成功创建全国首批国家产城融合示范区。结合产业和城市发展空间需求，适当调整布局，支持滨州北海、岚山、胶南经济开发区调整区位。按规定程序撤销了寒亭、兖州经济开发区，新设了潍坊峡山生态经济开发区、肥城经济开发、济宁新材料产业园区、罗庄经济开发区4家省级经济开发区。

(八)扎实开展创新创业公共服务平台提升工作

引导开发区营造良好的创新创业生态环境，会同省发改委、经信委、科技厅、财政厅、人社厅联合印发《关于印发在全省经济开发区开展创新创业公共服务平台提升计划指导意见的通知》(鲁商发〔2016〕2号)，认定33家开发区创新创业公共服务示范平台。目前，全省70%的开发区拥有两个以上创新创业公共服务载体平台。支持烟台、威海经济技术开发区开展服务中小企业的双向投资促进公共服务平台建设试点，推动项目信息资源共享、供需双方精准对接。

(九)开展产才融合发展示范园区建设试点工作

根据《关于做好人才支撑新旧动能转换工作的意见》(鲁发〔2017〕26号)要求，印发了《全省经济开发区产才融合发展示范园区建设试点指导意见》(鲁商字〔2018〕76号)，确定东营、烟台、潍坊滨海、威海、临沂5家国家级经济技术开发区作为试点单位，建立招才引智机制，搭建产才融合发展平台，提升高端人才服务水平，优化人才宜居宜业环境，强化开发区发展人才支撑。

（十）启动东西部经济开发区合作共建工作

研究制定《东西部经济开发区合作共建工作方案》（鲁商字〔2018〕142号），推动东部8市经济开发区与西部8市经济开发区在自愿协商基础上，达成合作共建意向，实现区域协调发展、联动发展。联合中国开发区协会，邀请上海漕河泾、宁波、北京经济技术开发区的专家组，赴我省西部5家开发区开展巡诊活动，提出个性解决方案。组织开展了全省开发区现场观摩活动。

三、下步思路措施

深入学习贯彻习近平新时代中国特色社会主义思想，全面贯彻落实党的十九大精神，按照省委、省政府全面展开新旧动能转换重大工程的部署，积极推进《促进开发区高质量发展的若干措施》的落地实施，推动实施开发区体制机制创新、产业集群培育、创新驱动、开放引领、环境优化等行动，推动各类优质要素向开发区集聚，促进开发区产业集群上规模、上特色、上水平，打造科技创新引领区、新旧动能转换产业集聚区、城乡融合惠民发展示范区。

区域篇

山东开放40年 不忘初心再出发

SHAN DONG KAI FANG 40 NIAN
BU WANG CHU XIN ZAI CHU FA

长风破浪会有时　直挂云帆济沧海*

1978 年，党的十一届三中全会开启了改革开放历史新时期，改革开放 40 年，济南市紧跟时代发展步伐，把握历史机遇，统筹利用两个市场、两种资源，不断深化与世界各国(地区)交流合作。期间，积极应对和化解 1997 年亚洲金融危机、2009 年世界经济危机以及近年来美国贸易保护主义带来的困难与挑战，全市开放事业呈现出外贸规模不断壮大、合作领域不断拓宽、经济园区蓬勃发展、经济和社会效益不断提高的可喜局面。

一、坚持多元化市场战略，货物贸易稳步增长

改革开放以来，济南市对外贸易在市场竞争和体制机制创新中不断发展壮大，产业结构不断优化，多元化市场基本形成，新的业态稳步推进。尤其是随着我国加入世贸组织，全市货物贸易进入历史最快最好发展时期。

(一)进出口规模不断扩大，经济外向度逐步提高

1978 年，受外贸体制因素影响，市属国有外贸企业以给省公司供货为主，全市出口商品收购总额只有 1 亿多元。随着 20 世纪 90 年代济南划入沿海经济开放区以及企业逐步拥有自营进出口权，济南对外贸易直面国际市场的大门打开。“八五”期间，济南市形成了外贸、外资、外经“三外”齐发，外贸公司、自营进出口企业、外资企业、来料加工企业和境外企业“五路大军”协同作战的格局。1993 年，全市进出口总额 2.74 亿美元。“十二五”时期，全市进出口和出口分别达到 495.3 亿美元和 293 亿美元，分别是“十一五”时期的 1.6 倍和 1.7 倍，年均增幅分别为 8.1%和 6%。2017 年，济南市进出口总额实现 113 亿美元，是 1993 年的 41 倍，年平均增长 16.8%。经济外向

* 济南市商务局供稿。

度由1993年的5.8%上升到2017年的10.6%，提高了4.8个百分点。

(二)进出口队伍不断壮大，出口市场持续扩大

济南市具有自营进出口经营权企业从1993年的近30家增加到2017年底的6600多家，有进出口实绩企业达到1920家，其中进出口过千万美元的企业达到114家，涌现出重汽、浪潮、山东鲁电、济南裕兴化工一批年出口突破1亿美元的外贸龙头企业。重汽连续13年保持国内重卡行业出口首位，浪潮集团年进口突破11亿美元。目前，全市的贸易伙伴已发展到190个国家和地区。2017年，济南市与“一带一路”沿线国家货物进出口总值257.7亿元，增长15.7%，成为全市货物贸易发展的一个亮点。

(三)外贸加快提质增效，转型升级迈出新步伐

济南市出口商品由原来的粗加工、低附加值产品为主向深加工、高附加值产品为主的转变，出口商品形成了钢铁及制品、纺织服装、机械电器、化工原料及产品、车辆及附件等骨干出口商品格局，机电产品、高新技术产品和软件产品已成为全市出口的重要支柱商品。2017年，全市机电高新产品出口实现349.7亿元，占全市出口比重由2001年的34.9%上升到74.7%。外贸新业态得到快速发展，先后引进了谷歌体验中心、全球贸易通、浙江大道等第三方平台。2018年，有800多家中小外贸企业利用第三方平台寻找客户、展示用产品，签订出口额8亿美元。山东一达通外贸平台累计为全市700家外贸企业提供全方位服务支持，帮助出口13亿美元；全国首家M2B跨境电商平台——济南市秦工国贸“名客来”跨境电商平台，以其“线上平台+线下运营”相结合的特色服务，帮助本市中小企业出口2.1亿美元。2017年，海关总署批准全市开展跨境电商“9610”项下出口，经过扶持培育，济南市跨境电商“9610”项下出口取得实质性突破，截至2018年，全市通过“9610”跨境电商出口超过3亿元。

二、发挥资源禀赋，服务贸易发展势头强劲

改革开放以来，凭借雄厚的产业经济、突出的科技创新实力、深厚的历史文化底蕴、独特的枢纽地理位置以及丰富的发展配套资源等，再加上政策支持和创新力度持续加大，济南市服务贸易呈现出强劲的发展态势，在整体贸易中所占比重越来越大，正在成为济南市进出口重要的增长支撑点、经济高质量发展的新引擎。济南先后被评为“中国服务外包基地城市”“国家动

漫游戏产业基地”“中国服务外包示范市”“中国服务外包最具特色城市”“中国软件名城”等。

（一）服务贸易规模居全省前列

2017 年，济南市服务进出口金额为 797.33 亿元，同比增长 12.4%。其中，服务出口 388.48 亿元，同比增长 7.8%；服务进口 408.85 亿元，同比增长 17.2%。服务进出口、服务出口、服务进口三项指标规模均列全省第二位，占全省的比重分别为 22.6%、23.0%和 22.3%。

（二）离岸服务外包实现快速发展

离岸服务外包执行额增长迅速，业务来源地不断扩大，合同额和执行额一直保持全省领先。截至 2017 年底，全市纳入统计的服务外包企业达 970 多家，从业人员 23 万余人。产品技术研发、工业工程设计、技术咨询服务等成为知识流程外包（KPO）增长的新亮点，推动了传统制造业向制造业服务化的转型升级。济南市多次获选“中国服务外包风采城市”。

（三）服务贸易区域集聚格局基本形成

济南市服务贸易六大主要区域呈现规模集中、各具特色的发展态势。济南市高新区依托齐鲁软件园、药谷和创新谷等园区，业务涵盖软件信息外包、生物医药研发、检测维修等领域；济南市历下区以离岸知识流程外包（KPO）和物流服务为主；济南市市中区着力打造金融中心和国际设计创新产业园，在工业产品设计、动漫研发、教育文化交流等领域形成一定规模；济南市槐荫区依托一批自主研发型企业，重点发展工业和工程设计服务；济南市长清区着重发展技术服务出口、劳务出口、工程承包等；济南市天桥区和历城区突出陆港和空港物流服务特色。

（四）特色板块优势日显

积极支持全域旅游做大做强，着力打造医疗健康旅游和工业旅游，为工业转型升级和旅游业融合发展提供新动能。加快探索文化“走出去”，形成了 2 家国家级和 12 家省级重点文化出口企业，建成全国首个保税区外艺术品保税仓库，成功举办了五届国家非物质文化遗产博览会。着力打造特色领域“领头羊”，浪潮集团、中创软件、中建八局、山东电力工程咨询院、山东特检集团分别在大数据、云计算、勘察设计、技术支持、检验检测等方面已成为服务贸易特色领域的领军企业。

三、加快“走出去”步伐,“海外济南”建设结硕果

济南市在“走出去”方面经历了起步发展阶段(20 世纪 80～90 年代)、逐步发展阶段(1995～2010 年)和快速发展阶段(从 2010 年至今)。起初因缺少对外工程承包资格,部分企业选择“借船出海”,与央企等国内大公司合作,迈出了走向国际市场的第一步;后来部分企业凭借获得了独立对外工程承包和劳务合作经营权、自营进出口权和援外项目施工总承包资格,开始了驾驶自己的“大船”出海的航程,最终形成全市外经企业纷纷走出国门,到国际市场一试身手,“走出去”渐成规模,进入快速发展阶段,形成在发达国家搞劳务,在发展中国家搞工程,在世界各地搞营销,工程、贸易、投资、劳务“四外”互动,多元化运营、专业化发展格局。

(一)综合业务指标居全省第一序列

1993～2017 年,全市累计新签工程承包劳务合作合同额 458.8 亿美元,完成营业额 251.2 亿美元。其中,“十二五”期间,全市新批境外投资企业 280 家,累计对外投资 13.57 亿美元,分别是“十一五”期间的 2.5 倍和 3.4 倍,累计完成对外承包工程营业额 117.5 亿美元,年均增长 15.4%。2018 年前 11 个月,全市在对外承包工程上新签项目 51 个,合同额 56.2 亿美元,同比增长 7.8%;完成营业额 34.2 亿美元,增长 5.7%;新设境外投资项目46 个,实际投资额 8.8 亿美元,增长 7.3%。

(二)“走出去”队伍形成良好规模

截至目前,济南市“走出去”企业数量超过 500 家,其中,境外投资企业 400 家,对外承包工程企业 100 家,对外劳务合作企业 10 家。主要涉及电力设备、机械装备、电子信息、重型汽车、光伏太阳能、新型材料、工程建设、资源开发等产业,这些企业大部分是各个行业的龙头骨干,是全市实施“走出去”战略、开展跨国经营的先行者。山东电建总公司、中铁十四局、山东外经集团等企业进入中国对外工程承包企业 100 强。

(三)合作国家和地区不断扩大

济南市“走出去”遍布世界 100 多个国家和地区。境外投资主要集中在香港、美国、德国、日韩、新加坡、澳大利亚等国家和地区。对外承包工程则形成中东、南亚、非洲、东盟、南美五大板块。劳务合作国家主要是日本、韩国和新加坡。

(四)对外合作形式多种多样

全市对外合作主要有承包工程、投资兴办企业、建立营销网络、股权并购、境外上市等形式，促进了优势产能向境外转移，先后签约实施了沙特3850MW燃机联合循环电站、巴基斯坦萨希瓦尔燃煤火电、孟加拉Beximco2×300MW火电、尼日利亚化肥厂电站、津巴布韦万基电站扩机、孟加拉达卡机场高速路等一大批重量级工程项目。2016年，山东高速集团投资建设的塞尔维亚中国文化中心项目，是巴尔干地区首个中国文化中心，国家主席习近平和塞尔维亚总统尼科利奇亲自为项目奠基。山东高速法国图卢兹航空物流园区、重汽尼日利亚重汽工业园、山东高速苏丹农业园、浪潮委内瑞拉工业园等一批海外工业园区正在加快建设中。

四、园区综合改革深入推进，经济带动作用正在形成

济南市有9个省级以上经济(技术)开发区，其中，明水经济技术开发区1992年经山东省人民政府批准设立，2012年10月经国务院批准升级为国家级经济技术开发区。作为全市改革开放的窗口、经济建设的前沿阵地，济南市开发区在促进体制改革、改善投资环境、引导产业聚集、发展开放型经济发挥了不可替代的作用。

(一)政策驱动、体制改革释放发展活力

2013年，济南市成立市开发区工作领导小组，出台了《济南市经济开发区建设发展考核评价办法》，建立了科学、完善的开发区考核评价体系，从经济发展、科技创新、外向型经济、资源集约及管理效能4个方面对开发区的综合发展情况进行考核，促进了全市开发区跨越式发展。2016年，济南市出台了《关于进一步推动省级以上开发区改革发展的指导意见》《济南市省级以上开发区改革发展2017～2018年行动计划》，为开发区体制机制创新提供了理论依据和发展方向。2017年，全市各经济开发区全面推进体制机制改革，突破了制约开发区发展的“人”“财”“权”三大要素瓶颈，初步建立起科学规范、运转高效的园区管理运作体系，增强了内生动力，激发了发展活力。

(二)园区经济带动作用正在形成

各开发区通过不断招商引资，延伸产业链条，加速产业集聚集群化发展，形成以机械制造、交通装备、食品饮料、化工、医药、家用电器、电子信息、新材料、纺织服装、建材、现代物流等产业为重点的产业聚集区。开发区在全市的

权重不断提高，仅在2007～2016年，全市开发区生产总值占全市比重就增长了9个点左右；济南明水开发区高端装备制造、新材料、生物医药、食品饮料、电子信息等主导产业初具规模，是国家级新型工业化产业示范基地、先进机械制造业特色产业基地、重型汽车特色产业基地和有机高分子材料基地；济北开发区形成了以食品饮料、智能制造、现代物流三大产业为主，新一代信息技术和生命科技两大新兴产业、总部经济为补充的“3＋2＋1”产业发展体系，先后获得“中国最具投资价值开发区”“中国改革创新示范基地”等荣誉称号。济南新材料产业园在新材料、化工、医药、机械、电子等产业发展有声有色；济南经济开发区则形成了以机械装备制造、电子电器制造、现代服务业为主体的三大产业集群。各开发区还是全市利用外资的重要载体，目前全市经济园区内有300多家外资企业在此茁壮成长，并形成了良好的集聚效应。临港经济开发区设立了“欧洲工业园”，为全市最大的欧洲企业聚集区；济北开发区内的台湾工业园是山东省首家省级台湾工业园，实际利用台资累计达到6.9亿美元，是山东省台商集聚度最高的园区，是全国18家“中国最具台资企业投资价值园区”之一和“山东省最受台商欢迎园区”。园内旺旺集团山东总厂是台湾旺旺集团在此投资设立的独资企业。自2002年投资建设以来，已连续16次追加投资建设新项目，投资总额1.68亿美元，成为旺旺集团在大陆地区投资最大、产值最高、效益最好、缴税最多的综合性生产基地。

五、外企助力商贸流通业发展，展会国际化水平不断提升

对外开放40年，济南商贸业经历了由传统单一到多业态并存的发展格局。20世纪90年代以前，是以大观园商场、人民商场、百货大楼、第一百货商店、山东华联商厦等国有商业企业为代表的百货业时期；90年代至20世纪末，是以银座商城、贵和购物中心、华联商厦等为代表的新兴零售业态时期；而进入新世纪以来，一些高大上外资商贸服务性项目纷纷落户济南，形成多业态并存的格局，助推了济南商贸发展水平，提升了济南对外知名度、影响力和辐射力。1978年全市社零额不足10亿元，2017年全市社零额达4146亿元，增长了500倍左右。

（一）商贸大项目纷纷入驻，档次水平不断提高

台湾润泰集团视济南为宝地，把整个长江以北的超市总部设在济南，2000年9月26日，与济南人民商场牵手合作的会员制大型连锁综合超市大润发超市在济南的第一家店洪楼店和第二家店天桥店同一天开业，其后，沃尔玛、家乐福、乐购等全球零售知名企业在全市设立了数家超市大卖场。

2004 年 9 月，山东银座与台湾地区最大的零售商台湾统一签约，成立合资企业共同打造“统一银座”便民超市。2008 年 5 月 1 日始，统一银座超市全部门店实行 24 小时经营模式，是济南市首个大规模尝试全天候服务的超市。随着城市发展速度的不断加快，济南大型商业综合体建设风起云涌，一批整体布局完整、功能特色鲜明的商业项目相继涌现。2011 年 8 月，香港知名企业恒隆集团在泉城广场北侧历经 4 年精心打造的济南恒隆广场商业综合体开门纳客，集购物、娱乐、休闲功能于一体，成为济南时尚消费新地标。2014 年3 月 29 日，济南世茂国际广场惊艳亮相，泉城路金街再添商业生力军，泉城路在全市乃至全省的商业龙头地位将更加巩固，其打造的宽厚里特色商业街在第四届中国商旅文产业年会上被评为“中国商旅文产业发展示范街区”。此外，希尔顿、喜来登、香格里拉、麦当劳、肯德基、星巴克、必胜客、台湾 85℃均在全市设店经营，德国麦德龙、瑞典宜家、百联奥特莱斯等一批世界一流新业态商贸项目相继开业，增加了市民消费新体验，提升了全市服务业水平，增强了济南对周边城市的辐射力、吸引力。

（二）韩博会升级东亚博览会，展会国际认证数量不断增多

会展是城市对外开放的重要平台。近年来，济南市围绕打造区域性会展名城目标，在品牌展会打造工作中坚持本土培植和项目引进，形成了包括医疗器械展、公共安全展、燃气暖通展、太阳能展、卡车展、年货会、茶博会、旅交会等 20 多个自有品牌展，引进举办了一批如全国糖酒会、全国图书展、台湾名品展、香港时尚购物展、全国汽配展等有影响力的知名展会。在连续举办 5 届的基础上，2018 年韩博会升级为东亚博览会，成为济南市自主创办的最大的国际性展会。济南建筑装饰博览会、济南国际家具博览会、山东国际医疗器械展、山东太阳能展、山东文博会等 11 个展会通过了国际展会认证（UFI），领跑全省，总量居全国第三位。

40 年改革开放，40 年砥砺前行，作为中国最早自主开埠的城市之一，济南在新的历史时期走出了新的开放之路。只有顺应历史潮流，积极应变，主动求变，才能与时代同行。习近平总书记在庆祝改革开放 40 周年大会上的重要讲话掷地有声、意蕴深远。这既是历史足音的回荡，更是新时代开放的宣言。目前济南正处于跨越赶超的关键期、机遇期和黄金期，作为站在开放前沿的商务部门，我们将以庆祝改革开放 40 周年为契机，进一步坚定“改革开放再出发”的信心和决心，逢山开路，遇水架桥，为建设大强美富通现代化国际大都市、为打造全省对外开放新高地不断前进，“长风破浪会有时，直挂云帆济沧海”！

对外开放40年　济南外资鼓满帆*

改革开放40年，济南吸引外商投资从无到有，从小变大，从弱变强，与泉城济南共同发展，相互成就，在改革开放的历史大潮中，乘风破浪，奋勇前行。

一、主要成就

1985年1月，齐鲁宾馆和香港宏大贸易公司共同投资200万美元成立了第一家从事汽车出租业务的合资企业——齐鲁宏大旅游汽车服务公司，开创了全市利用外资的先河。

进入新世纪以来，济南利用外资实现了历史性跨越。2001年，济南实际利用外资只有1.16亿美元，只有1个世界500强项目；2010年，实际利用外资达到10.4亿美元，比2001年增长了9倍，世界500强企业累计达到31家；2018年，济南实际利用外资将比2010年翻了一番，突破20亿美元，世界500强企业累计达到72家。

根据2018年度外商投资企业年度投资经营信息联合报告，2018年全市网上申报的外商投资企业1013家，来自54个国家和地区，投资总额375.59亿美元，注册资本241.64亿美元，合同外资164.63亿美元，外方实缴106亿美元。申报企业2017年实现营业收入2732亿人民币，利润总额155亿人民币，净利润120亿人民币，从业人数13万人。

二、主要贡献

济南市的外资企业为全市社会经济发展做出了巨大贡献，经济增量上去了，思想观念更新了，城市面貌大变样，人民生活更实惠了。

---

* 济南市投资促进局供稿。

(一)利用外资对实体经济特别是工业经济发展发挥了举足轻重的重要作用

通过利用外资,促进济南重点企业对标国际先进企业,整合利用国际资源,参与国际产业分工,打造完善产业链条,全面提升实体经济发展质量。中国重汽2007年在香港主板红筹上市,首期募集资金90.4亿港币,截至目前,共实现利用外资超过15亿美元。2010年,中国重汽与世界500强企业德国曼公司实现了深度的股权合作,获得了世界一流的重型汽车发动机等关键性的技术。之后,德国采埃孚转向机、德国大陆集团汽车仪表、德国曼胡默尔滤清器、瑞典斯凯孚集团高档特种轴承等30余家世界500强企业和跨国公司纷至沓来,围绕中国重汽的产业链条,进行生产布局,形成了汽车制造及零部件产业集群。2002年,济南市引进了台湾知名食品企业旺旺集团,在济北开发区设立了第一家食品生产企业,已连续十几次追加投资,投资总额超过2亿美元,现已发展为旺旺集团在大陆规模最大的生产基地。之后,中国台湾的康师傅、统一、耐斯,美国的可口可乐、百事可乐,菲律宾的上好佳,印尼的迈大,丹麦的丹尼诗,瑞士的雀巢等都到济南投资设厂,济南成为江北最大的外资食品饮料厂商聚集区。

(二)利用外资对城市建设和城市形象的改善发挥了重要作用

近几年来,外资积极参与济南市旧城改造和片区开发,对推动城市建设起到了积极的促进作用。香港恒隆集团在泉城广场北侧建设了大型的商贸综合体恒隆广场,香港嘉里集团在泉城广场南侧建设了香格里拉大酒店,有力地提升了泉城广场大客厅的形象。香港世贸集团深耕济南,打造了世茂国际广场、世茂宽厚里、世茂原山首府等10多个项目,总建筑面积约300万平方米,涵盖购物中心、特色商业街、写字楼、公寓、主题乐园、住宅等多种业态。香港保利集团参与了全市最大的旧城改造项目北大槐树片区的开发。济南中央商务区的山泉湖河城五座标志性超高层建筑,分别由华润、复星、绿地、平安、中信等5家世界500强企业建设,实现利用外资4亿美元。此外,索菲特、喜来登、希尔顿、凯悦、华美达、雅高美爵等国际知名酒店品牌,有力提升了济南的国际接待能力,改善了城市对外交往形象。

(三)利用外资对推动金融业发展、打造区域金融中心发挥巨大作用

积极实施金融业“引进来”战略,有效地加强了与国际金融业的联系,提升了金融业管理水平和效率,树立了全市区域金融中心的形象。齐鲁银行

于2004年引入澳洲联邦银行入股，成为山东省首家、全国第四家与外资银行实现战略合作的城商行。英国渣打银行、香港汇丰银行、香港东亚银行、恒生银行、德国中德住房储蓄银行等外资银行在全市设立了分行。济南市共有外资独资保险公司1家，中外合资保险机构18家，其中注册资本金18亿元的德华安顾保险是第一家总部设在山东的全国性寿险法人机构。全市共有境外上市公司11家，募集境外资金超过200亿元。外资类金融企业170余家，类金融企业利用外资的发展在全省名列前茅，融资租赁公司发展在全国位居前列。济南在香港设立了济南产业金融国际工作站，济南高新区管委会联合香港金融资产管理公司和亚洲财经资本集团在济南汉峪谷设立了济南国际金融服务中心，在金融机构引进、业务创新、人才培训、举办高端论坛以及共同设立并购基金平台等方面进行更加深入的交流合作，为济南市乃至山东省内企业提供一站式专业化的金融服务。

（四）利用外资对完善城市服务功能和提高保障水平发挥了重要作用

近几年来，外资积极进入市政基础设施领域，在一定程度上缓解了城市建设资金的不足，提升了市政公用企业的经营管理水平。在城市供气方面，香港中华煤气以股权并购方式与市管道煤气公司合作，组建了济南港华燃气有限公司，供气区域超过200平方公里，服务300多万市民。香港百江燃气与济南市煤气公司合作成立了山东济华燃气有限公司，供气区域辐射槐荫、市中、天桥、历城四区。香港中油洁能集团在全市设立了山东中油洁能天然气有限公司，先后设立了10余家汽车加气站；在城市供水方面，香港泓泉公司在全市合资成立了济南泓泉制水有限公司，常规日供水能力93万立方米；在污水垃圾处理方面，香港光大国际集团并购全市污水处理一厂、二厂，服务城市面积188平方公里，服务城市人口200万人，其投资建设济南市第二生活垃圾综合处理厂（焚烧发电厂），日均可焚烧生活垃圾近3400吨，日均发电量超100万度，提供绿色电力约3亿度/年，成为我国北方生活垃圾焚烧发电示范项目和环保宣传教育基地。

（五）利用外资对改善民生、扩大内需拉动消费发挥了重要作用

商贸服务业一直是外商投资的重要领域。台湾润泰集团在全市投资了8个大润发超市大卖场。美国沃尔玛、瑞典宜家、德国麦德龙、法国迪卡侬等国际商业巨头，纷纷在全市设立了数家超市大卖场，引入了先进的商业消费模式，提升了全市商贸服务业发展水平。台湾统一集团与银座集团合作，在全市设立统一银座社区便利店，从事社区商业。美国麦当劳、肯德基、星巴

克、必胜客、台湾85℃都在全市设立了经营店面，为广大市民提供了优越的消费环境。这些知名品牌企业的进入，提升了全市服务业水平，增强了济南对周边城市的辐射力、吸引力。

三、主要做法

（一）进一步明确城市定位，凝聚强大思想共识

我们按照省委、省政府“让济南这个山东经济龙头扬起来”的要求，积极对接京津冀，主动服务雄安新区，打造央企和跨国公司在中国北方的总部基地，建设“大强美富通”的现代化国际大都市，争创国家中心城市，打造环渤海大湾区重要增长极。全市上下解放思想、真抓实干，以扩大高质量招商引资推动经济高质量发展，努力实现走在全省前列。济南市委、市政府主要领导担任招商引资工作领导小组组长，把“双招双引”定为一把手工程，亲自抓、带头干，人人都是招商员，切实把各级领导的主要精力聚焦到招商引资工作上来，全市上下凝聚起了“大招商、大发展”的强大思想共识。

（二）不断优化招商体制机制，提升招商专业化水平

济南市“以制度创新推动改革发展”，强化顶层设计，凝聚工作合力，不断提升全市招商引资专业化水平。

一是在全省率先开展招商体制机制改革。成立市投资促进局，作为政府工作部门，统筹内外资招商，全市上下形成了“一个口子引进，多头跟进服务”的招商引资新格局。

二是组建市级专业化招商平台，设立济南市投资促进中心，实行全员聘任制，专门聚焦十大重点产业，开展专业招商，实现“专业的人做专业的事”。

三是创新实施“全球招商合伙人”计划。通过政府购买服务，聘请德勤、普华永道、商务部投资促进事务局等专业机构，借助其丰富的全球数据、渠道、人脉资源，围绕智能制造、新一代信息技术、生物医药等重点产业开展以商招商、以业招商，联合举办了美国新一代信息技术专题对接会、德国智能制造投资合作交流会、瑞士苏黎世生物医药产业专题招商会、英国产融创新合作高端对话会、跨国公司济南行等一批层次高、专业强、影响力大的国内外精准招商活动，有力提升了全市招商的国际化、专业化水平。

（三）全面聚焦重点产业，精准实施靶向招商

一是聚焦产业规划引领，加快推进新旧动能转换重大工程。制定了《济

南市十大千亿产业发展规划》《济南市十大千亿产业招商引资指导目录》《济南市区县招商产业布局意见》，精准聚焦十大重点产业链条，开展建链、补链、强链招商。

二是聚焦香港金融资源，深化济港金融合作。在香港设立济南产业金融国际工作站，在济南设立香港济南国际金融服务中心，打造高端金融服务平台，持续开展对港招商，仅2018年，济南市先后五次赴香港开展金融专题招商，新批香港投资项目126个，同比增长142%，实现合同外资297亿元，同比增长234%。

三是聚焦欧洲智能制造，推动济欧工业融合。全力引进了德国西门子变压器、德国费斯托气动、沃尔沃建筑设备济南研发中心等一批高端装备制造项目，促成法国标致摩托车、法国阿尔斯通汽轮机、德国海瑞克盾构机、荷兰施泰克轨道交通牵引系统、西班牙伊莱特风电设备等一批世界知名制造企业与济南本地企业开展合资合作，有力地提升了济南的装备制造业科技含量和技术水平。

四是聚焦美国科创资源，推动新经济发展。浪潮集团与美国思科、IBM等强强联合，成立合资公司，打造济南“硅谷”，开启了中国IT产业中外合资3.0时代。引进美国微软、惠普、甲骨文等在济南设立科技企业孵化平台，并在美国设立了美国硅谷协同创新中心和美国博科海外孵化器，在人工智能、物联网、区块链、健康技术等前沿科技应用等领域开展跨境合作项目，全面对接美国科技创新资源。

（四）打造高端招商载体平台，着力引进重大项目

一是高水平规划建设济南新旧动能转换先行区。横跨黄河两岸，高水平规划建设1030平方公里的济南新旧动能转换先行区，打造改革开放先行区、创新引领先导区、城市治理试验区和“四新”经济新高地，助力济南由“大明湖时代”向“黄河时代”迈进。目前，山东重工高端装备制造产业园、绿地国际博览城、中国氢谷、京东物流等10余个引领型、支撑型项目落地开工，总投资超过2000多亿元。

二是强力推进国际医学科学中心建设。在西客站片区规划建设45平方公里的济南国际医学科学中心，瞄准国际医学前沿，集中省市优势资源，深度结合精准医疗，打造集医疗、教学、科研和预防保健、健康旅游、康复医养于一体，布局合理、专业互补、资源共享的医疗大健康产业生态圈，建成具有国内先进水平的综合医学服务中心。目前，国家健康医疗大数据北方中心、山东第一医科大学、山东省肿瘤医院质子临床研究中心、高端医疗孵化研究

中心四大核心项目破土动工；中美计算医学创新中心、国家人类遗传共享服务平台山东创新中心、中能直线加速器等64个高端项目实现签约。

三是高标准建设济南中央商务区。高水平规划建设3.2平方公里的济南中央商务金融核心集聚区，引进总部金融、国际金融、财富管理等高端金融业态和机构，建设成为全国一流、具有国际影响力的“济南金融城”。截至目前，以五大标志性超高层建筑为代表的项目拔地而起，已建成商务商业建筑面积143万平方米，中国人寿山东分公司、华润万象城、和泰人寿全国总部、中国银行山东分行、东明英伦石化、西王集团财务公司、渤海湾港口集团等项目已经落户。

（五）全面提升招商服务质量，打造金牌营商环境

一是建立健全政策促进体系。围绕积极利用外资出台了10条含金量高措施，围绕着重大项目引进设立了以产业投资集团和金控集团为主投资基金公司，围绕着创新招商模式，出台了社会化招商鼓励政策。同时，还建立了“济南市严格招商政策承诺事项投诉工作机制”，确保政策兑现工作落实，优化营商环境，保障投资者合法权益。

二是持续推进“放管服”改革。进一步简政放权，按照“能免则免，应放尽放”的原则，凡是区县、省级以上各类园区有需求，一律将商务部授权全市的外商投资企业审批、备案管理权予以下放到位，实现外商投资企业就近办理相关备案审批手续。进一步简化流程，压缩申报资料，积极推动网上申报预审业务，严格落实法定备案期限，实现外商投资企业办理手续“最多只跑一次腿”的服务承诺。进一步推进商事制度改革，构建“互联网＋政务服务”管理新模式，加强与工商等部门联动与信息互通，实现“单一窗口，单一表格”受理，商事登记全程电子化，让信息多跑路，企业少跑腿。

三是完善投资服务机制。建立全市重点招商项目“服务大使”工作机制，强化项目洽谈引进服务，在宏观政策、产业政策、财政政策、要素供给等方面，给予精准、高效、专业和及时的解答，提高洽谈效率。建立重大招商引资项目审批代办工作机制，强化投资项目审批服务，实现“一站式”并联审批。建立项目协调推进机制，强化投资项目落地服务，建立全市重大招商项目库，实行市领导包挂责任制，运用全市重大招商项目快速决策领导小组运行机制，统筹解决重大招商落地过程中的困难和问题，加快推动全市重大招商项目落地。

青岛改革开放40年对外经济贸易取得重大成就*

回顾40年的开放历程，对外开放始终是青岛的最大优势和特色，全市上下抢抓机遇，锐意改革，全面开放，坚定不移走开放强市之路，经历了起步、加快、跨越三个发展阶段，开放型经济实现了高质量发展，对青岛全域发展、城市功能提升和民生福祉增进发挥了重要作用，成为全市经济社会持续健康发展的重要推动力量。

一、改革开放40年外经贸主要历程

(一)1978～1991年，外经贸进入起步发展阶段

改革开放初期，由于青岛市没有外贸经营权，全市外贸业务模式由省属专业外贸公司收购出口，青岛市企业向省公司供货，年出口商品收购值4～5亿元，利用外资主要是与贸易结合的“三来一补”(来料加工、来样制作、来件装配和补偿贸易)项目。1979年6月，青岛台东工艺品厂与香港华宝公司签订山东省第一个来料加工项目合同，山东省纺织品进出口公司与日本伊藤万株式会社签订青岛市第一个补偿贸易项目合同。1984年，青岛市被列为首批沿海开放城市，特别是1986年在国家计划中实行单列后，青岛市借助国家赋予的沿海开放城市、计划单列市的优惠政策，积极发挥沿海港口城市优势，大力引进和利用外资，全面开展自营进出口，促进外经、外贸、外资融合发展，外向型经济有了长足发展。1984年5月，青岛市首家中外合资企业——华和国际租赁有限公司成立，标志着全市利用外商直接投资正式开始。11月，山东省首家中外合作企业——青岛天鹅旅游汽车有限公司成立。

* 青岛市商务局供稿。

截至1988年10月，青岛市首家也是山东省最大的外商独资企业——青岛正大有限公司成立，中外合资、中外合作、外商独资成为青岛市利用外资的主要形式。1984年10月，青岛经济技术开发区获批成为首批国家级开发区。1987年4月，青岛啤酒厂获批自营进出口权，成为全国第一家直接对外经营进出口业务的生产企业。1987年10月，青岛市第一家境外投资企业华青（香港）发展有限公司成立，青岛企业境外直接投资从以贸易为先导，逐步向境外加工贸易、跨国并购、境外研发、海外资源开发和建设境外工业园区等多种经营形式发展。1990年，青岛国际经济技术合作公司成为青岛首家具有国际劳务合作、国际工程承包和对外经济援助经营资质的外经公司。启动实施名牌战略，以海尔、海信、青啤、双星、澳柯玛"五朵金花"为代表的本地企业迅速成长壮大，城市领一时风气之先、立改革开放潮头。1991年，全市自营出口创汇4.5亿美元，是1985年的9倍；实际利用外资4647万美元，是1985年的20倍。

（二）1992～2011年，外经贸进入加快发展阶段

1992年1月，邓小平同志南方谈话发表后，青岛市抢抓历史机遇加快对外开放步伐。4月，山东省委、省政府将青岛市确定为全省对外开放的龙头。5月，青岛市委、市政府召开对外开放大会，印发《关于进一步加快对外开放的决定》，实施东部大开发战略，推动形成"一园（青岛高科园）三区（青岛开发区、青岛保税区、青岛旅游度假区）三线（沿济青、烟青、环海3条公路建设乡镇工业园）"的对外开放新格局。1996年，全市自营进出口企业总数达到105家，居全国计划单列市首位，累计批准外资项目7164个，实际利用外资44.4亿美元，引进朗讯、惠普、三菱重工、现代等国际知名公司，成为韩国在中国投资最集中的城市，海尔集团等企业率先探索在国外建厂。1997年，亚洲金融危机爆发，青岛市积极应对，改革创新，成立专门招商机构，优化投资软环境，利用外资逆势增长，外贸专业公司现代企业制度改革基本完成。2001年12月，中国加入世界贸易组织（WTO）后，青岛市顺应加入世界贸易组织新形势，加快与国际规则接轨，构建全方位的对外开放格局，逐步建立起按照世贸组织规则运行的外经贸新体系。成功举办国际时装周、第29届奥运会帆船赛和残奥帆赛、第11届全国运动会，2014年又承办世界园艺博览会、亚太经济合作组织（APEC）贸易部长会议，通过国际性展会、重大赛事、国际论坛，展示了青岛城市形象，提升了国际知名度。一批对外开放前沿载体陆续落地生根，开放布局和政策功能完善叠加。2003年青岛出口加工区获批设立，2006年青岛西海岸出口加工区获批设立，2008年青岛保税

区获批转型为保税港区，2010 年中德双方政府确定在青岛经济技术开发区合作建立中德生态园，2011 年青岛成为山东半岛蓝色经济区核心区龙头城市。2011 年，全市实现外贸进出口总额突破 700 亿美元，达 712.6 亿美元，增长27.2%；实际利用外资跨上 30 亿美元新台阶，达 36.3 亿美元，增长27.8%；完成对外承包工程和对外劳务合作营业额 13.5 亿美元，增长 25%。

（三）2012～2018 年，外经贸进入跨越发展阶段

党的十八大以来，以习近平同志为核心的党中央引领全党全国各族人民在新时代继续把改革开放推向前进，为实现“两个一百年”奋斗目标、实现中华民族伟大复兴的中国梦不懈奋斗。近年来，在青岛市委、市政府的坚强领导下，全市商务系统不忘初心，牢记使命，践行开放发展新理念，实施“一带一路”倡议，开启新时代改革开放再出发的新征程。2012 年，启动实施“商贸提升、外贸转型、外资赶超”三大商务发展行动计划，外经贸“四外”（外贸、外资、外经、服务外包）和商贸流通发展规模首次全面位居全省首位。2013 年，推进实施“走出去”与“引进来”相结合的开放引领战略，启动国际贸易中心城市建设，实施电子商务引领发展、货物贸易提升发展、服务贸易跨越发展、转口贸易突破发展、内外贸融合发展五大行动计划，商务工作实现新跨越。2014 年，全面实施“四项改革”（商贸流通体制改革、双向投资合作管理体制便利化改革、商务行政审批制度改革、经济园区科学发展体制机制改革），加快推进“八大创新”（创新提升现代市场体系建设水平、创新实施电子商务引领发展行动计划、创新实施国际货物贸易提升发展行动计划、创新实施国际服务贸易跨越发展行动计划、创新实施转口贸易突破发展行动计划、创新实施内外贸融合发展行动计划、创新现代招商投资促进模式、创新推进国际经济合作伙伴城市机制模式），通过改革创新推动商务发展转型提升。2015 年，适应经济发展新常态，坚持以改革创新为引领，突出“惠民安商”主题，重点抓好“稳增长、扩开放、促改革、调结构、转作风”五项工作，推动商务工作实现新发展。2016 年，坚持以实施国际城市战略为主线，以加快建立内外贸融合的现代流通体系和构建开放型经济新体制为重点，推动“引进来”和“走出去”双向开放，实现“十三五”商务发展规划的良好开局。2017 年，实施更加积极主动的开放战略，积极推进“四个融合”（内外贸融合、内外资融合、“走出去”与“引进来”融合、投资与贸易融合发展）发展模式，初步形成“大商务”工作格局。2018 年，全面加强党对商务工作的领导，深入实施消费、开放、外贸三大动能转换工程，加快形成全面开放新格局，开放型经济实现了高质量发展。

1.创新建立现代国际贸易运行体系，传统对外贸易加快向现代国际贸易转型升级

在商务部支持下，青岛市在全国率先建立运行涵盖货物贸易、服务贸易和境外投资贸易“三位一体”的现代国际贸易指标体系。2017年，青岛市国际贸易总额实现1154.5亿美元，增长14.7%。其中，货物进出口768.3亿美元，占比66.6%；服务进出口140.2亿美元，占比12.1%；境外投资贸易营销额246亿美元，占比21.3%。预计2018年国际贸易总额增长8%，其中货物进出口增长6.1%，服务进出口增长15%，境外投资贸易额增长20%。外贸新业态新模式快速发展，2014年启动“直购进口”和“中韩海运直购进口”等模式，2016年获批国家跨境电子商务综合试验区，2017年实现跨境电商贸易额241.3亿元，增长101.1%，外贸综合服务平台带动近千家中小微企业进出口增长1.2倍，海尔海贸云商外贸综合服务企业模式得到国务院领导肯定性批示。加快培育外贸竞争新优势，形成崂山区、高新区等两个国家科技兴贸创新基地，黄岛船舶基地、即墨服装基地等5个国家外贸转型升级示范基地。2016年获批中国服务外包示范城市，2018年在31个国家服务外包示范城市中综合评价排名进入前8名，服务外包企业累计超过1350家，带动大中专毕业生就业26万人以上。积极推进实施自贸区战略地方经贸合作，商务部批准青岛市为国家自贸区(FTA)战略地方经贸合作基地城市。2017年，全市对自贸区市场进出口增长15%，占全市出口比重的33.3%。全面复制推广上海等4批自贸试验区改革试点经验153项，目前青岛市已复制推广136项，其他事项待国家有关部委制定具体意见后复制推广。

2.创新建立现代产业精准招商体系，内外资联动发展呈现新作为

深化招商引资管理体制改革，推进内外资统筹，构建起全方位招商引资新格局。积极推进专业招商、产业招商、精准招商，招商引资不断扩大规模、提高质量。2017年，全市到账外资实现77.4亿美元，增长14%，在全国31个省(市)和5个计划单列市综合排名中列第8位；引进国内资金1887.2亿元，增长13.3%。截至2017年底，全市累计实际利用外资762.8亿美元，有144家世界500强企业投资276个项目、142家国内500强企业投资240个项目。预计2018年招商引进内外资增长10%。持续优化营商环境，加快从政策优惠型、政府招商型传统招商模式向资本运作型、环境优化型现代产业招商创新模式转变，推进“千企招商大走访”活动，各区(市)及相关部门走访企业8271家，新增签约项目609个，总投资7617亿元。截至2017年底，青岛市在营外商投资企业6713家，投资总额822.3亿美元，增长17.3%，实现利润总额293.3亿元，增长18%，贡献了全市30.8%的进出口额、12.5%的税收，吸纳

就业38万人。推动“双招双引”，建成新加坡、韩国、美国、德国、日本、以色列、香港、英国、俄罗斯等9个境外青岛工商中心，青岛国际经济合作伙伴城市(省州/机构)达到96个。

3.创新推进实施国际城市战略，引领提升城市全域营商环境水平

贯彻落实中共中央、国务院《关于构建开放型经济新体制的若干意见》，青岛市创新提出全面实施国际城市战略，深入开展开放型经济发展体制机制创新。建立国际城市战略推进委员会，组建由8个专项工作组、30个专业小组和1个专家咨询委员会秘书处构成的“8＋30＋1”工作架构。聚焦国际海洋名城建设，全面推进企业、市场、产业、园区、城市“五个国际化”，对标国际先进理念、标准和模式，滚动制定实施双年制“国际化＋”行动计划。目前，青岛海陆空铁地立体综合交通体系便捷通达，青岛港国际集装箱班轮航线160多条，年货物吞吐量突破5.1亿吨，集装箱吞吐量突破1831万标准箱，稳居全球第七位。截至2017年底，青岛空中航线达到186条，年旅客吞吐量达2321万人次，4F级青岛胶东国际机场将于2019年建成运营。近5年，共有1.5万人次外国专家到青岛学习、工作、生活，连续7年被评为“魅力中国——外籍人才眼中最具吸引力的中国城市”。城市公共设施的完善、商务环境的优化、群众生活的便利和城市品质的跃升极大地提升了城市的知名度和国际影响力。近日全球化与世界城市(GaWC)研究网络发布《世界城市名册2018》，青岛晋级“全球二线城市”。2018年，国务院大督查通报表扬青岛市深入实施国际城市战略，推进高水平对外开放的经验做法。

4.创新推进“一带一路”建设新模式，“走出去”与“引进来”双向互动取得新成果

2013年印发《青岛市关于实施“走出去”与“引进来”相结合发展战略进一步提升对外开放水平的若干意见》，对外开放进入以“走出去”与“引进来”相结合引领提升发展的新阶段。截至2018年6月底，青岛市在全球99个国家和地区累计投资项目1560个，中方协议投资额324.3亿美元。对外投资合作方式持续创新，海尔集团先后并购新西兰斐雪派克、日本三洋、美国通用电气等世界知名品牌，海信并购日本夏普墨西哥工厂及美洲销售渠道业务。推广“青建＋”走出去融合发展模式创新，青建集团与海尔、澳柯玛、饮料集团等20多家企业抱团开拓国际市场。海尔鲁巴经济区、海信南非工业园区等6个境外合作区纳入商务部重点境外经贸合作区项目库。截至2017年底，对“一带一路”沿线国家和地区累计投资项目761个，协议投资额95.7亿美元，占全市的32.4％。2017年当年对“一带一路”沿线国家投资21.9亿美元，占全市的34.1％；实现对外承包工程营业额38.2亿美元，增长

4.9%；对“一带一路”沿线国家市场实现进出口额2485.3亿元，增长11.2%。2018年6月10日，习近平主席在上合组织青岛峰会上宣布中国政府支持在青岛建设中国—上合组织地方经贸合作示范区。目前，已完成编制上合示范区建设总体方案上报国务院，有序推进98个双向投资贸易合作重点项目。

5.创新建立现代消费经济驱动增长新体系，内外贸融合发展实现新突破

实施全社会大消费促增长“十、三、五”系列工程，拓展“十大”（旅游、会展、时尚、假日、生活、农村、健康、文化、体育、教育）消费领域，培育“三大”（信息、信用、绿色）新型消费模式，激活“五大”（房地产家居、新能源汽车、融资租赁、典当、公共服务）消费业态，培育消费经济发展新模式。社会消费品零售总额由1978年的10亿元增加到2017年的4541亿元，增长了452倍，预计2018年增长10%。完成国家首批国内贸易流通体制改革发展综合试点改革，形成了8个方面的可复制可推广经验，完成商品流通地方立法试点，《青岛市商品流通市场建设与管理条例》2016年发布实施，获国务院领导充分肯定。开展中国国际消费电子博览会、青岛城市购物节、青岛进口商品展等展销促销活动，打造内外贸结合的大型会展平台。扩大国外安全优质消费品进口规模，消费品进口规模占比提升至10%。2018年，青岛口岸平行进口汽车试点获批并启动实施，口岸累计进口汽车突破5万辆。用外贸标准办内贸，将中国出口到欧盟、日本、美国的肉禽、水产品和内地输港鲜活农产品的质量标准和运营模式，运用到城市“菜篮子”工程建设中，“菜篮子”工程建设接轨国际标准。

二、新时代推进高水平开放、高质量发展

进入新时代，我们将坚持以习近平新时代中国特色社会主义思想为指导，认真学习贯彻习近平总书记在庆祝改革开放40周年大会上的讲话精神，高举新时代改革开放旗帜，突出创新引领、实现“三个更加”目标要求，落实“一三三五”工作思路，以建设中国—上合组织地方经贸合作示范区引领创建“一带一路”地方经贸合作示范城市，以建设国际消费城市引领内外贸融合发展提升现代流通体系水平，以建设国家跨境电商综试区和多式联运国际贸易大通道引领培育外贸发展新动能，以建设国际海洋名城实现“五个国际化”引领打造新时代对外开放新高地，实现高水平开放、高质量发展，不断实现人民对美好生活的向往，在新时代加快构建全面开放新格局！

勇立潮头逐大浪　奋楫扬帆谱华章*

改革开放40年来，淄博市紧跟全国、全省步伐，坚定不移深化改革扩大开放，努力适应经济全球化趋势，不断提高对外开放水平，深度参与国际经济技术合作和竞争，开放型经济发展取得了巨大成就，为全市经济社会发展注入了强大动力。

淄博是齐国故都，孕育发祥了以"开放、重商、包容、法治"为精髓的齐文化。光绪三十年(1904年)，胶济铁路开通，周村和济南、潍县同时被清政府自主开辟为商埠，周村成为山东最早对外开放的城市之一。开埠后，先后吸引了北京、天津、上海等地的1000多家老字号，美孚石油公司、壳牌公司、日本三井公司和铃木洋行等100余家外国商号，大德通、日升昌、三晋源等200多家山西银号以及孟氏"八大祥号"在此营业经商，远近富商巨贾竞相云集，周村达到了鼎盛时期，号称"济南潍县日进斗金，不如周村一个时辰"，一度"工商两业鼎盛，驾乎省垣(济南)之上"。

梳理改革开放以来全市对外开放历程，主要有4个阶段：

第一阶段(1978～1991年)，自营进出口阶段

十一届三中全会后，淄博同全国、全省一样，开放型经济得到较快发展。1979年，全市出口额首次突破亿元大关。到1985年，淄博出口商品已发展到13大类206个品种，出口收购值达1.84亿元，比1976年增长1倍多，贸易关系已遍及五大洲50多个国家和地区。1985年12月，淄博市首家合资企业——淄博建筑陶瓷有限公司设立，吸收外商直接投资开始起步。1988年3月，国务院批准淄博列入山东半岛沿海经济开放区，实行国家给予的优待外商投资政策。同年，淄博把对外开放工作作为全市国民经济发展

* 淄博市商务局供稿。

的重点，组建了市对外经济贸易委员会，建立健全了海关、商检等涉外职能机构。截至 1991 年底，全市出口首次突破 10 亿元，达到 10.2 亿元，共批准“三资”企业 82 家，利用外资合同金额 5700 万美元。自此，淄博市对外开放步入自主发展的新阶段。

第二阶段(1992～2000 年)，以自营出口为主的全方位实施阶段

1992 年，邓小平同志南方重要讲话后，全国掀起了新一轮对外开放热潮。淄博市紧紧抓住机遇，决定全面实施外向带动战略，再造对外开放新优势。这一时期，淄博市不断改善投资环境，努力转变招商观念，采取多种方式，提高招商引资的针对性和实效性，持续推进“三外”联动，着力发展“大外经贸”之路，吸引了一批世界著名跨国公司来淄投资。1998 年，全市自营进出口企业已增至 84 家，出口额达 3.15 亿美元。2000 年，全市工业总产值首次突破 1000 亿元大关，实现了工业发展史上的历史性跨越，工业的快速发展带动了出口贸易的大幅增长，当年全市实现出口额 4.96 亿美元。

第三阶段(2001～2010 年)，开放型经济快速发展阶段

2001 年中国正式加入 WTO 以后，淄博抢抓机遇，实行全方位招商引资政策，全力扩大对外开放，深化外经贸体制改革，开放型经济进入快速发展阶段。“十五”期间，引进各类外来投资 535 亿元，其中实际利用外资15.62亿美元，是“九五”时期的 2.4 倍。2002～2005 年全市外贸出口达52.3亿美元，年均增长 36.4%，高于全国全省同期平均水平。2001～2010 年，全市累计实现外贸进出口 356.6 亿美元，年均增长 24.7%；累计到账外资 35.1 亿美元。这一阶段，淄博对外开放水平稳步提升，开放领域和渠道进一步拓宽，竞争力逐步增强。

第四阶段(2011 年至今)，开放型经济调整提升阶段

“十二五”以来，淄博市实施新一轮开放和“走出去”战略，积极参与“一带一路”沿线国家基础设施建设和投资开发，通过产业结构调整和优化升级，提升经济发展的质量和效益，努力打造国际竞争新优势。“十二五”时期，全市累计实现进出口 441.7 亿美元，是“十一五”期间的 1.72 倍；实际到账外资 26.1 亿美元，是“十一五”期间的 1.34 倍。共批准境外投资企业96 家，对外投资涉及 39 个国家和地区。累计签订对外承包工程合同额 14.1 亿美元，完成营业额 19.77 亿美元，分别是“十一五”时期的 1.58 倍、2.73 倍。全市累计外派劳务人员 10443 人，是“十一五”时期的 3.85 倍。

40年砥砺奋进，40年栉风沐雨，淄博市加快构建新体制、发展新模式、打造新格局、塑造新优势，推动外贸业态拓展、外资主体提升、“走出去”战略对接、园区功能再造，开放领域不断拓展，参与国际竞争合作的层次水平不断迈上新台阶，对外开放质量和水平实现跨越式提升，为全市经济社会发展做出了重要贡献。

一、对外贸易快速增长，市场区域不断扩展

（一）外贸进出口规模不断扩大

改革开放以来，全市外贸出口额从1994年的4.9亿元人民币，发展到2017年的374.6亿元人民币，年均增长16.1%；进口额从1994年的13.3亿元人民币，发展到2017年的305.4亿元人民币，年均增长12.7%。特别是2001年中国加入WTO以后，淄博市外贸进出口步入快速发展轨道。2001～2017年，全市外贸进出口从9.2亿美元快速增长到100.1亿美元，历史首次突破100亿美元大关。

（二）出口商品种类更加齐全

出口商品从20世纪90年代初以原料型产品出口为主，发展到目前20大类、1620类个品种出口，主要包括纺织、石化、轻工、机电、服装、冶金矿产等产品。

（三）外贸主体队伍不断壮大

改革开放初期，出口主体主要以国有企业为主。近年来，民营企业出口迅速崛起，民营企业出口已占据半壁江山，达到55.2%，外商投资企业出口占比达到38%。外贸主体队伍从20世纪90年代初十几家自营出口企业，发展到2017年的1954家，出口1亿美元以上的企业达到6家。

（四）市场多元化战略扎实推进

外贸进出口市场日趋多元化，与全市有贸易往来的国家和地区达到156个。进口商品主要来自美国、韩国、澳大利亚、东盟等国家和地区。

二、利用外资规模稳步提升，结构逐步优化

改革开放以来，全市累计成立外商投资企业3031家，合同外资99.6亿美元，实际使用外资82.8亿美元。

(一)项目单体规模持续扩大

单个外资项目平均合同外资额从发展初期(1985～1991 年)的 76.6 万美元逐步扩大到 2016 年的 718 万美元。目前全市现存外商投资企业中,投资总额在千万美元以上的有 131 家,总投资59.7亿美元,占全市总额的 90.9%;投资总额 5000 万美元以上的有 32 家,总投资 34 亿美元,占全市总额的 51.7%。

(二)外资结构不断优化

先进制造业和服务业利用外资均保持了较快发展速度,第三产业利用外资比重逐步提高。目前全市现存外商投资企业三次产业的比重达到 0.02∶64.36∶35.62。

(三)利用外资方式更趋多元

随着对外开放的不断深化,全市利用外资由以绿地投资为主,形成了直接投资、跨国并购、境外上市、增资扩股、股权融资、融资租赁等多种形式共同发展的格局。外商投资企业增资比重持续增加,改革开放以来,全市共批准外商投资增资项目 458 个,合同外资共计增加 19.7 亿美元,占全市累计批准合同外资总额的 19.8%。外资并购不断增加,2007～2017 年全市共新批外资并购项目 45 个,总投资 15.9 亿美元,合同外资 8.6 亿美元,占同期全市总额的 18.9%。境外上市项目稳步推进,目前全市已有 4 家企业在境外上市。

(四)与知名跨国公司合作大幅提升

改革开放以来,已有 30 余家世界 500 强及行业领军企业在全市投资了 50 多个项目,包括美国伊士曼、美国空气化工、美国奇耐联合纤维、美国科勒、德国林德、德国西门子、德国博世、德国贝朗、德国麦德龙集团、英国特易购、瑞士布赫、意大利卡拉罗、日本旭硝子、日本三井物产、日本西铁城、香港华润、香港光大集团等,主要投资于化工、新材料、机械、纺织、电子、房地产等行业。这些企业均为所在行业的发展标杆,在行业内具有领先地位,项目整体上技术先进,规模较大,对行业转型升级、税收贡献等方面带动作用明显。

三、对外合作成效显著,"走出去"步伐不断加快

(一)国际产能合作成效显著

积极融入"一带一路"倡议,截至目前,全市与"一带一路"沿线国家投资合作累积备案境外投资项目79个,主要集中在16个国家,分布在纺织塑编、石油化工、农业、矿业、皮革、生物制药等行业和领域,中方协议投资额约19.4亿美元。

(二)境外园区建设扎实推进

以"三园区两中心"建设为载体,加快境外产业园区的建设,鼓励企业特别是中小型企业"抱团"走出去,形成境外投资集群式、集约化发展,以抵御或减少投资风险。2017年,齐鲁(柬埔寨)工业园正式取得了由洪森首相签发的批准证书,目前园区已有6家企业入园并正式投产,6家企业初步签订入园协议。

(三)境外并购取得重要突破

引导骨干企业通过国际并购实现境外研发境内生产或者国内产能向境外转移,加快高新技术引进,推进技术输出与产能合作,提升企业国际化经营水平,带动全市产业转型升级。2017年,蓝帆医疗58.96亿元并购新加坡柏盛国际集团93.37%股份,成为我省乃至A股市场近几年来最大的医疗器械公司并购案。

(四)"三外"融合发展水平不断提高

截至目前,全市已在境外累积批准涉及各类营销网络89个,涉及塑编纺织、制造业、轻工、制药等多个行业,投资地域遍布日韩、北美、香港、东南亚、欧洲、中东、俄罗斯等10多个国家和地区,为企业开拓多元化市场格局奠定了基础。

(五)开通"淄博号"中欧国际货运班列

2017年8月16日,正式开行了"淄博号"中欧国际货运班列,累计开行33列,初步形成了淄博特色的集产、运、销于一体的一站式服务模式。为实现全省欧亚班列资源共享、协同共赢,山东省委、省政府制定了统一齐鲁号

品牌、统一运营平台、统一班列班次、统一补贴政策、统一对外营销的“五统一”战略，淄博被列为全省欧亚班列 4 个始发城市之一。2018 年 10 月31 日，始发于淄博的首列“齐鲁号”欧亚班列正式开行。

枣庄市利用外资的成就与启示*

新时期以来，伴随着改革开放的历史进程，枣庄市引进和利用外资的实践经历了30多年的发展和变化，外商投资改变了枣庄市经济运行的轨迹，加速了枣庄市参与经济全球化的步伐，全市外向型经济的规模和质量显著提升。

一、利用外资发展历程

1986年，经省政府批准枣庄市诞生了第一家外资企业——鲁星皮鞋制品有限公司，由美国加利福尼亚联合开发公司与市中区皮鞋厂共同投资，总投资54万美元，注册资本54万美元，合同外资21.6万美元。

1992年，邓小平发表南方谈话，中国对外开放进入到一个全新的阶段，枣庄市外资企业迅猛发展。1992年，枣庄市审批利用外资项目114家，超过了前5年利用外资的总和；1993年，审批准外资项目180家，超过了前6年的总和。1992年、1993年，平均不到两天全市就新设立一个外资企业。1994年，批准外资企业60个，合同外资3462万美元，实际利用外资2518万美元。

2000年，枣庄市委、市政府出台《枣庄市招商引资优惠政策》，在财政税收、收费、土地和其他方面为投资者提供优惠条件，同时为外来客商颁发“特别保护证”和车辆“特别通行证”，建立了“三大服务体系”（即项目洽谈中的一条龙服务体系、项目建设过程中的全方位服务体系、企业开工投产后的经常性服务体系），开始实施“一员、两卡、一证”（外来投资企业联络员，收费明白卡、外来投资企业绿卡，外来客商证）保护制度，形成配套完整的外商服务工作体系。自2006年以来，枣庄市紧紧抓住国际产业和资本转移的机遇，加

---

* 枣庄市商务局供稿。

大定点招商力度，创新工作机制，在基础十分薄弱的情况下，实际到账外资规模从2006年的4383万美元上升到2010年的2.39亿美元，增幅明显高于全省平均水平，总量在全省的位次由第17位上升到第10位，进入全省第二梯队，为枣庄市对外开放工作在全省赢得了地位。自2011年下半年开始，受国际金融危机的后危机影响，国际投资下滑，区域竞争激烈、资源要素制约直接影响枣庄市利用外资规模增长，利用外资工作面临的形势越来越严峻。2018年，全市新设立外资企业30家，全市实际使用外资1.05亿美元，居全省第15位，增长16.5%，增幅居全省第8位。

截至2017年底，全市参加外商投资企业联合年报的企业有146家，总投资额107.8亿美元，合同外资40.9亿美元，实际到账外资7.4亿美元，投资方主要来自中国香港，共70家，占47.9%。大浪淘沙，经历了30多年生与死的考验，目前有8家世界500强及行业领军企业在枣庄市落户，并投资了13个项目，主要包括：华润集团投资的华润三九（枣庄）药业有限公司，总投资1298万美元，注册资本1298万美元，合同外资673万美元，主要经营中成药，丸剂、颗粒剂、片剂、散剂硬胶囊剂等；滕州华润燃气有限公司，总投资2139万美元，注册资本1141万美元，合同外资798万美元，主要经营燃气的生产与销售等；枣庄华润燃气有限责任公司，总投资3944万美元，注册资本2367万美元，合同外资1657万美元，主要从事燃气的生产与销售等；光大集团投资的光大环保能源（滕州）有限公司，总投资5497万美元，注册资本1832万美元，合同外资1832万美元，主要经营垃圾焚烧发电等；韩国SK集团投资的盛源宏达化工有限公司，总投资6293万美元，注册资本3452万美元，合同外资1726万美元，主要经营粗苯、苯、甲苯、二甲苯的生产和销售等；日本JFE集团投资的枣庄杰富意振兴化工有限公司，总投资9488万美元，注册资本3163万美元，合同外资797万美元，主要经营煤焦油、煤焦油蒸馏产品及其加工品的生产、销售等；中信集团投资的中信环境水务（枣庄）有限公司，总投资1213万美元，合同外资535万美元，主要从事污水处理、维护以及相关服务咨询等；昆仑能源集团投资的枣庄昆仑能源有限公司，总投资2362万美元，注册资本1492万美元，合同外资1268万美元，主要经营燃气管网的建设与经营（仅限台儿庄区）；康成投资（中国）有限公司投资的枣庄大润发商业有限公司，总投资420万美元，合同外资210万美元，主要经营超市；滕州大润发商业有限公司，总投资420万美元，合同外资210万美元，主要经营超市；韩国OCI集团投资的山东奥瑟亚化工有限公司，总投资4900万美元，注册资本2800万美元，合同外资2240万美元，主要从事煤焦油产品的生产与销售；山东奥瑟亚建阳炭黑有限公司，总投资9800万美元，注册资本

6100 万美元，合同外资 3111 万美元，主要从事研究、开发、生产、储藏及销售自行生产的各种规格的炭黑及副产品。

二、主要成就

多年连续引进外商投资对枣庄市经济社会发展起到了积极的推动作用。

（一）做大做强了煤化工产业

依托枣矿集团，分别引进韩国 SK 集团和韩国 OCI 集团。与 SK 集团合资设立煤焦油深加工项目——盛源宏达化工有限公司，总投资 6292 万美元；与韩国 OCI 集团合资建设年产 12 万吨炭黑生产线，总投资 9800 万美元；依托薛城焦化厂，引进潍焦集团，与日本 JFE 化工株式会社合作，新上年加工 50 万吨煤焦油生产线等，不仅实现了枣庄市与世界 500 强企业合作的零的突破，还拉长了煤化工产业链条，增强了煤化工基地的竞争力。

（二）培育了一批产业集群

总投资 2918 万美元的腾达不锈钢项目设立后，通过“以商招商”，又引来了总投资 2998 万美元的腾阳项目。2008 年，引进了香港首长宝佳集团投资 1.96亿美元的东方钢帘线项目，成为枣庄市单体投资规模最大的外资项目，目前正酝酿二期投资，规模也在 1.9 亿美元左右。目前，滕州经济开发区已初步形成了一个新型不锈钢材料产业集群。

（三）调整和提升了工业结构

通过引进世界十大水泥制造商之一的葡萄牙西姆泊公司，成立了葡诚水泥有限公司（现更名为华沃水泥有限公司），在峄城和山亭分别布点，实际到账外资规模达到 1.02 亿美元，扩大了产能，改进了工艺，增加了财政收入。香港上联集团、先锋水泥也陆续进入枣庄旋窑水泥序列。枣庄市旋窑水泥产能已达到 2684 万吨，占水泥总产能的 70％以上，初步实现了由水泥大市向水泥强市的转变。

（四）更新了思想观念

通过与国际大企业集团的合作，不但引来了项目，弥补了全市建设资金的不足，而且引来了新的经营理念、先进的管理经验和方法，全市干部群众的开放意识显著增强，视野开阔，思想解放的程度不断提高。

(五)盘活了一批国有资产

枣庄薛城区引进香港森信集团投资的远通纸业,不仅使华众、华彩等老企业起死回生,而且不断扩大产能,目前项目年总投资达到1.17亿美元;枣庄市中区通过海之杰公司引进总投资7500万美元的沙德纺纱项目,使闲置多年的"六棉"焕发了生机。

(六)增加了大量的就业机会

目前,在外商投资企业直接或间接就业的员工已超过3万人,仅山东腾达不锈钢制品有限公司、山东海之杰纺织有限公司两家企业安置人员近5000人。

三、经验启示

(一)努力实现外商投资和本地发展的双赢格局

在吸引外资的过程中,要向能反映当代世界高新科技最新成果及适合枣庄市高科技产业发展的外资倾斜,大力实施产业链招商政策,通过吸引带动本国的具有相对优势的龙头企业,将引入的国外先进科技尽快加以消化吸收,构建以企业为主体的技术创新力量,在外资企业、科研机构与本土企业的交流中实现信息、资源、技术共享,学习引进先进的管理方法,积极培养我国自己的管理和技术人才,并在此基础上实现自主创新,形成核心技术,开发出拥有自主知识产权的新一代高科技产品,实现外商投资和本国发展的双赢。

(二)调整引资政策,实现新经济格局下引资方式的合理引导性转变

积极引导外资投向,借用外力不断优化枣庄市的产业结构,积极引进农业、基础工业、基础设施产业、高新技术产业和环保产业的项目。改变过去那种单纯追求外资数量和规模的做法,注重生态建设、环境保护、资源能源的节约与综合利用。加快培育我们自己的跨国公司,在与国际经济合作与竞争中迈出新的步伐;通过实行协作、联盟、收购和兼并等方式,组建内资企业战略联盟,并对产业链中的企业进行整合,延长产业链,扩大产业聚集效应,由此提高国内企业整体竞争力。

（三）努力实现利用外资的战略性转变

一是继续积极有效地利用外资，着力提高利用外资的质量，加强对外资的产业和区域投向引导。二是对外资实行国民待遇，规范税制，公平税负，引入竞争机制，为中外企业创造平等竞争条件。三是有步骤、有选择地推动符合条件的国内企业走出国门，把“走出去”与“引进来”看作是引进和利用外资两个不可分割的组成部分，支持有条件的企业“走出去”。

东营市对外开放实现新跨越*

东营市成立于 1983 年，是改革开放进程中建立起来的新兴工业城市。改革开放 40 年光阴荏苒，东营市一路澎湃前行，以排除万难的气魄、勇于担当的精神、敢于创新的胆识筑梦前行。特别是近年来，东营市深入实施对外开放战略，充分利用“两个市场”“两种资源”，积极“引进来、走出去”，加快新旧动能转换，着力构建新体制、发展新模式、打造新平台、拓展新领域、构筑新格局，对外开放工作实现跨越式发展。

一、从全省倒数第一到破千亿，东营外贸进出口实现大跨越

东营市外贸起步于 1973 年，成立了广饶、利津、垦利三县外贸公司，到 1978 年，外贸收购总额仅有 627.5 万元。2000 年，东营市委、市政府实施“大开放、大招商、大发展”和经济国际化战略，相继出台了一系列政策措施，有力地促进了外经贸发展。2000 年，实现进出口 14330 万美元，首次超过菏泽地区，位居全省第 16 位，一举甩掉建市以来戴了多年的全省倒数第一的“帽子”。2011 年，全市进出口突破百亿美元，成为全省第七个进出口过百亿美元的城市，跻身全国外贸百强城市第 52 位。近年来，东营市积极推动外贸转型升级，着力培育橡胶轮胎、石油装备、精细化工三大特色出口基地，引导企业开展国际商标注册、专利申请和体系认证，完善批发中心、专卖店等国际营销网络和售后服务体系建设，培育以品牌、标准、技术、质量、服务为核心的国际竞争新优势。加快推进易瑞跨境电商平台、黄河三角洲外贸综合服务平台等省级外贸新业态主体建设。加强业务指导培训，持续实施“跨境电商进万企”专项行动，培育壮大外贸新业态主体队伍。积极扩大先进技术设备、关键零部件和重要能源资源性产品进口，为产业转型升级提供技术设备

---

* 东营市商务局供稿。

支撑和能源资源保障。组织实施境外百展市场开拓计划，积极开拓国际市场。围绕全市主导产业，着力打造了中国（东营）国际石油石化装备与技术展览会、中国（广饶）国际橡胶轮胎暨汽车配件展览会、中国（东营）国际石油化工贸易展览会、中国（东营）有色金属展等四大国际展会，知名度、影响力和促成交易额逐年提升。其中，中国（东营）国际石油石化装备与技术展览会已成功举办 11 届，中国（广饶）国际橡胶轮胎暨汽车配件展览会已成功举办9 届，是商务部重点支持的展会，连续多年被评为“中国十佳专业展会”，被确定为首批山东省品牌展会，并先后取得 UFI 国际认证。积极开展出口农产品质量安全示范市创建工作，东营市被评为“山东省出口农产品质量安全示范市”，广饶县创建为“国家级农产品质量安全县”。2017 年，外贸进出口突破千亿元大关，达到 1312 亿元，同比增长 31.1%，总量列青岛、烟台、潍坊、威海之后，居全省第五位，增幅居全省首位。经济外向度达到 34%，高出全省平均水平 10 个百分点。外贸企业规模不断扩大，全市拥有进出口经营权的企业 2907 家，2017 年出口额过千万元企业 176 家，过亿元企业 53 家，进口额过亿元企业 40 家。服务贸易快速发展，全市实现服务贸易进出口 76 亿元，其中服务出口 27.5 亿元，增长 20.5%。胜利经济开发区获批“山东省服务贸易特色服务出口基地”。

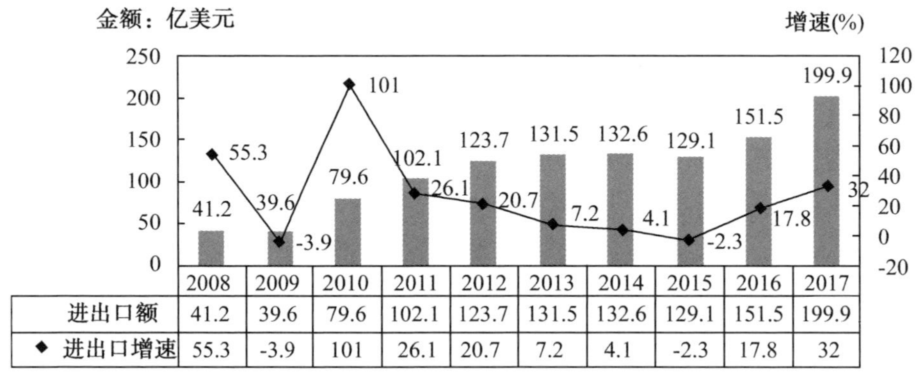

	2008	2009	2010	2011	2012	2013	2014	2015	2016	2017
进出口额	41.2	39.6	79.6	102.1	123.7	131.5	132.6	129.1	151.5	199.9
◆ 进出口增速	55.3	-3.9	101	26.1	20.7	7.2	4.1	-2.3	17.8	32

图 1　2008～2017 年东营市进出口走势

二、强力推进招商引资，利用外资质量不断提升

从 1988 年审批成立第一家外商投资企业，到 1996 年东营市外经贸委专设外商投资管理科，截至目前全市累计批准外商投资企业 936 家，外资主要来自香港、美国、新加坡、法国、德国等 30 多个国家和地区。农业利用外资取

得重大突破，新加坡澳亚牧场、泰国正大生态农业等一批现代农业项目相继落户东营，总投资8亿美元，累计实际使用外资2.7亿美元，其中澳亚已建成3个万头奶牛养殖基地、1个奶制品厂。融资租赁成为现代服务业利用外资新亮点，截至2017年底，全市共批准融资租赁公司10家，累计实际使用外资3.8亿美元。这些成绩的取得得益于全市上下强力推进招商引资工作。1999年，市委、市政府做出了实施“大开放、大招商”的战略决策，并成立招商工作机构，制定了一系列招商引资优惠政策，加大市内外招商宣传力度，形成了全民招商热潮。是年，新批外资项目12个，实际利用外资3852万美元，同比增长11%。近年来，东营市委、市政府加大“双招双引”工作力度，完善工作机制，成立了投资促进委员会和10个产业投资促进委员会，组建了市投资促进局，由市级领导挂帅统筹协调，建立了招商引资联动机制。强化项目推动，签约引进了商飞集团、三峡新能源、中国中铁、中国一汽等一批合作项目，为全市经济发展注入了新动力。强化政策支撑，组织各县区、市属开发区制定优惠政策和重点产业招商引资行动方案，指导相关部门和企业用足用好用活优惠政策，增强招商引资吸引力。积极“走出去、请进来”开展招商活动。突出专业招商，组织参加了香港山东周、山东省—日本（东京）双向投资推介会、山东省—韩国经贸合作交流会等一批重大招商引资活动，与北汽集团、中车集团、中国中铁等央企国企合作项目顺利推进。运用资本助力重大产业项目招引，先后与欧瑞创新投资、赛伯乐投资、华宝信托等完成签约。大力开展以企引企、以商招商。举办了知名温商进东营、中国民企500强发布暨发展峰会等活动，有力推动企业对外战略合作。2017年以来，东营市招引了法液空、澳亚集团等世界500强及外资企业，大唐、中化、中信、一汽等大型央企、国企，大连万达、广州恒大等民企500强企业。

表1　　2008～2017年东营市利用外资情况一览表

年份（年）	2008	2009	2010	2011	2012	2013	2014	2015	2016	2017
批准外资企业（个）	25	15	17	23	21	19	9	10	7	12
合同外资（万美元）	18475	11135	31975	27018	22831	25927	6896	15740	4641	14864
利用外资（万美元）	17961	16506	21058	14035	16232	19333	21501	22194	22304	23223

三、积极参与“一带一路”建设，对外经济技术合作步伐加快

1995年7月，经对外贸易经济合作部批准，东营国际经济技术合作公司获得对外劳务合作经营资格，这是东营市第一个独立获得对外劳务合作经营权的企业。1999年11月，经对外贸易经济合作部批复，科达集团获得对外经营资格，这是东营建市以来首个独立获得对外工程承包经营权的企业。1997年，东营维尔兰石油技术服务有限公司、胜利油田盛大集团分别在印度尼西亚和美国设立境外企业，计划投资总额分别是40万美元、15万美元，这是东营市首批“走出去”投资设厂的企业。近年来，东营市深度参与“一带一路”建设，成为对外投资合作新热点。2016～2017年，对“一带一路”沿线国家和地区实际投资1.6亿美元，占全市实际投资的44.4%。坚持“走出去”与化解过剩产能、促进产业升级、保障资源供应、拓展国际市场和提高企业国际化经营能力相结合，提升对外投资合作的质量和水平。支持有实力的企业到重要能源资源地投资建厂，开展境外资源合作开发，提高资源回运量。发挥全市企业在油气资源开发、基础设施建设等方面的优势，拓展国际工程承包市场，带动承包工程项下机电设备及相关产品、高端服务出口，提升对外承包工程质量和效益。截至目前，全市累计获批境外投资企业达到145家。2017年，全市对外承包工程完成营业额2.7亿美元，增长28.6%。新批境外投资企业(机构)22家，增资1家，实际对外投资8520万美元。

四、推动园区改革创新，园区建设规模水平不断提升

园区是推进东营市改革开放和经济发展的重要载体。1992年，山东省政府批准设立东营开放综合试验区，1998年更名为东营经济开发区，这是东营市第一个经济开发区。2010年3月，国务院批准东营经济技术开发区升格为国家级经济技术开发区。近年来，东营市按照园区“改革的试验田、开放的排头兵、新旧动能转换的示范区”的目标定位，按照个性化、差异化发展的理念，推动园区率先复制推广自贸试验区经验，高水平规划园区建设，聚焦主导产业做文章，高点定位、错位发展，加大招商引资力度，引进一批关联度高、辐射力大、带动作用强的战略性投资项目。截至目前，全市省级以上经济园区发展到8家，其中国家经济技术开发区1个、国家级综合保税区1个、省级经济开发区6个，基本形成了以国家级经济开发区为龙头，省级经济开发区为主体，产业集聚、人才汇集、开放带动、产城融合的园区格局。规划面积373.89平方公里，建成面积108平方公里。推动园区创新集聚发展，打造特色鲜明、竞争力强的产业集群，形成百亿级以上产业集群14个，其中东

营经济技术开发区有色金属产业集群达到千亿级。2017 年,全市省级以上开发区实现公共财政预算收入 85.7 亿元,同比增长 19.5%;实现进出口总额 125 亿美元,增长 13.4%;实际到账外资 1.2 亿美元,增长 87.4%。推动园区率先复制推广自贸区改革试点经验,国际海关 AEO 互认制度、跨境双向人民币资金池业务等 90 项改革试点经验已复制推广,并取得成效。商务部公布的 2017 年国家级经济开发区综合发展水平考评排名,东营经济技术开发区在 219 家国家级经济开发区中列第 66 位。省级经济开发区综合评价排名不断提升,垦利经济开发区上升 4 个位次,排名第 24 位;利津经济开发区上升 13 个位次,排名第 76 位;东营港经济开发区上升 25 个位次,排名第 87 位。垦利经济开发区大学生创业公共服务平台被山东省商务厅评为全省经济开发区创业公共服务示范平台。东营经济技术开发区被列为全省产才融合试点、全省"证照分离"改革试点,东营经济技术开发区、广饶经济开发区和东营港经济开发区被列为全省体制机制创新试点单位。

东风浩荡,战旗猎猎。站在改革开放 40 年的发展之巅,东营市对外开放工作将乘风破浪,奏响时代强音,高质量发展,踏上全面建设小康社会新征程!

珍惜开放机遇　再谱发展新篇*

——烟台以更大力度抢抓新一轮高水平开放制高点

2018年是改革开放40周年，全省上下正在围绕贯彻落实习近平总书记视察山东、视察烟台重要讲话和重要指示精神，加快新旧动能转换重大工程建设，致力于打造对外开放新高地。作为全国首批沿海开放城市之一，站在新起点回顾烟台开放发展成就、展望未来发展前景，开放不仅成就了现在的烟台，也必将在全市加快建设制造业强市、海洋经济大市、宜业宜居宜游城市中发挥更大作用。

一、回顾烟台成效卓著的开放成就，不断刷新着烟台速度、烟台高度、烟台跨度，造就了活力十足、充满魅力的海滨城市

在开放的带动下，烟台从当年一座默默无闻的滨海小城，一举成为产业体系配套完备、双向开放格局初显、城市地位和国际形象日益提高的现代化城市。

（一）通过坚持不懈地抓招商引项目，实现了产业发展由小到大、由弱到强的转变

截至2017年底，烟台市累计吸引90多个国家和地区在烟投资项目14029个，实际使用外资342.3亿美元，有101家世界500强企业在烟台投资设立151个项目。通过利用外资和引进先进技术，发展起机械制造、电子信息等制造业强市的核心产业集群，其中富士康已成为全球最大的游戏机生产基地，中集来福士是全国最大的半潜式钻井平台制造商，其自主研发设计的大国重器“蓝鲸1号”成功试采可燃冰，上汽通用成为山东省最大的汽车

---

* 烟台市商务局供稿。

生产基地。

(二)通过坚持不懈地兴贸易转方式,成就了烟台由贸易大市向贸易强市的转变

自 1989 年获得进出口经营权以来,全市进出口额由 1.7 亿美元跃升到 2017 年的 3077.6 亿元,进出口企业由 1 家增加到 4496 家,其中进出口过 10 亿元的企业达 30 户,21 家企业入围全省外贸百强企业,鸿富锦精密电子、浪潮乐金分列全省第一和第三。贸易伙伴由初始的港澳地区扩展到五大洲 200 多个国家和地区,出口产品由过去单一的抽纱品发展到现在近百个大类 4000 多个品种。先后获批国家跨境电子商务服务试点、省级服务外包示范城市等资格,烟台开发区复合材料、龙口有色金属、招远粉丝获批国家级外贸转型升级示范基地,跨境进口直购空运、海运试点相继启动,烟台三站市场成为全省首批内外贸商品结合市场。

(三)通过坚持不懈地走出去拓市场,完成了由单向开放向双向开放的转变

截至 2018 年 10 月,全市累计有 346 家投资主体在 72 个国家和地区投资项目 558 个,中方协议投资 71.6 亿美元;其中在俄罗斯、蒙古、泰国等 29 个"一带一路"沿线国家投资 159 个项目,中方协议投资 20 亿美元。玲珑轮胎投资 9.9 亿美元在塞尔维亚建设高性能子午线轮胎项目,成为我国轮胎行业在欧洲建立的首个生产基地。烟台拥有中俄托木斯克木材工贸合作区和万华匈牙利宝斯德经贸合作区两个国家级境外经贸合作区,是全国唯一同时拥有两个国家级境外园区的城市。这种"走出去"的发展模式,既为烟台企业开拓了发展空间,也为烟台赢得了国际声誉。

(四)通过坚持不懈地抓园区促改革,实现了烟台开放阵地由点上突破到遍地开花的转变

自 1984 年设立烟台经济技术开发区以来,全市国家和省级园区达到 14 个,每个县市区都有省级园区。龙口、莱阳、蓬莱、招远、牟平开发区先后入选全省体制机制创新试点,中韩(烟台)产业园获国务院批复设立。2017 年,全市省级以上经济园区以不到全市一成的土地面积,创造了五成以上的地方财政收入、六成以上的 GDP、七成以上的工业收入和八成的外资外贸,成为全市经济发展中活力最足、发展最快、结构最优、质量最好的板块。

(五)通过坚持不懈地抓合作促交流,让烟台开放走向世界、朋友遍布五湖四海

自1997年起成功承办了多项APEC重大经贸活动,国际果蔬·食品博览会、国际葡萄酒博览会成为久负盛名的行业盛会。海陆空国际立体交通网络日益完善,2017年烟台蓬莱国际机场已经开通国内外航线151条、与国内外70多个城市通航,烟台港与70多个国家和地区的100多个港口直接通航,平均每周航班近300个。先后与15个国家的27个国际城市建立了友好城市关系,一个多彩靓丽、开放包容的烟台站上了世界舞台。

二、全面剖析烟台开放的发展经验,无不彰显敢为人先、敢闯敢试、真抓实干,成为奋斗创造美好生活的生动实践

烟台市对外开放工作取得的成绩和进步,得益于始终牢牢把握对外开放这一基本国策,善于抢抓经济全球化机遇,扩大开放领域,创新开放模式,提升开放层次,推动开放型经济不断取得新突破、新发展。

(一)始终坚持对外开放统揽地位

自烟台市被确定为全国首批沿海开放城市以来,历届市委、市政府始终把对外开放作为发展的根本动力,成立了由市委书记挂帅的全市对外开放领导小组,确保将开放发展作为统揽全局的重中之重来抓。特别是2018年以来,烟台市委、市政府通过出台"双招双引"、园区发展等重磅文件,对开放布局进行了优化调整,赋予了开放发展新活力。可以讲,对外开放成就了烟台的昨天,影响着烟台的今天,也必将决定烟台的明天,把开放工作谋划好、抓上去,就可以在很大程度上赢得全局发展的主动权。

(二)始终坚持园区经济龙头带动

烟台开放型经济的发展史从某种程度上也可以说是一部园区的成长史。历届烟台市委、市政府高度重视园区建设,将其置于对外开放、经济发展的龙头地位,给予大力支持。2018年,市委、市政府结合全面深化改革重要部署,出台了《关于加快省级以上园区改革发展的意见》,将从体制机制理顺、政策资金扶持等各方面加大倾斜力度,促进各类要素向园区聚集。目前,烟台开发区、高新区、招远开发区机构改革已完成。

（三）始终坚持优化环境完善服务

历届烟台市委、市政府始终视环境为生产力，采取了一系列措施打造一流的营商环境。烟台市在全国率先试行社会服务承诺制和"授权责任制""超时默认制""一门受理制""一次告知制"等，都为全国、全省开放发展提供了经验路径。2018 年以来，市委、市政府高度重视"放管服"改革，大力推进"一次办好"事项，形成了公开公正、高效有序的政务环境。凭借良好的、与国际接轨的公共管理和服务，烟台先后获得"最具投资价值的中国城市""中国投资环境金牌城市"等荣誉。

三、展望新时代的开放发展蓝图，更加鼓舞人心、催人奋进、令人期待，必将谱写率先发展、争先发展、领先发展的时代新篇

（一）全力抢抓对外开放重大机遇，让开放发展的步伐更加有力

站在新的历史起点上，烟台开启了国际化、现代化的新征程。我们将以贯彻落实习近平总书记视察山东、视察烟台重要讲话为指引，积极融入国家"一带一路"倡议、打造对外开放新高地，抢抓山东省新旧动能转换综试区建设重大机遇，开展高质量招商引资和招才引智，推动开放型经济向更高水平迈进。具体工作中，将重点围绕中韩产业园发展、外贸转型、跨境电商等研究出台相关政策措施，加快推进南山乙烷综合利用、新能源汽车整车等重大项目，积极争取自贸试验区、中日韩地方经济合作示范区、服务外包、跨境电商综试区、市场采购贸易等国家试点，为未来开放发展赢得更多的支持，创造更好的条件。

（二）全力强化对外开放载体阵地，让开放发展的支撑更加坚实

积极对标全省、全国最先进的理念和做法，在管理体制、人事制度、分配制度、行政审批制度等领域，进行全方位改革创新，将园区作为创新发展主力军、"双招双引"主阵地，努力打造全市新旧动能转换引领区和经济发展排头兵。加快推进烟台保税港区置换西迁，依托烟台空港、海港、铁路等重大交通设施功效和对外开放政策优势，将保税港区打造成辐射全省乃至北方地区跨境贸易中心。高水平推进中韩（烟台）产业园建设，围绕打造新能源汽车全产业链生产基地、新一代电子信息产业生产基地、新材料研发生产基地、高端装备产业基地和生命科学产业中心、中韩现代服务业融合中心的"四基地、两中心"产业发展定位，将产业园打造成为中韩对接发展战略、共

建“一带一路”、深化贸易和投资合作的先行区，中韩地方经济合作和高端产业合作新高地。

（三）全力加强对外开放配套建设，让开放发展的要素更加完善

以环渤海潍烟高铁、国际机场二期等重大基础设施建设为契机，争取早日开通欧亚班列，加密烟台通达世界的海、空航线，着力打造面向东北亚国际大通道的“桥头堡”，以大物流吸引人才流、技术流、资金流汇集。围绕保障企业生产经营需求，强化土地、资金以及水、电、暖、气、讯等要素保障，消除企业发展的后顾之忧。同时对标国际一流标准，继续加大国际学校、国际医院、国际社区、国际酒店等配套设施，全面提升国际化教育、医疗、居住、生活环境，为外来投资者提供一站式服务。

潍坊市对外开放40年主要成就*

改革开放以来,潍坊市认真贯彻党中央、国务院和省委、省政府重大部署,乘借改革开放东风,紧跟时代发展潮流,打开全球视野思维,积极参与国际经济合作与竞争,全面加快了对外开放步伐,开放水平和层次明显提升,对外合作不断深化,国际交流日趋频繁,城市国际声誉稳步提高,开放为全市经济社会持续健康发展做出了突出贡献。在40年开放发展进程中,潍坊市统筹利用国际国内两个市场、两种资源,加大力度“引进来”,积极稳妥“走出去”,广开渠道拓市场,开放型经济持续快速健康发展。

一、对外贸易蹄疾步稳,总量居全省前列

在改革开放初期,潍坊市外贸企业都是为国家和省外贸公司组织货源,自身没有进出口经营权,1978年完成出口收购额21221万元。到2018年,完成进出口总额1630.9亿元,是1978年的769倍。其中,2000年外贸进出口总额突破10亿美元,2006年突破50亿美元;2010年,克服全球金融危机影响实现逆势快速增长,进出口总额跨上100亿美元台阶,达到117.6亿美元。2011年以来,是潍坊外贸规模不断扩大、增速持续加快的重要时期,进出口总额由长期居全省第五位,2014年跃居第四位,2015年跃居第三位。经过40年的开放发展,全市进出口实绩企业已超过4000家,与209个国家和地区建立了贸易关系。

2018年,潍坊外贸进出口创历史新高,完成货物进出口总额1630.9亿元,居全省第三位,同比增长11.1%,其中出口总额首次突破千亿元,达到1043.7亿元。完成服务进出口185.6亿元,增长32.5%。市场多元化战略迈出新步伐,对美国、欧盟、日本进出口保持稳定增长,对拉美、非洲等新兴

---

* 潍坊市商务局供稿。

市场进出口分别增长50.6%、67.5%，对“一带一路”沿线国家进出口额占全市总量29.9%。商品结构调整取得新成效，高新技术产品进出口、出口、进口分别增长39.3%、31.1%和75%。外贸新业态新模式持续发力，21家外贸综合服务企业带动687家“零”业绩外贸企业实现出口16.5亿元，拉动全市出口增幅1.7个百分点。当年新争创国家级外贸转型升级基地5个，数量全省最多。

二、利用外资稳定增长，带动产业转型提升

截至2018年末，潍坊累计批准外资项目4790个，合同利用外资257.9亿美元，实际使用外资147.5亿美元，主要分布在机械装备、化工、食品及农副产品加工、纺织服装、商贸服务、融资租赁等行业。已有72个国家和地区的客商在潍坊投资兴业，32家境外世界500强企业在潍投资项目59个，潍柴动力、歌尔声学、盛瑞传动、晨鸣纸业、宇骏新能源等一大批本土企业在对外交流合作中不断成长壮大。通过引入国际资本、技术、人才和管理经验，提升了机械装备、汽车制造、石化盐化、纺织服装、食品加工、造纸包装等传统优势产业，培育了电子信息、生物医药、节能环保、智能装备、新能源汽车、海洋动力装备等新兴产业，带动商业地产、医疗卫生、融资租赁、中介服务等领域国际化水平明显提升。

自2015年开始，潍坊创新提出并持续推进股权并购、增资扩股、境外上市、绿地投资利用外资“四位一体”扩大了外资规模，提升了引资质量。2018年，全市新设立外商投资企业60家，同比增长15.4%；实际使用外资89.4亿元，同比增长14.1%。当年60个新批落地项目实现合同外资49.9亿元，48个已落户企业新增到账50.2亿元，圣肽生物科技、科乐收机械等企业以股权换来投资，晨鸣集团增发B股2.33亿元。

三、对外经济合作稳步推进，一批大项目相继落地

截至2018年末，全市已有252家企业“走出去”，在81个国家和地区设立企业（机构）459家，对外协议投资额55.47亿美元，累计完成境外实际投资额27.2亿美元。从国别地区看，在“一带一路”沿线23个国家设立120个企业（机构），累计对外协议投资额12.9亿美元，实际投资5.4亿美元。从项目类别看，营销网络项目241个、生产加工企业119个、资源开发项目29个、技术研发项目36个，其他项目34个。从行业分布看，涵盖机械电子、纺织服装、建材、轻工、木材加工、房地产等领域。2018年，新设立境外企业（机构）30家，新增境外实际投资5.17亿美元，增长100.7%。外派劳务4981人次，

对外承包工程营业额 1.75 亿美元。

近些年，潍坊市积极跟进国家“一带一路”建设等重大开放战略，支持企业“走出去”发展，对外经济合作不断迈出新步伐。以龙头企业为主体，在柬埔寨、乌干达、巴基斯坦建设了 3 个海外工业园区，促进了上下游企业聚集配套、抱团发展。潍柴动力并购大功率柴油机百年老企法国博杜安、游艇制造领军企业意大利法拉帝、叉车领军企业德国凯傲和林德液压、物流供应链企业美国德马泰克、氢燃料电池领军企业加拿大巴拉德的全部或部分股权，完善了产业链条全球布局体系。歌尔集团并购全球著名音响品牌企业丹麦丹拿公司，雷沃重工并购农机企业意大利马特马克、阿波斯，东宝重工并购观光游艇企业芬兰塔沃公司，都大大提升了企业跨国投资布局水平。

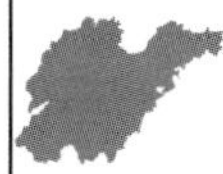

四、开发区加快转型发展，开放载体功能增强

潍坊市现有 16 个省级以上开发区，其中包括国家级高新技术产业开发区、滨海经济技术开发区、潍坊综合保税区。这些开发区以不足全市 16%的土地面积，贡献了全市 60%以上的经济总量，是驱动发展的重要引擎。2018 年，16 个省级以上开发区实际使用外资 62.2 亿元，占全市的 69.6%；进出口额 1259.2 亿元，占全市的 77.2%。

为打造改革开放火车头、制度创新领头雁、高端产业聚集区，潍坊市持续加大开发区工作力度，2012 年出台《关于加快开发区转型发展的意见》，2015 年出台《潍坊市开发区发展总体规划》《关于推进开发区转型升级创新发展的实施意见》，为开发区发展打下了顶层设计和制度基础，奠定了转型发展的总基调。各开发区认真落实全市部署和年度任务，以体制机制创新为动力，以特色园区建设为抓手，转型发展工作不断迈出新步伐。同时，各开发区在行政审批改革、投融资机制、企业化运营等方面推出了一些创新举措，滨海区“大部制”“双轨制”改革、高新区“一表制”审批、综合保税区复制自贸试验区制度创新成果以及青州、寿光、高密等开发区在简政放权、联合执法和 PPP 项目运作等方面，都探索形成了一批可复制可推广的经验。2015 年、2017 年和 2018 年，山东省商务厅先后 3 次在潍坊召开现场会，对潍坊市开发区工作充分肯定并总结推广工作经验。

五、标志性重大事件

1984 年，潍坊市成功举办首届潍坊国际风筝会，来自美国、英国、日本等 11 个国家和地区的 17 个团体参加。风筝会坚持“风筝牵线、文体搭台、经贸唱戏”，已连续举办 35 届，成为对外开放交流的重要平台。

1985 年，潍坊市审批落地两家中外合资企业——潍坊联侨毛纺有限公司、潍坊亚光电子有限公司，注册资本分别是 250 万美元和 98 万美元。

1988 年，国务院批准潍坊为沿海开放地区。

1991 年，潍坊柴油机厂获批进出口经营权，成为全市第一家自营进出口企业。

1992 年，第一家对外承包劳务企业——潍坊国际经济合作集团获得经营资质。

1992 年，潍坊高新技术产业开发区获批成立。

1994 年，首届鲁台经贸洽谈会在潍坊举行，搭建了两岸深化交流合作的重要平台。

2007 年，国务院批准潍坊港作为一类口岸开放。

2007 年，潍坊滨海区被商务部批准为国家级科技兴贸创新基地。

2009 年，潍柴动力以 299 万欧元收购法国百年老企博杜安公司，拉开了“国际潍柴”的序幕。

2010 年，滨海区获批升级为国家级经济技术开发区。

2011 年，潍坊综合保税区获国务院批准设立，成为全国第 14 个综合保税区。

2013 年，中韩自贸区第七轮谈判在潍坊举行，这是潍坊市近些年首次承办国际政府间的会议。

2015 年，首届中日韩产业博览会在潍坊举办。

2017 年，潍坊综合保税区北区获批成立。

2018 年，潍坊市获批建设国家农业开放发展综合试验区。

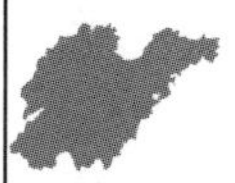

不断扩大对外开放　引领济宁经济转型升级*

改革开放40年来，济宁市大力实施对外开放战略，积极参与国际竞争与合作，全市上下形成了浓厚的开放氛围和鲜明的开放导向，企业国际竞争力明显增强，开放型经济的质量不断提高，初步形成了全方位、宽领域、多层次的对外开放新格局。截至目前，全市累计批办外商投资企业2028家，合同外资额达103.7亿美元，实际利用外资97.8亿美元；批准(备案)境外投资企业(机构)178个，累计完成对外实际投资额105亿美元。2017年，全市进出口完成60.8亿美元，增长11.7%。其中出口完成35.2亿美元，增长3.7%；进口完成25.6亿美元，增长24.8%，分别是2001年即入世年(4.57亿美元、2.54亿美元、2.02亿美元)的13.3倍、13.9倍和12.7倍，与济宁市建立经贸往来的国家达到186个。特别是美国伊顿、日本小松、德国巴斯夫、意大利倍耐力、新加坡丰益、马来西亚森达美等来自14个国家的52家境外世界500强企业，在济宁市投资设立了94个外商投资项目，形成了工程机械、高档纸张、橡胶轮胎、生物医药、高档纺织、新能源新光源、新信息七大支柱产业集群。兖矿集团位列2018年财富世界500强第399位，华勤集团、如意集团、太阳纸业、山推股份等一批骨干企业位居全国同行业前列，全市开放型经济发展速度大大高于全市国民经济增速，对全市经济社会的拉动作用进一步增强，对外开放成为全市经济社会发展的主要动力。

一、利用外资在招大引强中深化发展

1985年4月，香港成德电讯有限公司与济宁第一工具厂，在济宁老运河南岸合资兴办了济宁通讯设备有限公司，这是济宁市第一家外商投资企业。经过30多年的发展，济宁市外商投资企业如雨后春笋般蓬勃发展起来，全市

* 济宁市商务局供稿。

利用外资规模不断扩大，投资层次和质量显著提高，利用外资对济宁市经济的拉动功不可没。2017 年，全市 326 家重点外商投资企业实现销售收入 2333.3 亿元，实现利税 123.6 亿元，外商投资企业的快速发展，有效地提高了济宁市的经济和社会效益。

(一)招商引资力度不断加强

20 世纪 90 年代以来，随着济宁市外经贸机构的健全、招商引资力度的加大，注重利用外资的实效和内容，并向纵深延伸，实现了由数量到质量的转化。山推工程机械、太阳纸业、银河胶带、鲁抗医药等一批大企业、大集团加强对外合资合作，大宇国际、小松制作所、日本重机、味之素等多家日韩知名企业落户济宁并相继增资扩股，利用外资开始进入快速增长期。比如：日本小松株式会社自 1995 年 7 月投资济宁以来，先后吸引了胜代机械、大京机械、长津工业等 14 家日资外协企业在济宁投资，近年来先后增资 2 亿美元扩大再生产，带动了全市工程机械产业集群式发展。

(二)利用外资领域全面展开

外商投资企业为推进济宁市经济的繁荣与发展注入了生机和活力。以淀粉制品、大蒜制品、花生制品、脱水蔬菜及饲料生产为主的农副产品深加工项目，以服装、制衣、针织坯布为主的纺织工业项目，以玩具、柳编、抽纱为主的工艺项目，以芯片、单晶片、高档光学镜片为主的电子工业项目，以抗生素为主的医药工业项目，以水泥、花岗石开采为主的建材工业项目，以推土机、挖掘机为主的机电产品项目，以房地产开发、餐饮娱乐、旅游服务为主的第三产业项目以及煤炭、电力、港口建设等基础项目的利用外资已全面展开，利用外资领域逐步拓宽。截至目前，济宁市已同 60 多个国家和地区建立了稳固的合资合作关系。

(三)招大引强成效纵深推进

2007 年以来，济宁市准确把握世界先进产业转移规律，加快摆脱土地资源、能源价格、财税政策等推进发展依赖的“老三样”，逐渐形成以人才、环境、服务为“新三样”的竞争优势，为世界 500 强企业落户济宁提供稳定的发展环境和可预期的成长空间，累计来自美国、日本、德国等 14 个国家和地区的 52 家世界 500 强企业，先后在济宁投资注册企业 94 家。济宁市通过实施对外开放合资合作，壮大了一批龙头企业，培植了一批主导产业，逐步形成了工程机械、高档纸张、橡胶轮胎、生物医药、高档纺织、新能源新光源、新信息七大支柱产业集群。华勤橡胶工业集团敢于让外方控股，先后与世界500强企业意大利倍耐力公司和美国固特异公司、美国凯雷集团合资合作新上了12个项目，发展为全球最大的输送带生产企业和顶级轮胎制造商。太阳纸业与世界500强企业美国国际纸业及其他著名跨国公司合资合作投资了14个项目，一跃发展为全国最大的民营造纸企业、最大的高档涂布包装纸板生产企业。

二、对外贸易在方式转变中优化发展

改革开放以来，济宁市抓住外贸体制改革、国际产业转移战略机遇，实现了外贸结构重大跨越，走出了一条比较优势与竞争优势相结合的独特出口路子，实现了对外贸易规模的持续扩大。随着外贸质量、效益和效率的迅速提高，特别是出口产品结构的迅速优化，与产业结构升级产生了良好的互动效应，使外贸成为推动全市工业化进程的重要动力。

(一)进出口总额不断增长

在改革开放的推动下，济宁市对外贸易迅速增长、规模逐步扩大。济宁市外贸收购供货及自营出口额从1978年的0.28亿美元增加到1995年的6.62亿美元，每年都有大幅增长；全市自营进出口总额从1996年的1.9亿美元增加到2017年的60.8亿美元。2001年11月中国加入世贸组织后，济宁市进出口增长更加迅速，2017年进出口总额为2001年的13.3倍；完成出口总额35.2亿美元，为2001年的13.9倍，为改革开放第一年1978年外贸收购额的125.7倍；完成进口25.6亿美元，为2001年的12.7倍。

(二)外贸企业队伍不断壮大

随着外贸体制改革的深入进行，国营、“三资”、民营外贸企业迅速增多，队伍不断发展壮大。1990年，济宁市已发展到拥有12个专业进出口支公司、12个县市区外贸公司和24个自属企业，外贸企业达48家；2017年，全市共拥有自营进出口企业3691家，为1990年的77倍。截至2017年底，全市拥有进出口实绩的企业1235家，其中进出口过千万美元的企业92家，与济宁市有贸易往来的国家和地区达到186个。近年来，济宁市成功建成省级以上外贸出口基地7个，金乡大蒜基地成功创建成为国家级外贸转移升级专业型示范基地，邹城市被评为“国家级出口食品农产品质量安全示范区”，济宁市创建成为省级出口农产品质量安全示范市。

(三)出口商品结构不断优化

改革开放以来,济宁市出口产品结构完成了三次重大跨越:一是从改革开放前到20世纪90年代初实现了从农产品为主向工业品为主的转变,1977年工矿产品出口仅占出口总额的31.8%,到1990年占比达59.3%。二是从20世纪90年代中期到21世纪初又实现了从初级产品为主向工业制成品为主的转变,到2001年工业制成品出口比重上升到64%。三是入世以来进一步实现了工业制成品中由轻纺产品为主向机电产品为主转变,目前全市机电产品出口已超过轻纺产品成为济宁市第一大类出口商品,出口比重达到35%。

(四)出口商品市场不断扩大

随着经济全球化进程的日益加快,济宁市大力实施市场多元化战略,在巩固深化传统市场的同时,开辟拓展新兴市场,形成了以欧盟、北美、日韩、东南亚、港台传统市场为依托,向拉美、独联体及东欧、中东、非洲等地区辐射发展的多元化市场格局。截至目前,已发展到出口五大洲186个国家和地区,形成了以欧盟、北美、日韩、东南亚、港台为主的传统市场和以拉美、非洲、东欧、中东为主的新兴市场,多元化国际市场格局逐步形成。

三、对外投资在国际竞争中跨越发展

1993年10月,济宁市首家境外投资企业——山推股份有限公司投资100万美元在新加坡设立新加坡山推私人机械有限公司。之后,随着国家“走出去”“一带一路”倡议的深入实施,济宁市充分发挥产业、资本、技术、品牌、人才等优势,积极参与国际产能和基础设施及劳务合作,取得了长足发展,对外实际投资额连续多年位居全省前列。一批骨干企业通过股权并购、合资合作等方式控制了境外92.52亿吨煤炭、48亿吨有色金属、390万亩农牧场、5万公顷林地等境外资源,建设了年产7145万吨煤炭、60万吨铁矿石、6万吨棉花等境外资源基地,累计形成境外资产170多亿美元。

(一)开展境外资源开发,增强原料掌控能力

支持有条件的企业走出去并购开发境外优质资源,既降低原材料成本,又弥补国内稀缺资源,增强了企业原料资源的掌控能力和价格话语权。兖矿集团先后投资54.4亿美元并购了一批澳大利亚煤炭资源项目,2012年完成澳交所上市,成为国内首家在沪、港、纽约、澳门四地上市的企业。

2017年，联合泰中能源、鲁信总投资24.5亿美元成功收购澳大利亚联合煤炭工业有限公司100%股权。截至目前，兖矿集团累计在澳大利亚拥有11座生产运营煤矿、4个资源勘探项目，煤炭储量和产能均居澳大利亚第3位，2017年跃居世界500强企业第399位。自2011年以来，如意集团相继投资收购了具有上百年历史的澳大利亚罗伦杜牧场和全球羊毛经营的领军企业伦普利澳大利亚有限公司，建立了全球最细羊毛的研发、生产基地以及全球最大的羊毛经营企业，同时，投资收购澳大利亚南半球最大和单产最高、品质最好的棉花种植基地卡比棉田，直接拥有934平方公里土地永久所有权和5.13亿立方米水权，棉花产量占澳大利亚棉花总产量的10%。收购以来，卡比棉田棉花已经连续多年喜获丰收，年均实现利润2亿元，成为如意集团重要的效益增长点。

(二)并购国际知名品牌，实现企业转型发展

支持骨干企业并购国际知名品牌，构建全球化营销网络，提升企业国际化经营水平。如意集团在2010年收购日本百年服装企业株式会社瑞纳41.18%的股权，成为该公司第一大股东的基础上，2013年再投资3593万美元完成对日本株式会社瑞纳的增资，获得绝对控股地位，获取了10多个知名品牌、1000多家服装专卖店以及高档服装的技术研发、仓储物流等资源。自瑞纳之后，如意集团又相继收购了印度GWA毛纺公司、英国哈里斯花呢公司、英国泰勒毛纺公司和香港利邦、雅格狮丹等国际知名服装品牌，利用“如意纺”技术对其进行技术提升和产品对接，并与Chanel、Dior、Burberry等多家国际顶级奢侈品品牌建立了长期稳定的合作关系。2016年9月，如意集团投资14.8亿美元成功收购了法国上百年轻奢品牌企业SMCP集团，一举成为全球前10位的时尚品牌企业；2017年10月20日，在巴黎泛欧证券交易所成功上市，募集资金50亿元，创同期行业IPO最大规模。截至目前，如意集团拥有国外13个品牌服装制造企业、30多个国际知名纺织服装品牌，在全球36个国家拥有5800多家品牌零售网络，成功跻身全国跨国公司百强企业，蝉联中国纺织服装行业综合竞争力500强榜首，实现了由生产制造企业向品牌运营企业的成功转型。

(三)深化国际产能合作，提升国际竞争水平

引导造纸、纺织服装、农产品加工等资源开发、优势产能企业“走出去”，到资源要素优势明显的国家建立生产基地，实现全球资源高效配置。如意集团积极融入国家“一带一路”建设，沿“一带一路”快速布局。与华能集团

联合投资18亿美元在巴基斯坦萨希瓦尔建设的2＊660MW电厂项目，被列入“中巴经济走廊”重点项目，已于2017年5月实现并网发电，成为“中巴经济走廊”第一座投产的超临界大型燃煤电站，提升了国际市场竞争力。太阳纸业在老挝的林浆纸一体化项目完成投资额4.4亿美元，年产30万吨化学浆项目已经顺利投产，有效解决了企业原料制约问题，进一步减轻了原料价格周期对企业发展的影响。

坚定不移实施“开放兴市”战略 全力打造推动经济高质量发展的动力和引擎*

改革开放40年来，泰安市认真贯彻对外开放的基本国策，积极参与国际竞争与合作，开放意识不断增强，开放步伐不断加快，开放领域不断拓宽，开放型经济质量不断提高，全市经济国际竞争力明显增强。

一、泰安对外开放的探索与发展历程

泰安对外开放发展大致经历了四个阶段：

（一）1978～1992年，外经贸工作探索起步阶段

一是进出口总额逐年递增。1978年，全市外贸出口额2396万元，进口贸易尚未开展。1985年，全市出口首次突破亿元大关，达1.17亿元，同比增长60.1%。1992年底，全市第一家具有自营进出口经营权的公司泰安市进出口公司成立；当年全市出口额8.82亿元，同比增长55.3%。二是利用外资规模不断扩大。1980年，泰安县罐头食品厂利用外资10万美元，全市外资工作开始起步。1986年，泰安市第一个外商直接投资企业——中外合作经营泰山大酒店建立，该项目实际利用外资70万美元。1991年，泰安市首个外商独资企业——泰安市守莉中草药保健品有限公司成立，合同外资额10万美元。1992年，全市批准利用外资项目155个，合同利用外资1.21亿美元，实际利用外资3223万美元，分别增长1475.4%和91.5%。三是“走出去”战略初见效果。1980年，泰安人首次走出国门，由泰安建筑工程公司在苏丹承建了建筑施工任务。1991年，泰安市对外经济技术合作公司（简称泰安外经公司）首次向日本派出5名食品加工研修生；泰山宾馆在俄罗斯莫斯

* 泰安市商务局供稿。

科建成全市首家境外企业——玉兰园中餐厅。1992年,泰安外经公司投资30万元,在阿联酋建成制作塑料袋项目,为全市首家在国外的独资项目。

(二)1993~2000年,外经贸工作稳步发展阶段

一是进出口贸易主体多元化。1993年,泰安市自营出口开始起步。1994年2月,山东鲁能泰山电缆公司成为全市首家获得自营进出口权的生产企业。1995年底,全市有进出口经营权的企业达到13家。1999年,山东泰山稀土有限公司成为第一家获得自营进出口权的民营企业。2000年底,全市获权企业自营进出口额首次突破1亿美元大关,达到1.26亿美元。二是利用外资工作起伏较大。1993年,泰安市政府在香港举办中国泰安市经济贸易洽谈会,签订利用外资协议83项,外资额13亿美元,创历史新高。2000年,泰安市召开全市对外开放工作会议,成立了泰安市招商局(企业化运作)和外商投资综合服务中心。全市合同外资额4105万美元,实际利用外资2596万美元,分别增长27.6%和43.6%,各项外资指标开始恢复性增长。三是"走出去"水平稳步提升。1993年,泰安市首个对外承包工程项目是泰安外经公司在加拿大承揽的佛教观音寺工程。1996年,泰安市外派劳务培训中心成立。1999年,泰安市6个县(市、区)相继成立对外经济技术合作公司,开展外派劳务工作。肥城建筑安装公司分别在蒙古、哈萨克斯坦承建整套酒精生产设备安装工程,实现泰安市境外设备工程承包"零"的突破。

(三)2001~2007年,外经贸工作快速发展阶段

一是对外贸易在方式转变中优化发展。2001~2007年,全市出口增幅每年都在24个百分点以上。2007年,出口额达到了8.52亿美元,是1989年的3871倍;出口工业品比重达到86.1%;出口市场达到146个国家和地区,进口市场达到49个。二是利用外资在招大引强中深化发展。2001年,市政府成立泰安市招商引资工作委员会。2002年,泰安市召开全市招商引资大会,举办中国泰山国际投资贸易洽谈会,全市利用外资进入了快车道。2002~2007年,全市累计批准利用外资项目1386个,合同外资49.4亿美元,实际利用外资26.66亿美元。三是对外合作在国际竞争中跨越式发展。改革开放以来,泰安市对外承包工程和劳务合作主体由以国有企业为主,逐步形成国有企业、股份制企业、民营企业整体推进的局面。2001年,全市签订对外承包工程和劳务合作合同109项,同比增加34个。到2007年,共有11家企业获得对外承包工程经营资格和对外劳务合作经营资格。

（四）2008 年至今，外经贸工作全面发展阶段

一是对外贸易规模质量双提高。通过不断培植企业群体，2008 年完成进出口总值分别增长 12.1%、8%和 19.1%。到 2012 年，进出口总额首次突破 20 亿美元大关，达到 21.67 亿美元。同年，泰安市跻身中国外贸竞争力百强城市。2013 年，岱银集团成为泰安市首家国家级出口免检纺织类企业。2015 年，全市出口增长高于全省 1.6 个百分点，获省政府通报表彰。2016 年，强力推进外贸企业贸易融资工作，得到时任副省长夏耕、省商务厅厅长佘春明的充分肯定。2018 年 1～10 月，全市完成进出口总额 131.12 亿元，增长4.1%，其中出口 103.55 亿元，增长 7.4%。二是利用外资总量增幅双跃升。2008 年，实际利用外资 1.17 亿美元，增长 19.6%。2013 年，全市完成合同外资、实际到账外资增幅均居全省第一位，创历史最高水平。2017 年，光大国际、中电国际、华润集团相继落户泰安，全市世界 500 强投资项目累计达到 8 家。2018 年 1～10 月，全市新设外商投资企业 48 家，增长 17.1%；实际到账外资 29.75 亿元，增长 2.1%。三是外经合作步伐加快。2008 年，泰安市新签对外承包工程合同额、完成营业额、外派各类劳务三项指标在省里均列第六位。2013 年，全年完成境外中方协议投资额 1.06 亿美元，创历史最高水平。境外投资势头良好。2016 年，岱银集团马来西亚柔佛州 20 万锭精梳纱项目一期投产，成为源自泰安的首家跨国品牌企业。2017 年，全市完成境外实际投资额增速列全省第一位。2018 年 1～10 月，全市新签对外承包工程合同额 2.79 亿美元，完成营业额 1.52 亿美元，派出各类劳务人员 2042 人次，总量分列全省第六位、第十位、第八位。

二、泰安对外开放取得的发展成就

（一）外经贸成为推动全市经济发展的重要力量

改革开放以来，外经贸企业对当地经济发展起到了较强的拉动作用和示范作用。2017 年，全市进出口总值占全市 GDP 的比重为 4.3%；外商投资企业实现营业收入 144 亿元，上缴税收 7.4 亿元，增长 9.9%。多年来，凡是经营较好、稳定发展的企业，绝大多数都是有进出口业务的企业；部分亏损企业通过引进外资重新焕发生机，如泰山啤酒有限公司、新泰爱克电缆厂被外商并购后，短短几年就弥补了老企业的巨额亏损，企业经营稳步上升；外资、外贸企业的人员工资普遍高于其他企业。

(二)对外开放促进了思想观念的转化蜕变

通过开放逐渐打破了泰安固有的农耕文化旧思想,发展思路逐渐与世界接轨,要开放、求发展的思想观念不断增强。对外开放使“走出国门谋发展”的观念深入人心,利用“两个市场、两种资源”的发展路径愈加坚实,越来越多的企业迈出国门走向世界。同时,越来越多的城镇和农村劳动力参与劳务输出,“一人出国全家致富”的实例比比皆是。2017年,全市期末在外劳务2万多人,年创社会收入21亿元以上。

(三)对外开放倒逼了产业结构的优化升级

开放初期,全市主要以农副产品和初级产品加工为主要出口产业,随着对外开放的不断深化,纺织服装、机械、化工、食品、建材等出口产业发展迅速。改革开放以来,先后引进了数万套(种)先进设备,带来了大量的先进适用技术,促进了全市无机非金属材料、汽车及配件、矿山装备、纺织服装、生物制品等行业的发展壮大,产品竞争力不断增强。同时,通过制定鼓励出口政策,培育了泰山玻纤、岱银纺织、泰开集团、石横特钢、东顺集团等一批外贸龙头企业,有力地推动了全市产业结构的调整优化。

(四)对外开放加速了体制机制创新步伐

一是推动政府管理体制不断完善。改革开放之后,逐步实行政企分开,政府职能加快从管理型向服务型转变。同时,为了适应竞争日益激烈的国际发展环境,全市各级政府遵循国际规则,改革审批制度,精减审批事项,政务公开程度和依法行政能力不断提高。二是不断优化营商环境。在硬环境上,城市建设日新月异,交通条件方便优越,各项基础设施日臻完善。在软环境上,泰安市在全省率先设立市行政审批服务局,每年组织开展“外贸服务直通车”“外商投资绿色通道”等便利化活动,服务水平明显提高。适时制定出台了一系列促进外经贸发展的优惠政策,外经贸发展专项扶持资金目前已达到3000万元。三是促进了企业管理体制与国际接轨。改革开放初期,泰安外贸公司实行全员风险抵押经营承包责任制,随后实行自主经营、自负盈亏、自我发展新体制,同时,全市进行商品、市场、贸易方式三大结构调整,实行骨干带动、以质取胜和市场多元化战略。通过外商投资企业的示范和企业的积极探索,各级各类企业努力按照国际惯例要求,加快推进制度创新、机制转换和结构优化,初步建立起了与国际惯例接轨的管理体制和运行机制。

三、泰安对外开放的经验启示

(一)发展开放型经济,必须坚持高层推动、齐抓共管

改革开放以来,泰安市始终坚定不移地实施"开放兴市"战略,市委、市政府主要领导同志对外经贸工作多次作出重要批示,并亲自推动工作开展;多次召开高规格、大规模的全市对外开放工作会议,出台了《关于全面提升对外开放水平的意见》,重奖了为推动开放型经济发展做出突出贡献的有关单位和企业。市政府分管负责同志对开放型经济给予重点倾斜和支持,随时调度外经贸重点工作,多次深入基层和企业现场现场办公。各级各有关部门坚持实施对外开放"一把手"工程,全市上下逐步构建了"党政领导、指挥部推进、商务主管、部门参与、企业主体、社会支持"的对外开放工作格局。

(二)发展开放型经济,必须创新体制机制

创新目标体系,泰安市探索实行了人代会承诺目标确保实现、奋斗目标全力突破的"双目标制",做到既符合实际、力促增长,又自我加压、充分挖潜。创新推进机制,实行市对外开放工作领导小组、市外经贸和商贸流通工作领导小组、市外经贸及商贸流通业招商引资和重点项目建设指挥部"三办合一",探索实践了"项目建设、平台打造、政策推动、宣传引导、培训支撑、服务保障、典型引路、考评激励、环境优化"的开放发展模式。

(三)发展开放型经济,必须加强主体载体建设

对外开放的核心是发展开放型经济,重中之重的任务是引外资、促外贸,而抓好这些都需要企业这个主体来带动,需要产业和园区等载体来承接。坚持把园区作为开放型经济发展的主要载体,科学规划,错位发展,走国际化、现代化发展路子。大力实施产业招商,千方百计"招大引强",切实形成亲商、富商、安商的环境氛围。努力扩大外向型企业队伍规模,"扶优培强"外经贸骨干企业。泰邦生物、启程车轮、泰盈科技等一大批龙头企业快速崛起,成为推动开放型经济发展的主体力量。

(四)发展开放型经济,必须全面优化营商环境

营商环境是对外开放的"生命线"。泰安市委、市政府积极推动召开全市对外开放宣传工作会议,开通了"泰安商务"中英文网站、"泰安商务"官方微博、微信公众号,制作了"开放泰安、拥抱世界"专题宣传片,与山东电视

台、大众日报泰安记者站以及泰安电视台、泰安日报社四家官方媒体达成战略合作协议，鼎立宣传开放、支持开放，开放发展氛围日益浓厚。设立了“12312”服务热线，推进电子口岸建设和通关便利化服务；不断加强海关特殊监管区建设，泺亨（泰安）保税物流中心、青岛保税港区泰安（新泰）功能区建设进展顺利。

（五）发展开放型经济，必须强化人才队伍建设

泰安市委、市政府在历次对外开放会议上多次强调，要注重加强党政干部、专业招商人才、科技创新人才和企业经营管理人才的培养培训，以适应对外开放的需要。近几年来，泰安市商务局每年与市委组织部联合在清华、北大、人大、上海交大、对外经贸大学等国内知名高校举办党政干部、企业家对外开放高级研修班，加强开放型经济政策理论教育培训，提高人才国际化水平。积极兴办泰山商会、外商协会及各类进出口商会，千方百计吸纳各类开放型人才来泰安创业发展，不断夯实泰安开放发展的智力支撑。

破浪前行40载　扬帆逐梦新征程[*]

作为全国第一批沿海开放城市、国内与韩国海上距离最近的城市，对外开放始终是威海的优势所在、潜力所在、希望所在。特别是近年来，威海积极适应全球经济发展和宏观形势变化，主动融入“一带一路”等建设，大力推动中韩自贸区地方经济合作示范区、国家服务贸易创新发展试点城市、国家级跨境电子商务综合试验区建设，不断提升开放型经济的层次和水平，为经济社会发展持续注入了强劲动力。目前，全市与203个国家和地区有经贸往来，经济外向度自1996年达到30%以后，多年保持在30%以上，2017年达到40.3%，高于全省15.8个百分点。全市生产总值和地方财政收入分别由1978年的9.54亿元和1.1亿元，增长到2017年的3480.1亿元和273.1亿元，分别增长了363.8倍和247.3倍。主要经济指标增速牢牢占据全省“第一方阵”，科学发展综合考核位居全省前列。

一、创新招商引资机制，利用外资综合优势和总体效益不断提升

开放的首要目的就是吸引外资。改革开放40年以来，全市始终将招商引资作为经济工作的重中之重，充分利用国际国内两个市场、两种资源，一手抓营商环境建设，一手抓对外合作交流，外商投资企业如雨后春笋般蓬勃兴起。“金桥”轮通航后短短3年时间，韩资企业便由3家一跃发展到100多家。近年来，全市主动适应新形势变化，坚持以项目为中心，大力实施精准招商战略，实行引资引智引技并举，不断创新招商引资方式，发挥专业招商队伍作用，加快从拼资源、拼价格向拼服务、拼环境转变，全市实际使用外资由2008年的5.3亿美元发展到2017年的12.9亿美元，年均增速超过10%；三产利用外资占比优化为2.1∶57.9∶40.0。全市累计批准设立外资企业8200多

* 威海市商务局供稿。

家，其中有16家世界500强在威投资设立企业24家，累计投资额达到11亿美元。在国内经济合作上，建市初期便成立经济技术协作办公室，逐步开展国内招商引资等工作，利用内资始终保持较快增长，“十二五”期间年均增长达到15.2%，2017年在建内资项目到位资金达到972.1亿元。

二、加快外贸转型升级，开放型经济发展基础不断夯实

对外贸易是开放的主要内容。改革开放初期，威海市创造性地利用国家外贸新政策，提出“一顶帽子大家戴”，将进出口经营权下放到各相关企业，由此全市对外贸易蓬勃发展起来。随着“借韩兴威”战略的实施以及我国加入世界贸易组织等有利因素的影响，威海市以来料加工为主的对外贸易进入高速发展期，年均保持20%以上的增长速度，成为拉动经济增长的重要力量。2008年，国际金融危机爆发，随之而来的撤资潮使全市加快了外贸转型升级步伐，持续提升出口商品品牌质量，加快培育外贸新兴业态，积极开拓新兴市场，在全国率先建设了出口日韩食品“同线、同标、同质”交易公共服务平台和线下体验中心，获批建设山东省（威海）跨境电子商务综合试验区，对外贸易由“大进大出”向“优进优出”快速转变。2017年，全市外贸进出口总额达到1404.9亿元，其中加工贸易占比由2006年的70%下降至35.6%，一般贸易占比上升到61.4%，高新技术产品出口占比达到11.8%，对外贸易在保持稳定增长的同时实现了结构优化、质量提升。

三、精准开拓国际市场，企业“走出去”步伐不断加快

对外经济技术合作是开放不可或缺的组成部分。20世纪80年代以来，威海市白手起家大力发展外经业务，相继成立了威海市国际经济技术合作公司等企业，成为当时全国唯一拥有3家对外签约权企业的地级市，对外经济技术合作领域逐步由单一的劳务合作拓展到工程承包、海外投资等，合作国家也延伸到日、韩、新加坡、美国等20多个国家和地区，全市在境外设立的企业和机构达到304家。国家“一带一路”倡议实施以来，全市积极完善政府、银行、信保、企业四位一体的支持保障措施，不断健全法律、投资、税收、财务等服务保障体系，大力支持企业安全高效“走出去”，鼓励企业“抱团出海”。成功进入联合国采购体系，累计推动20家企业成为联合国供应商。东南亚橡胶种植加工基地、非洲矿产开发基地、亚洲渔业捕捞加工基地等重点战略性项目初具规模，“十二五”期间全市境外投资中方投资额达到14.5亿美元，对外承包工程完成营业额28.1亿美元，分别是“十一五”期间的6.3倍和4倍。2017年，全市对外承包工程营业额66.3亿元，外派各类劳务人员

超过 1.2 万人。

四、积极对接国家发展战略，对外开放新优势不断扩大

威海是最早对外开放的地区之一，地级威海市成立后，国务院批准威海市享受 14 个沿海开放城市的优惠政策，成为全国第 15 个沿海对外开放城市。威海抢抓国家深化对欧合作机遇，成功争取为全国首批中欧城镇化伙伴关系合作示范城市，设立了驻欧洲商务代表处，全面加强与欧洲的交流合作。抢抓中韩自贸区建设机遇，积极参与双方谈判，成功成为中韩自贸区地方经济合作示范区，是第一个写入国际双边自贸协定的中国城市。成为示范区以来，威海市与韩国仁川广域市互设城市展示馆和代表处，开通了中韩首条海运 EMS 速递邮路和 3 条中韩陆海联运通道，启动了海、邮、空运三种方式的跨境电商业务，在跨境电商、贸易便利化、服务业合作等方面取得了 36 项创新性突破，形成了多领域的双向开放格局。获批建设中国(威海)跨境电子商务综合试验区，2017 年，全市对韩跨境电商零售出口增长 1.8 倍，位居山东首位。抢抓国家大力发展服务贸易机遇，成为全国首批服务贸易创新发展试点城市，引进日本软银服务外包基地、浪潮集团“一带一路”云服务平台等高端项目，2017 年，全市完成服务进出口 214.4 亿元，同比增长23.6%。

在改革开放 30 周年时，威海被国家评为全国改革开放 18 个典型地区之一。时间又过去了 10 年，威海的发展实现了再突破和再飞跃，以实际行动践行了习近平总书记提出的新发展理念，通过深化改革开放，实现了创新发展、协调发展、绿色发展、开放发展、共享发展。40 年来，威海激发了创新创业的活力，高新技术产业产值比重达到 41.5%，创新真正成为经济发展持久动力。40 年来，威海走出了特色城市化的道路，推动全域城市化、市域一体化发展，“以人为核心的城镇化”在威海实践中得到充分体现。40 年来，威海打响了生态宜居的城市品牌，生态人居领域的国家级荣誉基本囊括，成为“绿水青山就是金山银山”的示范样板。40 年来，威海丰富了幸福城市的内涵，在近 10 年来的全省群众满意度调查中一直稳居第一，生动诠释了以人民为中心的发展思想。改革开放成就了威海，壮大了威海，也推动威海不断融入世界，提升自我，实现了四个重要“转变”：

一是由开发区向产城融合示范区转变。改革开放之初，威海的建成区面积只有 13.1 平方公里，当时有个说法是“一条马路、一盏灯、一个喇叭全城听”。经过 30 多年的发展，建成区面积扩大到 279.6 平方公里，城镇化率由 9.2%提高到 65%，可以说威海就是从改革开放中崛起的一座现代化新城。

威海市是最早设国家级高新区和国家级经济开发区的城市之一，1991 年设立国家级高技术产业开发区，1992 年设立国家级经济技术开发区，2013 年设立的国家级临港经济技术开发区，2016 年设立的威海综合保税区，目前全市拥有 4 个国家级开发区，还有 11 个省级园区。2016 年，威海被确定为国家产城融合示范区，实现了园区开发、产业发展和城市拓展的有机融合。

二是由“引进来”为主向“引进来”与“走出去”并重转变。建市之初，威海的外商投资企业只有 9 家，目前已经发展到 1400 多家，包括惠普、软银等 16 家世界 500 强企业在威海投资，还有一大批像欧喜、贝卡尔特、东远等全球行业领军企业在威海发展。同时，越来越多的威海本土企业也主动“走出去”，融入“一带一路”建设，到世界各国投资发展。目前在境外投资的企业有 193 家。例如：三角集团到美国投资建设的“钻石”项目，融合利用虚拟仿真技术、自动化技术，将建成世界上最高效、环保的轮胎制造“智慧工厂”；威高集团斥资 8.5 亿美元收购美国爱琅公司，成为国内医疗器械领域最大的海外并购案，展开了企业的全球布局；迪尚集团收购了韩国三大服装上市公司之一的 AVISTA 公司，并通过海外收购，在美国拥有 5 家服装公司，直接将自主品牌推进了国际市场；威达机械是世界最大的精密夹具产品生产企业，近年来又到德国投资发展，自动化生产主要技术指标达到国际领先水平。威海的优秀企业已经深度融入国际化，向跨国公司迈进。

三是由开放政策受益区向开放政策创新区转变。威海得开放风气之先，在众多对外开放优惠政策的助力下，保持了经济社会健康快速发展的势头。近年来，得益于对外开放的先发优势，威海也承担了越来越多政策创新的试点任务。2015 年，威海与仁川自由经济区被中韩两国政府选定为中韩自贸区地方经济合作示范区，是第一个也是唯一一个被写进自贸协定的中国城市。这是国家、省里对威海对外开放，特别是对韩开放的充分肯定。

四是由货物贸易大市向服务贸易先行城市转变。威海货物贸易额建市之初只有 42 万美元，2017 年突破 200 亿美元，进出口规模实现了飞跃。同时，外贸质量不断提升，2017 年，全市加工贸易占比由 2006 年 70%下降至 35.6%，一般贸易占比上升到 61.4%，高新技术产品出口占比达到 11.8%，对外贸易在保持稳定增长的同时实现了结构优化、质量提升，由“大进大出”转变为“优进优出”。2016 年，威海被确定为国家服务贸易创新发展试点城市。2018 年 6 月，国务院决定继续开展服务贸易创新发展第二阶段试点，试点城市中增加了两个，一个是首都北京，一个是千年大计雄安新区，凸显了国家对服务贸易创新发展的重视程度。在中国由货物贸易向服务贸易转型的过程中，威海又承担起先行先试的重任。

40 年栉风沐雨，40 年春华秋实。“雄关漫道真如铁，而今迈步从头越。”改革开放 40 周年既是一个重要的里程碑，更是一个崭新的起点。威海市将继续立足区位优势，充分把握国家重大战略机遇，坚定实施城市国际化战略，进一步提高经济规模和质量效益，不断提升公共服务共建能力和共享水平，提前全面建成小康社会，实现现代化幸福威海建设新跨越，打造更具影响力的宜居、宜业、宜游、宜学的卓越城市。

日照抢抓“一带一路”建设机遇 推进“开放活市”战略深入实施*

在当今世界多极化、经济全球化进一步发展，国内外经济形势转换更加复杂，新旧动能转换持续加快的大背景下，日照市委、市政府提出实施“开放活市”战略，并将其作为推动经济社会高质量发展的主要动力之一，就是要充分发挥日照开放优势，巩固提升日照市在开放型经济领域的竞争优势，以对外开放的主动赢得经济发展和市场竞争的主动。

一、实施“开放活市”战略的背景

经过改革开放的伟大实践，特别是十八大以来，日照市抢抓国家“一带一路”建设机遇，立足日照开放综合比较优势，确立了实施“开放活市”战略的工作思路，着力打造对外开放新优势。

2017 年，日照市港口货物吞吐量 4.07 亿吨，居全国沿海港口第九位，世界第十一位，集装箱吞吐量 323 万标箱；先后开通了日照至釜山、东南亚集装箱班轮，美洲大豆班轮，澳大利亚、中东件杂货班轮等航线，以及照蓉欧、日照—中亚、日照—凭祥和日照—莫斯科 4 条专列铁路过境运输班列，打通了日照参与“一带一路”建设的海陆通道。日照机场快速发展，已开通到国内主要城市的 19 条航线，年客运量 73.77 万人。依托得天独厚的区位优势和蓬勃发展的产业基础，充分发挥新亚欧大陆桥东方桥头堡和“一带一路”主要节点城市作用，港口吞吐量逐年攀升，临港产业体系特色日益明显，外向型经济实现快速发展。2017 年，全市有进出口实绩企业 1120 家，年进出口额过亿元企业 70 家；完成进出口额 124.7 亿美元，居全省第六位，同比增长 10.7%；其中出口 51.5 亿美元，同比增长 25.4%，增幅居全省首位。利用外

---

* 日照市商务局供稿。

资连续4年突破5亿美元,2017年实际使用外资6.5亿美元,同比增长10.7%,现代、华润、光大、金鹰、泰森等12家世界500强企业23个项目落户日照市,投资过千万美元外资项目达到132个,有效提升了全市相关产业发展水平。在岚桥、凌云海糖业等龙头企业带动下,全市对外投资连续3年突破2亿美元,2017年完成对外投资额2.06亿美元,累计有73家企业、116个项目"走出去"。特别是岚桥集团并购澳大利亚西部能源、收购达尔文港和巴拿马玛格丽特岛港等项目,成为全国民营企业"走出去"的典范。

二、实施"开放活市"战略的重要举措

(一)开放平台高标准建设发展

2018年5月获批的日照综合保税区规划面积2.88平方公里,是全省第六个综保区。日照综合保税区主要定位于以保税加工为基础,保税物流为特色,开展保税期货与现货交割业务、融资租赁业务、委内加工业务。在申建过程中,坚持高层次推动、高标准规划、高水平建设、高质量招商"四位一体"推进,日照综合保税区相关规划、市政道路管网及场地平整设计方案已经完成。同时,进一步加快入驻项目招引、筛选和落地,已有凌云海精炼糖、荣信冷链及水产加工等4个项目落地,冠博(香港)粮食加工、汉吉斯冷链等一批项目正在洽谈推进。以日照跨境电商产业园开园为契机,加速建设日照跨境电商综合试验区这一省级开放载体,积极培育跨境电商小镇,促进"三基地、两园区、一中心"(跨境电商创业创新基地、孵化基地、实训基地,产业园、产业聚集区,进出口商品展览和交易中心)规划建设,加快与阿里巴巴、中创物流等企业合作。

(二)"一带一路"建设和区域合作更加紧密

日照港已开通澳洲、东南亚等5条外贸直达航线和27条内贸航线,每月海上航班140多个,打通了日照到欧洲、中亚、南亚等"一带一路"通道。岚桥港与巴拿马玛岛港、澳大利亚达尔文港达成了三港互联互通合作协议,组成"一带一路"的重要海上合作支点,积极构建"海上经济走廊"。2017年,全市对"一带一路"沿线国家(地区)完成货物进出口34.3亿美元,增长19.7%。2018年6月19日,日照与临沂签署了加快区域协同发展框架协议,确定将重点围绕基础设施互联互通、港口共建共享等6大领域、24项具体事项合作,加快构建临日都市区,建设临岚黄海新区,引领鲁南地区和中西部经济板块扩大开放。

(三)内外资项目招引力度持续加大

围绕全市新旧动能转换重大工程10个重大专项,持续加大招商引资力度。日照市委、市政府主要领导高度重视利用外资工作,与光大、华润等500强企业签订了战略合作框架协议,带队赴韩国现代汽车集团商定了1.6亿美元派沃泰三工厂项目,金鹰集团投资3亿元的高档浆纤维研究开发中心已经启动,三菱船舶用液化天然气等重点外资项目有序推进。

(四)对外贸易业态模式创新发展

以提升省级跨境电商综试区发展质量为重点,组织实施了"跨境电商进千企工程",引导企业发展特色产业集群+国际自主品牌+跨境电子商务+综合服务企业+境外营销网络"五位一体",新模式,已培育省级外贸新业态项目3个、市级7个。探索实施"以展促贸"品牌建设,重点规划推进日照跨境电商孵化基地、实训基地、综合试验区创新创业基地等项目,引导支持中大体育、捷杰工具等出口企业在日韩、美欧等目标市场建设公共海外仓,带动更多的中小微企业出口。2018年前三季度,全市实现跨境电商进出口1.8亿元,同比增长20.3%。

(五)内外贸一体化快速融合发展

引导出口企业实施同线、同标、同质"三同"工程,美佳、荣信等大型水产加工出口企业加快实体店和网店建设,实现了内外贸统筹、转型发展。创新开展国家级冷链物流示范城市建设,支持山东海派承建进口肉类指定口岸,打造进境肉类查验存储一体化平台。培育建设了日照跨境电商产业园等海关监管保税商品展销项目,扩大优质消费品进口,促进了境外消费回流。

(六)国际产能合作水平有效提升

日照钢铁集团投资300多亿元,独家引进意大利达涅利、德国西门子等世界顶级冶金公司ESP技术装备;已设立韩日、中东、美非等20余个海外办事处。山东钢铁日照精品钢基地已与德国西马克和美、日、韩等知名冶金龙头企业签订战略合作协议,引进设备、技术,扩大铁矿石原材料进口。支持岚桥集团达尔文港和巴拿马港建设,推广岚桥集团海外并购、浮来春柬埔寨工业园开发建设、五征集团境外营销网络建设经验,引导企业国际化发展。

（七）园区开放载体功能显著增强

依托1个国家级开发区和5个省级开发区，努力打造全域开放主阵地。2018年前三季度，省级以上经济园区完成基础设施投资228.9亿元，全市新设外资项目80%落户园区，共完成货物进出口450亿元，占全市进出口总额的68%，园区经济外向度进一步提高。打造日照经济技术开发区成为全国重要的汽车及零部件产业基地，已引进韩资企业36家，累计投资30多亿美元。依托日照机场规划建设了1.29平方公里的空港经济开发区，已有山太飞机工程、传化物流港等10多个航空产业项目聚集。

（八）贸易和投资更加自由化、便利化

积极复制“自行运输”“批次进出、集中申报”和“按状态分类监管”三项自贸区创新制度，实现内外贸一体化作业、区别化监管。大力推进特殊区域通关一体化改革，在全国率先开展船舶备件保税监管模式，企业成本下降超过60%。获批“远程稽查系统”青岛关区首批试点，统筹推进压缩通关时间，出口平均通关时间0.43小时，同比减少6.5%。设立了山东省首个、国内第三个国际贸易与航运服务中心，海关业务全部入驻，实现了“一站式”通关服务。全面落实准入前国民待遇＋负面清单管理模式，加快推进“多证合一”，推动实现外商投资企业商务备案与工商登记“单一窗口、单一表格”受理。外商投资企业设立及变更、备案已下放至区县，方便企业属地办理。

（九）对外开放营商环境不断优化

不断加大放管服改革力度，推进“互联网＋政务服务”，实现“一窗受理”“一网办理”“一次办好”。探索推广了“35证合一”“容缺办理＋并联审批”等一批成功经验，有效降低制度性交易成本。积极改善涉外教育、文化、娱乐、医疗等设施和条件，加大对日照耀华国际学校的办学支持，为外籍人员提供生活便利。

三、实施“开放活市”战略的努力方向

（一）在打造对外开放新高地上下功夫

一要高标准建设日照综合保税区。要发挥“区港联动、区港一体”优势，加快项目招引入园和配套设施建设，推动早日封关运营。要把日照综保区建成以保税加工为基础、保税仓储物流为特色、保税期货与现货交割、保税

混矿、融资租赁、委内加工等新业态协调发展的综保区，带动全市对外贸易“优进优出”。二要着力建设日照大宗商品交易中心国家级试点平台。不断开发交易品种，搭建区域性定价交易中心，带动全市大宗商品进出口快速增长。三要加快推动沿海先进钢铁制造业开放。带动钢铁配套产业园与世界500强和知名冶金龙头企业合作，吸引更多的海内外项目、资金、人才集聚。四要提升开发区及特色园区开放载体功能。要依托中韩汽车零部件产业园，主动对接中日韩自贸区建设，推进一批配套项目，加快打造中韩产业园。高标准规划建设空港经济开发区，形成航空产业集群发展模式。

(二)在促进三外融合拓展对外开放领域和层次上下功夫

一要抓招商引资项目。以外向型项目招引为重点，积极走出去招项目，以“香港山东周”活动为平台，梳理推介对外合作项目，实施“三外”联动，推动精准招商。二要抓外贸转型升级项目。积极推进特色产业集群＋国际自主品牌＋跨境电子商务＋综合服务企业＋境外营销网络“五位一体”发展模式，重点培育一批外贸转型升级基地，打造新的外贸生态圈；全力建设日照跨境电商产业园，加快形成“跨境电商＋海运快件＋保税物流＋内外贸集装箱”全链条运营模式，促进跨境电商创新发展。三要抓本土企业国际化项目。引导一批具备实力和竞争优势的企业通过并购、参股等方式建立境外资源基地，利用境外市场资源提升本土企业。

(三)在建设开放营商环境上下功夫

一要加快健全公平公正的法治环境。要有健全的法制保障，做到平等待人，落实外资企业的国民待遇。二要加快打造便捷高效的政务环境。深化“放管服”改革，在法律许可范围内，最大限度地减少行政审批事项、审批环节，降低交易成本，以体制机制创新换取开放发展的良好环境。三要加快形成简单透明的营商环境。要着力构建“亲”“清”政商关系。对外来投资商要始终如一跟踪服务，帮助解决实际困难。四要加快营造宜居宜业的城市环境。加快完善城市公共设施，推动日照机场早日开通国际航线。推进国际社区、学校、医院等配套设施建设，努力为外商提供良好的环境。

改革开放以来临沂市开放型经济发展成就综述及经验总结*

改革开放40年来，临沂市对外开放水平不断提高、层次不断加深、领域不断扩大、开放型经济快速发展。2008年，临沂市被评为改革开放30年来最受关注的30个城市之一。近年来，临沂市先后被评为“中国市场名城”“中国物流之都”“中国板材之都”，荣登世界银行公布的中国城市竞争力政府效率单项奖榜首，入选“中国最具投资价值十大城市”“福布斯中国大陆最佳商业城市”。

一、改革开放40年来临沂市开放型经济取得的成就

（一）商贸物流持续繁荣，城市形象明显提升

商贸物流是临沂经济发展的两大引擎。临沂商城经历了“五代市场”：第一代：“小地摊”（1978～1982年），部分外地商人和本地农民在西郊自发摆起小地摊，成为临沂商城的源头。第二代：“大棚底”（1982～1986年），建成全省第一个小商品市场（西郊小百货市场），时称“西郊大棚”，1985年市场固定摊位达600多个，日成交额20万元。第三代：专业批发市场（1986～2000年），建成全省第一家专业批发市场（纺织品批发市场），之后陆续建成服装、鞋帽、家电、家具、五金、文体等专业批发市场。第四代：现代商贸物流城（2000～2012年），通过改造提升和培育新业态促进现代商城发展，商品销往全国26个省市自治区。第五代：国际商贸名城（2012年至今），2012年王岐山同志批示支持推进临沂商城国际化。临沂市委、市政府确立了“三化并举”（国际化、电商化、集约化）“五位一体”（市场、物流、仓储、加工、服务）“三

* 临沂市商务局供稿。

个融合”(内贸与外贸、线上与线下、商贸与产业)“四城建设”(老城市场、国际商贸城、海外临沂商城、网上商城),打造全国最大的商品交易批发中心、物流分拨调运中心、电商集聚中心和“一带一路”国际贸易新高地、国际会展经济新高地的目标。临沂商城专业批发市场达133处、经营业户5万多户;拥有物流企业200多家,通达全国所有港口和口岸;市场采购贸易方式试点政策落地实施,综合保税区封关运行,临新欧、临满欧等13条国际国内货运班列相继开行,瓜达尔、法兰克福等9处“海外临沂商城”项目进展顺利。2017年,临沂商城市场交易额4551亿元、增长20%,全市物流总额实现2.8万亿元、电子商务交易额2930亿元,分别居全省第二、三位。

(二)对外贸易实现快速发展,可持续增长的能力明显提升

自1988年临沂市第一家外贸进出口公司实现进出口110万美元起步,已与120多个国家和地区建立了良好的经贸合作关系。2014年,临沂市进出口突破百亿美元,入围“中国外贸百强城市”。2017年,完成进出口677.1亿元,外贸依存度达到15.6%。外贸结构不断优化。“十二五”期间,累计进口占比实现提升,达到40%以上;出口实现持续增长,增幅高于全国全省。一般贸易和加工贸易实现同步增长,2017年全市一般贸易出口是拉动全市出口增长的主要力量,实现出口474.8亿元、增长1%,占全市出口的71.3%;加工贸易出口94.3亿元,增长14.1%,占全市出口的14.2%。市场多元化战略取得较大进展。在巩固和扩大传统市场的同时,积极开拓新兴市场,国际市场空间进一步扩大。2017年,全市对传统市场贸易增长较快,对美国、欧盟、韩国、日本合计进出口276.8亿元,增长22.9%,高于全市平均增幅6.3个百分点;占全市进出口的比重为41.6%,较2016年提高1.9个百分点。对“一带一路”市场进出口233.2亿元,增长19.3%,占全市进出口比重为35%,较2016年提高0.7个百分点。其中,出口176亿元,增长22.3%;进口57.2亿元,增长10.7%。对东盟、非洲、南亚和俄罗斯分别进出口分别增长16.9%、12.7%、9.6%和24%。外贸新业态蓬勃发展。培育13家外贸综合服务企业,大大提升了外贸综合服务水平。落实“互联网+外贸”行动计划,大力发展跨境电子商务,临沂双击科技有限公司被认定为省级跨境电商综合服务平台,临沂商城跨境电商创业园被认定为省级跨境电商产业聚集区。旅游购物、市场采购等出口监管方式陆续落地,新型贸易方式促进外贸可持续创新发展。

(三)利用外资实现重大突破,质量和水平得到明显提高

自 1984 年成立首家中外合资企业——临沂联合毛纺有限公司以来,全市共批准设立外资企业 1809 家,合同外资 64.37 亿美元,实际利用外资 42.3 亿美元,存续外商投资企业 399 家。目前,在临沂市投资的世界 500 强企业有法国圣戈班、瑞典沃尔沃、美国家乐氏等 13 家。利用外资投向逐步优化。随着经济发展,外资投向由主要集中在第二产业调整为第二、三产业并重,"十二五"末实际外资三次产业的投向比例为 5∶71.3∶23.7。外资来源地相对集中。从国别看,香港是临沂市最大的外资来源地,累计到账 5.2 亿元,占全市利用外资额的 42.4%。境外上市是利用外资的主要方式之一。自 2001 年 3 月 14 日大众食品控股有限公司在新加坡证交所挂牌成功上市以来,临沂先后有 19 家企业,在 7 家境外证券市场上市,融资总额达 12.2 亿美元,累计调回资金 8.4 亿美元,返程投资率达到 69%。临沂市境外上市企业家数和融资额均居全国地级市前列,成为拉动实际利用外资增长的主要动力。

(四)"走出去"步伐明显加快,对外经济合作空间明显拓宽

自 1994 年以来,临沂市持续实施"走出去"战略,加快"海外临沂"建设步伐。截至 2018 年 10 月,临沂市累计在境外设有投资企业(机构)200 多个,对外实际投资额 4.1 亿美元。境外园区建设实现新突破。山东帝豪国际投资有限公司投资建设的中欧商贸物流合作园,2014 年 6 月被省商务厅、财政厅确认为省级商贸物流型境外经贸合作区,2015 年 4 月被商务部、财政部确认为首个国家级商贸物流型境外经济贸易合作区。国际产能合作渐成规模。临沂市纺织、建材、造纸等产业国际产能合作有序推进。华盛江泉集团先后在美国、俄罗斯、澳大利亚、加纳、阿联酋等 25 个国家和地区累计投资 2.56 亿美元,陶瓷、木材制品、肉制品等产品远销 30 多个国家和地区。新光集团先后在南非、美国、迪拜和香港等地设立境外企业,成为世界上最大的毛毯供应商。境外资源能源合作开发取得一定进展。目前,临沂市已拥有境外矿产资源采矿权和勘探权 40 多个,初步探明铁、煤、锑等 10 种矿产资源储量近 30 亿吨。对外承包工程市场不断拓宽。天元集团承揽的美国天宁岛宾馆公寓项目,合同额 5000 万美元,这是临沂市企业在发达国家承建的第一个境外承包工程。天元集团在美国设立的天元海外工程有限公司,被商务部授予对外援助成套项目实施企业资格。沂蒙交通和东方路桥分别在哈萨克斯坦和埃塞俄比亚承揽了公路建设项目。

(五)开发区建设进展较快,对开放型经济支撑作用明显增强

全市共有开发区16家,其中国家级经济技术开发区1家、高新区1家、综合保税区1家及省级经济开发区13家。审核面积79.81平方公里,实际控制面积1548.54平方公里。综合实力持续增强。2015年,临沂经济技术开发区迈入国家级开发区百强;在2016年度全省开发区综合评价中,临沂经济技术开发区列15个国家级开发区第3位;莒南开发区列全省第11位,连续4年进入全省前20强;沂水开发区列第29位;9个省级开发区进入前100位。特色产业集群快速发展。各开发区坚持以特色产业集群建设为抓手,全力推动产业招商、骨干企业"二次创业",延伸产业链、提升价值链,打造了一批特色产业园区。目前,全市开发区已形成特色产业园区37个,其中产值过百亿元的16个。对开放型经济支撑作用明显。各开发区瞄准世界500强企业、行业龙头企业精准招商、招大引强,瑞典沃尔沃、美国家乐氏、华润生物质发电等世界500强企业先后落户开发区,众泰汽车、临工沃尔沃、永丰轮胎等成为全市龙头企业。开发区体制机制不断创新。推动出台了《市委、市政府关于加快推进开发区改革和创新发展的实施意见》,从薪酬分配、产业集聚、体制机制、运营模式等方面,引导园区改革创新。成立了工作领导小组,配套出台了《关于深化开发区权力运行体制和人事管理制度改革的若干意见(试行)》《开发区(园区)统计监测工作实施方案(试行)》《开发区薪酬改革办法(试行)》《全员聘用程序及办法以及开发区"放管服"改革意见》。临沂经济技术开发区在用人分配和市场监管方面,开展了体制机制创新;莒南开发区和沂水开发区列入省第二批体制机制创新试点。

二、改革开放以来临沂市发展开放型经济的主要经验

(一)得益于市委、市政府的正确领导

临沂市委、市政府始终高度重视,把发展开放型经济作为全市经济工作的"亮点"来抓,先后出台了《关于加快临沂商城国际化发展的意见》《关于健全完善临沂商城国际贸易服务体系的意见》《中共临沂市委 临沂市人民政府关于加快新旧动能转换推进新一轮高水平对外开放的实施意见》《临沂市人民政府关于进一步扩大利用外资促进新旧动能转换的实施意见》等一系列文件,举全市之力扩大对外开放。特别是2018年4月份赴南方四市考察学习,让全市上下感受到,开放型经济说到底是一场深刻的思想变革,必须坚决破除思想羁绊,切实以思想上的"破冰"推动行动上的"突围",努力打好新

一轮发展的主动仗。

(二)得益于坚定不移地把发展开放型经济作为重中之重

把外经贸工作的重心由主要抓外贸转向抓统筹、协调推进。2003年,提出解放思想谋发展,优化发展环境,狠抓招商引资;2004年,提出外经贸是经济建设的第一亮点,举全市之力抓招商引资;2005年,提出突出重点全方位高水平扩大对外开放;2006年,积极推进"开放临沂"建设;2007年,提出转变利用外资方式,突出抓好境外上市和股权并购;2008年,提出了强化服务促外贸,突出重点抓招商,安全高效"走出去"的总体思路;2012年,提出实施临沂商城国际化战略;2014年,提出推动外经贸协调发展;党的十八届三中全会后,坚持"走出去"与"引进来"互动发展;十九大后,全面展开推动新旧动能转换,实施新一轮高水平对外开放。这些思路既符合中央和省里的部署要求又符合临沂实际,既一脉相承又创新发展,成为引领科学跨越的行动指南。

(三)得益于始终坚持弘扬沂蒙精神这个不竭动力

沂蒙精神是临沂最大的政治品牌。40年来,临沂广大党员干部在沂蒙精神的感召激励下,锤炼党性、改进作风,以矢志不移的理想信念、坚忍不拔的奋斗精神,取得经济社会建设的巨大成就。沂蒙精神已成为激励我们干事创业、走在前列的不竭动力!

德州市对外开放工作综述*

1978年以来，在全国改革开放的历史大潮中，德州市积极落实国家对外开放战略部署，准确把握时代发展脉搏，全市对外开放工作经过“起步发展、粗放发展、转型发展、跨越发展”四个历史阶段，取得了令人瞩目的巨大成就。特别是近年来，出台政策加大扶持，走出国门布局海外，搭建平台推进“双招双引”，全市扎实推进新一轮高水平对外开放，正加快构建对外开放新格局，打造对外开放新高地。

一、对外贸易规模不断扩大，外贸转型升级加快

1993年，全市完成了第一笔自营出口，标志着德州市企业开始进入国际市场。1999年，全市进出口总值突破1亿美元。2007年，外贸规模突破10亿美元。2011年以后，更是实现快速发展，接连突破20亿美元、30亿美元大关，2017年达到36.8亿美元。全市拥有进出口实绩企业由1993年的10家壮大到2018年的945家，与近180个国家地区有贸易往来，其中与东盟、“一带一路”沿线国家、自贸区等国家地区的贸易持续增长。

（一）出口产品结构不断优化

威讯半导体、福田药业等高新技术企业不仅有力地拉动了全市出口总量的迅速增长，而且促进了外贸发展方式转型升级。2017年，全市高新技术产品出口达到19.9亿元，相比2013年的37万元实现了跨越式发展。2012年以来，德州市开始推动出口农产品质量安全示范区建设工作，全市11个县市陆续成功创建为省级示范区，2017年7月整建制创建为出口农产品质量安全示范市，提高了农产品质量安全水平。2017年，全市农副产品出口

* 德州市商务局供稿。

18.5亿元，比2013年的15.2亿元增长了21.7%。

(二)外贸转型升级不断加快

2011年，禹城市食品添加剂基地被山东省商务厅确定为“山东省第一批省级外贸转型升级专业型示范基地”。之后，齐河县精细化工产品基地、平原县五金建材制品基地、乐陵市五金制品基地、宁津县五金制品基地、夏津县工艺品基地等纷纷获批。全市现有省级外贸转型升级专业型示范基地6个、国家级外贸转型升级基地1个、省级科技兴贸出口基地3个、国家级科技兴贸创新基地1个。品牌建设卓有成效，金麒麟股份、景津环保股份等18家企业的18个品牌登上全省国际知名品牌企业榜单，提升了出口产品的档次和品牌知名度。

(三)新业态新模式蓬勃发展

2015年，德州资通国际物流集团有限公司被评为省级外贸综合服务企业，首家外贸综合服务平台——中非跨境电商平台正式运营，阿里“一达通”等知名外贸服务企业落户德州，标志着全市外贸新业态新模式开始起步发展。目前，德州吉达进出口有限公司和德州宏运通国际物流有限公司在南非、坦桑尼亚、肯尼亚等国设立公共海外仓6个，助力了非洲市场开拓。其中德州吉达进出口投资100万美元在南非约翰内斯堡建立的公共海外仓仓库面积2000平方米，2017年营业额近3000万元。

(四)贸易便利化水平不断提升

加快构建互联互通国际大通道，德州市已开通平原到青岛集装箱海铁联运班列和济铁齐河铁路物流基地海铁联运班列，为周边地区的出口型企业提供了公铁联运的快捷运输集港新通道。全面推广通关一体化，全市进口整体通关时间87.83小时，同比缩短17.69小时；出口整体通关9.69小时，同比缩短18.74小时，列济南关区第三位。不断扩大出口信用保险覆盖面，对中小微企业缴纳出口信用保险保费进行补贴，政策性出口信用保险覆盖面达到50.5%。

二、利用外资质量效益稳步提升，外商投资环境持续优化

1987年，全市第一家外商投资企业——平原鲁菲针织有限公司批准设立，标志着德州市利用外资历史的开端。1992年，德州市实施外向带动战略，省商务厅下放利用外资审批权限，全市对外开放步伐加快，利用外资取

得重大突破，当年新批外商投资企业70家，是1991年底前总和的3倍。1998年，德州市先后出台《关于进一步扩大对外开放的决定》《关于进一步鼓励外商投资的若干规定》等政策措施，成功举办中国德州经贸洽谈联谊会，当年利用外资实现恢复性增长，新批利用外资项目39个，合同利用外资5304万美元，投资领域从纺织服装、食品生产等初级产业扩大到房地产开发、电子、印染、装饰工程和服务业等行业。2005年，全市利用外资由单纯的数量增长转变为项目数量和质量均衡增长，批准利用外资项目83个，合同利用外资26673万美元，实际利用外资10025万美元，首次实现全年利用外资过亿美元。2005年，中南集团在新加坡交易所成功上市，首发募集资金2200多万美元，实现境外上市零的突破。截至目前，全市现有外商投资企业219家，实际利用外资30.8亿美元。

2008年，美国高盛投资公司携手鼎晖投资公司并购皇明太阳能集团，开创了境外世界500强企业投资德州的历史。雅培、恒天然、益海嘉里、邦基、华润、光大、韩国GS等世界500企业纷纷在德州投资兴业。2009年，益海嘉里(德州)粮油工业有限公司注册成立，投资3100万美元的一期项目已建成投产。近期又与世界500强企业韩国希杰集团达成合资协议，投资3500万美元建设预拌粉项目。2016年，由新西兰恒天然和美国雅培两个全球500强企业共同出资建设的醇源牧场项目，总投资2.9亿美元，累计到账外资9830.7万美元，是目前德州市最大的外资项目。

利用外资领域不断拓宽。2011年，德州东北商贸物流城有限公司通过商务部外商投资房地产备案手续，成为全市第一家通过该项备案手续的企业。新能源、新材料、节能环保、基础设施及服务业逐步成为全市利用外资新的增长点。2012年，世界锁具行业龙头企业瑞典亚萨合莱公司并购山东国强五金科技有限公司项目实现外资并购新突破，项目到账外资9091万美元。2014年，注册资本1000万美元的山东凯丰融资租赁公司，是全市第一家外商投资融资租赁企业。2017年，光大国际开始在齐河投资环保能源领域，华润集团开始在禹城、陵城建设风电项目。2018年，总投资4亿美元的普洛斯智能制造产业园项目和总投资2.1亿美元的光大集团垃圾发电项目在香港山东周“国际资本助推山东十强产业发展推介会”上签约。

外商投资环境不断优化。2016年10月，全市负面清单之外领域的外资企业设立及变更，均由审批改为备案。2017年11月，将外商投资备案管理权限下放至各县市区。特别是2018年7月，先后出台了《关于推进新一轮高水平对外开放的意见》《关于做好新时期积极利用外资工作的实施意见》《深化“一次办好”改革深入推进审批服务便民化优化营商环境实施方案》等政策措施，强力推进全市高水平对外开放，持续推进“一次办好”，优化营商环境，全力为企业发展提供充足的阳光雨露，打造“审批事项少、办事效率高、服务质量优”的外商投资环境。

三、对外经济技术合作蓬勃发展，对接东盟成效显著

1993 年，德州机床厂在印度尼西亚设立金熊猫机械实业公司，标志着全市境外投资的开始。1997 年，德州建筑公司获得对外承包工程权，标志着德州市企业可以自主向外承揽工程和派出劳务。2001 年，山东德棉集团在柬埔寨设立柬埔寨德棉纺织有限公司，标志着全市境外加工贸易项目的突破。2016 年 1 月，成立了德州市对外经济合作企业协会，搭建起对外合作共享平台。近年来，全市大力实施“走出去”战略，积极融入“一带一路”建设，目前已与 15 个国家驻华使馆和商协会建立直接联系，拥有地市级友好城市 4 个、友好合作关系城市 2 个、友好意向城市 4 个。截至目前，德建集团、恒源石化、通裕重工、莱钢永锋等 60 家企业走出去布局海外，全市累计设立境外投资项目 89 个，中方投资总额 8 亿美元。

（一）对外承包劳务快速发展

1993 年开始，德建集团在俄罗斯承揽房屋改造、小型别墅等施工任务，开启了德州市企业“走出去”承包工程的征程。经过多年发展，全市拥有对外承包工程资质的企业达到 3 家，对外承包工程营业额由 2002 年的 5710 万美元发展到 2017 年的 2.6 亿美元。特别是德建集团，2003 年开始涉足中东市场，2007 年逐步进入非洲市场，陆续在苏丹、安哥拉、肯尼亚等 12 个国家开展业务，推动了国际工程承包、进出口贸易等产业同步发展。2015 年，德建集团进入东欧市场，拓展了罗马尼亚、西班牙等市场，实施了商业地产开发、土地收购等投资项目。经过 10 多年的探索，德建集团拥有 16 家海外分公司，各类在建在投项目 50 多项，签约合同额近 15 亿美元。2015 年、2016 年连续两年入选“中国建筑业竞争力 200 强企业”，2017 年、2018 连续两年入选“ENR 全球最大 250 家国际承包商榜单”。

（二）对接东盟成绩斐然

近年来，德州市把对接东盟作为深度融入“一带一路”建设的切入点，确定了“对接东盟”战略，不断加强经贸合作，扩大人文交流，着力打造中国北方对接东盟重要节点城市。提出“五个一”的工作规划，与中国东盟商务协会签署了《对接东盟合作规划》，建立了“德州—东盟项目中心”，出台了《关

于加强与东盟对接合作的指导意见》，制定了《德州市对接东盟工作行动计划(2018～2020年)》。2017年、2018年连续两年市政府主要领导率团开展“百企下南洋”活动，举办系列推介对接活动，推动与东盟的经贸合作。2015年，恒源石化作为全国首家地炼企业走出去并购马来西亚第二大炼油厂后，效益大幅攀升，准备借助壳牌业务进一步开拓东南亚市场。东盟已成为德州市第二大贸易伙伴，2017年全市与东盟有贸易往来的企业354家，对东盟实现进出口41.9亿元，同比增长24.0%。

四、各类经济园区改革创新发展，新旧动能有序转换

1998年，德州经济开发区正式开始规划建设，并成为德州市第一个真正意义上的经济开发区。之后几年，各县市区比照德州经济开发区，陆续开始设立、建设经济(技术)开发区，经过大力投资、招商引资和基础设施建设，各开发区开始步入快速发展阶段，并在2006年全部获批升级为省级开发区。2012年3月，德州经济技术开发区经国务院批准晋升为国家级经济技术开发区，成为山东省第十个国家级经济技术开发区。2015年10月，德州(禹城)高新技术产业开发区经国务院批复晋升为国家级高新技术产业开发区，这也是全国第六家、山东省第一家设在县级城市的国家级高新区。目前，全市拥有1个国家级开发区、1个国家级高新区、10个省级开发区和1个省级工业园。

(一)加大政策扶持力度

2010年，德州市出台《关于创新体制机制促进全市省级开发区发展的指导意见》，解决了12个省级开发区干部配备问题。2011年，出台《关于全面提升全市省级开发区发展水平的实施意见》，这是全市第一个关于开发区发展的指导性文件，进一步理顺了体制机制，优化了发展环境。2013年，德州市将开发区年度考核上升为市级层面的省级开发区综合考评，并将考核结果作为全市科学发展综合考评单项奖进行表彰。2018年，出台《关于促进开发区改革和创新发展的实施意见》，在加快开发区产业隆起、优化土地利用、理顺管理体制、推行市场化运营机制、优化发展环境等方面推动开发区改革创新发展。

(二)提升科技创新能力

各开发区深入推进科技创新，通过招才引智加强人才支撑，建设了一批双创中心、孵化器等公共服务平台和技术研发中心、工程实验室、院士博士

工作站。德州经济技术开发区成功获批国家级“高端人才引领型创新创业特色载体”。德州经济技术开发区高创中心被评为“全省经济开发区创新创业公共服务示范平台”。德州中元科技创新创业园已建成综合服务楼、人才公寓及厂房共计30万平方米，目前已有多个项目入驻，引进大批高端人才。2018年，各开发区引进各类高端人才近百名，创建省级以上技术研发中心、工程实验室152个，院士工作站和博士后科研流动工作站30个，成为开发区新旧动能转换的加速器。

（三）培植特色优势产业

2017年，全市经济开发区“四上”企业3000余家，其中规模以上工业企业2115家。各经济开发区在优化产业结构、培植优势产业集群方面均取得了不同程度的进展，开发区产业不断向高端化、集聚化发展。德州经济技术开发区确立了新能源、装备制造、电子信息、生物医药、食品加工、现代服务业六大主导产业，正集中打造两大千亿级、三大五百亿级产业集群和现代服务业聚集区。齐河开发区高端食品加工、现代物流及高端装备制造等三大产业规模占比稳步提高。乐陵开发区的汽车零配件、体育产业，宁津开发区的电梯、家具、健身器材产业，临邑、运河开发区的石化园区等已成规模。目前，全市各经济开发区已培植百亿级产业19个、500亿级产业3个。

改革开放40年聊城的沧桑巨变*

改革开放40年来,聊城市上下在市委、市政府的坚强领导下,始终坚持改革开放的基本国策不动摇,抢抓国家和山东省扩大开放的战略机遇,不断解放思想、开拓进取、奋力拼搏,着力推动全市开放向全方位、宽领域、高层次方向拓展,努力推动聊城市对外开放西部崛起,城乡面貌发生了前所未有的历史变迁,经济社会获得了令人瞩目的发展业绩,为全市经济发展、民生改善、社会进步和各领域文明程度的提高及融入世界做出了突出贡献。40年的开放征程主要划分为五个阶段:

一、开放伊始,艰难起步(1978~1993年)

1978~1993年,这一时期是计划经济模式时期,主要体现在政府直接经营对外贸易上,利用外资迈出了初步步伐,对外经济技术合作开始起步。对外开放刚刚开始,聊城市大力宣传国家的对外开放政策,制定了对外开放的战略、步骤及优惠措施,在外经贸工作中进行了外贸企业改制等大胆有益的探索和尝试,积极参加境内外经贸活动,努力做好外经贸各项工作。

十几年的发展,外经贸工作取得了初步成效,并初具规模。截至1993年底,全市出口商品供货总值达到8.1亿元,其中供本省口岸4.2亿元,比1978年增长6倍多;出口商品品种由原来的70余个发展到近200个,生产出口商品的企业也发展到70多家,形成了以农副产品为基础,轻纺产品为主导,机电化工等产品全面发展的出口格局;出口结构不断优化,工业制成品比重提高到40%,涌现出棉纱、棉布、阿胶、鲁西黄牛、绿豆等特色产品。1987年,聊城第一家中外合资企业——临清临景针织有限公司成立。累计设立三资企业128家,合同利用外资额达到8226.7万美元,实际利用外资4303.4万美元。

* 聊城市商务局供稿。

二、焕发生机，阔步前进（1994～2002 年）

国家外经贸体制的重大改革带来了前所未有的机遇，聊城市开始全面实施开放带动战略，大胆改革，紧密结合本市具体情况，开始主动“走出去”，举办了一些境外招商活动，可以说进入了一个对外开放较为快速发展的时期。

外经贸各项工作实现了突破，成绩显著。截至 2002 年底，累计设立利用外资项目 213 个，合同外资 55069 万美元，实际利用外资 30918 万美元；其中，2002 年利用外资迈上一个大台阶，全年审批利用外资项目 42 个，合同外资 10017 万美元，实际利用外资 6004 万美元，分别比 1993 年分别增长了 1 倍和 3 倍。1996 年，全市推出出让国有企业产权兴办合资企业，并让外方控股，阳谷日晖电缆有限公司成为全省首家出让国有企业资产兴办的外商投资企业。外贸经营体制进行了重大改革，1993 年莘县外贸公司推行了股份合作制，1995 年全市外贸公司又推行了外贸企业兼并破产，既甩掉了企业的束缚和包袱，又极大地激发起职工的创业热情。1994 年，全市出现第一家获自营进出口权的外贸企业，之后，进出口自营企业队伍便如雨后春笋般蓬勃发展、日益壮大。对外贸易增势迅猛，2000 年全市进出口总额首次突破 1 亿美元大关，达到了 1.42 亿美元；2002 年实现进出口总值 1.95 亿美元，比 1994 年增长 52.7 倍，其中出口 14039 万美元，比 1994 年增长了 41.7 倍；自营进出口企业由 1994 年的 1 家增加到 2002 年的 121 家。

三、历史机遇，飞速发展（2003～2007 年）

聊城市在中国入世这一有利契机下，进入了深刻认识市情、主动迎接改革开放的大潮、促进开放型经济全面发展的新时期。全面落实科学发展观，认真贯彻落实山东省委、省政府抓好“三个亮点”的战略部署，解放思想，开拓创新，奋力拼搏，大力实施“大开放、大招商，促进大发展”战略，对外开放水平不断提高，外经贸各项工作持续快速发展，进出口贸易、利用外资，境外投资等取得了巨大的成绩，为全市经济社会事业快速发展做出了重要贡献。

（一）奋力拼搏，再上台阶

对重点国家和区域实行持续反复招商，成效显著。连续 7 年在香港、日本、韩国举办招商促进活动，极大地提高了聊城的知名度，打造了“江北水城”的品牌，解放了思想，开阔了视野，密切了人员往来，大大提高了聊城的经济国际化水平。使一批投资大、技术含量高、市场潜力大的大项目落户聊城，促进了产业优化升级和经济结构调整。

（二）全面开花，硕果累累

外经贸工作对全市经济和社会发展的拉动作用越来越明显。外贸出口为全市赚取了近20亿美元的外汇收入，全市经济外向度达到了13.7%。全市国税收入中，涉外税收占到20%，外资占固定资产投资总额的5.0%，外商投资企业从业人员达到了3万多人，外经贸业务的发展不仅解决了全市经济发展所面临的资金和市场问题，而且搭载了国内资金和市场所不具备的技术、装备、管理、市场、人才等各种重要资源，外经贸工作在全市经济和社会发展中已占有相当重要的位置。

（三）利用外资迅速增加

截至2007年底，累计设立外商投资企业287家，合同外资98777万美元，实际使用外资60066万美元。外商投资环境得到改善，外资企业运营情况良好，社会和经济效益进一步提升。

（四）对外贸易强劲增长

进入21世纪，全市对外贸易一年一个新台阶。2003年实现进出口总值3.85亿美元，2007年达到17.2亿美元，比2003年增长4.5倍，平均每年以38%的速度高速增长。

（五）国际市场日益扩大

经过积极引导、给予企业政策资金等方面的大力扶持，国际市场开拓成效显著。与全市有贸易往来的国家和地区已由1997年的39个发展到155个，增长了近4倍。出口商品种类众多，优势特色商品成为主力军。出口商品种类由1997年的23类、76种，发展到现在的60大类、659种，分别增长了2.6倍和8.7倍。通过大力发展优势产业、特色产品，全市已培育出纺织服装、机械电子、化工、农副土畜、轻工工艺等五大类重点出口产品。全市获得自营进出口权的企业由1997年的19家，增加到目前的509家，增长了26.8倍，形成了规模庞大的进出口企业队伍。外贸出口企业不断发展壮大，截至2007年底，出口额1000万美元以上的企业有21家，出口额占全市出口总值的72%。临清三和纺织集团成为全市第一家出口超亿美元的企业。

(六)对外经济技术合作迈出坚实步伐,境外投资水平不断提升

截至2007年,全市完成境外投资额5668万美元;其中茌平信发华宇氧化铝投资1000万美元在印度尼西亚建立了全市第一个境外资源开发项目;审批了投资1800万美元的境外投资大项目。对外承包工程实现了突破,聊建集团在沙特的阿布哈医院群体工程是全市第一个对外承包工程项目;中通钢构建筑股份有限公司是山东省第二家、全市第一家获得对外承包工程经营资质的钢结构建筑企业。培训外派劳务走向世界,阳谷县、东阿县被批准为山东省外派劳务基地县,共培训外派劳务2016人。

四、高速增长,历史高位(2008～2015年)

“十一五”期间,全市累计完成进出口总值115亿美元,是“十五”的6倍,年平均增长41%,其中外贸出口50.8亿美元,年平均增长24.5%;进口64.2亿美元,年平均增长62.4%。出口市场呈现多元化。2010年,出口商品销往161个国家和地区,比2005年增加32个,贝宁、美国、马来西亚、日本、印度尼西亚成为全市出口前五位的国家。新批外商投资企业80家,合同外资6.5亿美元,外商直接投资达5.1亿美元,年均增长15%。2010年,山东泉林包装有限公司境外母公司纷美包装有限公司在香港上市,实现全市境外上市突破,共向全球发售3.34亿股,融资净值8.95亿港元,其中25%募集资金2876万美元,用于投资山东泉林包装有限公司。累计批准境外企业24家,对外投资额1.85亿美元,投资涉及香港、日本、韩国、德国、瑞士、美国等11个国家和地区,在境外建立了3个铝土矿开发基地和1个棕榈树种植基地。

“十二五”期间,全市进出口累计完成282.5亿美元,对外贸易综合指标跨入全国百强市行列,经济外向度提升到16.9%,站在了新的历史起点上。一是进出口队伍不断壮大。全市获权进出口企业达到1400多家,有业务实绩的企业达到500余家。二是进出口市场不断拓展。与170多个国家和地区建立了贸易关系,设立海外营销网络30多家,带动出口占出口总额的近20%。三是进出口产品结构不断优化。进出口结构趋于平衡,由过去的7∶3发展到现在的5∶5,进口、出口比例基本持平。拥有中通客车、凤祥肉食、银河纸业、阿胶保健、时风机械、华泰化工等6家省级知名出口品牌,建成中通客车、华泰化工、临清市的面料和轴承、冠县的彩涂板镀锌板5个省级外贸出口基地,出口产品国际竞争力进一步提升,推动了对外贸易转型升级。

利用外资实现稳步发展。2011年以来,累计实际利用外资5.2亿美元。

新批和增资总投资千万美元以上大项目32个，韩国希杰生物科技、香港华润、荷兰帝斯曼、法国耐克森、瑞典阿特拉斯·科普柯（中国）投资有限公司等一批世界500强及知名企业投资落户全市。希杰（聊城）生物科技7期增资顺利完成，总投资近4亿美元，已成为该公司在全球最大的赖氨酸生产基地。"海外聊城"建设取得较大进展。累计设立境外企业91家，中方投资额6.5亿美元。开发区实现新提升。以"建设大园区"为目标，实行了县（市区）长兼任园区"一把手"制度，充分调动起开发区发展的积极性，推动开发区升级扩区。发展框架逐步拉大，全市9家省级经济开发区，累计已建成面积139平方公里。5年以来，各项指标增幅在全省名列前茅。全市经济开发区经济综合实力稳步增长，主要经济指标占全市的比例不断提高，成为县域经济发展的主阵地。

五、新常态新目标，新动能新突破（2016年至今）

聊城市委、市政府建立高层推进对外开放工作机制，加强涉外部门的团结协作，完善外经贸工作联席会议制度，抢抓"一带一路"倡议实施重大机遇，先后出台了《关于进一步扩大对外开放的指导意见》（聊发〔2016〕13号）、《关于聊城市贯彻鲁发〔2017〕25号文件推进新一轮高水平对外开放的实施意见》（聊发〔2018〕33号）、《聊城市人民政府关于新时期积极利用外资的实施意见》（聊政发〔2018〕51号）、《聊城市人民政府关于促进聊城市加工贸易创新发展的实施意见》（聊政发〔2018〕52号）、《关于印发聊城市进一步做好自由贸易试验区改革试点经验复制推广工作实施方案的通知》（聊政办字〔2018〕58号）、《关于加快全市经济开发区改革创新发展的实施意见》（聊政办发〔2018〕23号）等文件，加强调度督促，指导引导好对外开放各项工作，努力形成全方位、宽领域、高层次的全市开放新格局。

具体表现为"四个新"：一是增添了新企业。从外贸看，目前，全市进出口资质企业达1500多家，有实绩企业达641家，进出口队伍进一步壮大。从外经看，国际产能合作、境外营销网络及境外矿产资源开发等重点项目稳步推进。祥光铜业在塞浦路斯的铜矿开采项目一二期工程已投产，达到年处理矿石950万吨的能力，三期正在建设，预计到2019年可达到年处理矿石1500万吨的能力。二是培植了新业态。全市有300多家企业与阿里巴巴一达通签订协议，200多家企业通过平台实现交易，拉动全市出口作用不断扩大。三是搭建了新平台。全市外贸平台接连获批，聊城烟店轴承专业批发市场被认定为山东省内外贸结合市场；阳谷县、东阿县、东昌府区、高唐县、东阿县被认定为"国家出口农产品质量安全示范区"，冠县被认定为"山东省出口农产品质量安全示范区”;聊城市技师学院建成山东省跨境电商实训基地。四是用好了新政策。市级财政每年列支 2000 万元外贸发展扶持资金,用于引导支持企业开拓市场扩大进口。各县(市、区)、市直有关部门积极争取上级政策资金,设立县域对外开放专项资金,提供资金支持。

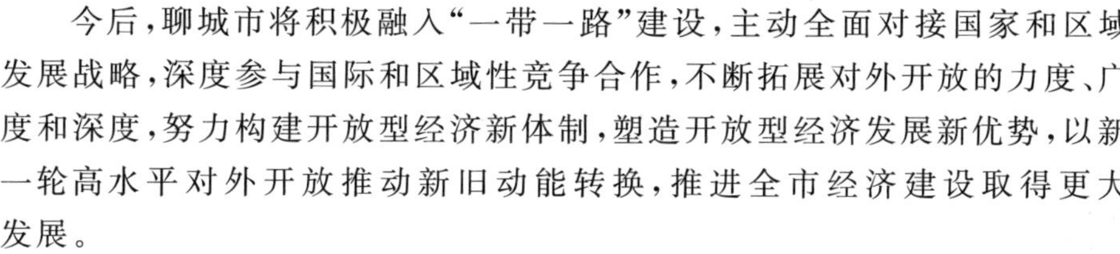

今后,聊城市将积极融入“一带一路”建设,主动全面对接国家和区域发展战略,深度参与国际和区域性竞争合作,不断拓展对外开放的力度、广度和深度,努力构建开放型经济新体制,塑造开放型经济发展新优势,以新一轮高水平对外开放推动新旧动能转换,推进全市经济建设取得更大发展。

改革开放以来滨州商务事业发展历程、成就及经验*

改革开放以来，滨州市准确把握新时期发展脉搏，不断把对外开放推向新水平，经历了从无到有、从窄到宽、从低级到高级的转变历程，取得了令人瞩目的成就。全市利用外资质量水平迅速提高，对外贸易快速稳定增长，对外交流合作取得了显著成绩，各类经济园区管理水平和经济聚集能力迅速提升，商务工作率先实现了进入全省第二方阵的赶超目标。

一、机构沿革

1978年8月，惠民地区成立地区对外贸易局，管理全区外贸工作。

1984年4月，惠民地区地委将惠民地区对外贸易局改为惠民地区对外贸易公司，实行政企合一的管理体制。

1988年4月，成立惠民地区对外经济贸易委员会，负责全区进出口贸易、招商引资、对外经济技术合作等项工作的协调指导。

1989年7月，惠民地区外贸总公司改为惠民地区外贸局，负责全区外贸出口收购工作的指导和管理，受惠民地区行政公署和山东省外贸局双重领导。

1992年2月，惠民地区对外经济贸易委员会与惠民地区对外贸易局合并，重新组建新的滨州地区对外经济贸易委员会(是年1月，原“惠民地区”更名为“滨州地区”)，列滨州地区政府序列。

2000年6月，撤销滨州地区和县级滨州市，设立地级滨州市，滨州地区对外经济贸易委员会随之更名为滨州市对外经济贸易委员会。

---

* 滨州市商务局供稿。

2002 年，滨州市对外经济贸易委员会更名为滨州市对外贸易经济合作局。

2010 年 8 月，设立滨州市商务局，为市政府工作部门。

二、改革奋斗铸就辉煌

1978 年 12 月召开的党的十一届三中全会揭开了党和国家历史的新篇章，拉开了改革开放的序幕，也使滨州走上了改革开放之路。回顾近 40 年商务改革发展历程，滨州市对外开放经过起步发展、粗放发展、转型发展、跨越发展四个阶段，经过全市上下几代人的不懈奋斗，开创了对外开放又好又快发展的新局面。

（一）起步发展阶段（1988～1990 年）

全国对外开放始于 1978 年，但滨州市对外开放起步较晚，直到 1988 年，才有第一家外商投资企业——滨加皮革有限公司落户滨州。1990 年，滨州市完成了第一笔自营出口，标志着全市企业开始进入国际市场参与国际竞争，之前以外贸出口收购工作为主。1978 年，原惠民地区成立对外贸易局，管理全区外贸工作。先后建立了山药、辣椒干、红麻、苜蓿、香菜籽、肉食兔、菜牛等副产品出口商品生产基地。

（二）粗放发展阶段（1991～1995 年）

“八五”期间，全社会对外商投资企业优惠政策认识逐步加深，滨州市成立外资企业的热情空前高涨，但利用外资水平和质量较低，短期利益行为较多。1991 年，全区第一个利用外国政府贷款项目——滨州毛纺厂利用西班牙政府贷款引进针织毛衫设备项目建成。为加快对外开放，成立了滨州进出口商品检验检疫局，地区外经贸委与地区外贸局合并组建滨州地区对外经济贸易委员会，使外经贸体制进一步理顺。1993 年，山东活塞厂、滨州柴油机厂、滨州地区进出口公司在全区率先获得自营进出口经营权，自营出口创汇 90.79 万美元，实现了零的突破，改变了单一的出口供货模式，逐步由出口供货型向自营进出口型发展。到 1995 年，全市共设立外资企业 43 家，利用外资 1.75 亿美元（老统计口径）；自营进出口 1158 万美元，出口产品以低附加值、资源型纺织品和工艺品等为主。

（三）转型发展阶段（1996～2000 年）

在这一阶段，利用外资的理念趋于理性，企业由单纯注重享受国家优惠政策向注重企业长期发展转变，利用外资质量和水平进一步提高，外贸体制改革发生重大转变，大批企业获得自营进出口经营权，加工贸易政策进一步完善，进出口高速发展。1998 年，原滨州地委、行署提出在全区实施经济国际化战略，确定了开放型经济在全区经济发展中的战略地位，促进了全区外经贸事业的发展。2000 年，全市批准外资企业 22 家，利用外资 6544 万美元（老口径），进出口实现 3.66 亿美元。截至 2000 年底，全区累计批准成立三资企业 421 家，总投资 93897 万美元，合同利用外资 48983 万美元，实际利用外资 31889 万美元，建成海外企业 10 家。

（四）跨越发展阶段（2001 年至今）

进入新世纪尤其是入世以后，随着一系列对外开放战略举措的提出和实施，在全市范围内迅速掀起了扩大对外开放的新高潮。招商引资新方式、新形式迅速铺开，利用外资质量水平大大提升，一大批新型、支柱型外资项目、世界 500 强企业相继落户滨州，三资企业投资涵盖农业、工业、第三产业，股权并购境外上市成为新亮点；外贸进出口在高水平上实现了高速增长，连续突破 10 亿、20 亿、30 亿、60 亿、80 亿美元大关；对外经济技术合作取得突破，企业“走出去”战略稳步推进；各类经济园区迅猛发展，经济聚集效应初步显现，全市外经贸发展已进入良性循环的快速发展轨道，全方位、多层次、宽领域的对外开放大格局基本形成，彻底改变了滨州经济和社会的发展面貌。

三、改革开放彰显成就

（一）对外开放的战略地位不断提高，发展环境日益优化

滨州市委、市政府始终高度重视对外开放，先后把握“两区一圈”战略、全球产业转移等历史性机遇，采取了一系列切实可行的战略措施，确定了开放型经济的战略地位，对外开放不断向更高层次推进。全市商务系统和滨州海关、滨州出入境检验检疫局等涉外部门、市政府各部门、开发区和各区县共同努力，为企业提供优质服务，改善了通关环境，提高了口岸工作效率。滨州保税物流中心作为山东省四个保税物流中心之一，于 2015 年 1 月封关运行。

（二）对外贸易实现新跨越，成为拉动全市经济的重要力量

改革开放以来，随着外贸体制改革的不断深化，外贸进出口规模和水平

不断提升，实现了持续稳定增长。进出口总额由 1997 年的 1.46 亿美元，发展到 2017 年的 673 亿元人民币，入选全国外贸百强市。对外开放发展也进一步培植起魏桥创业集团、华纺股份公司、山东亚光集团、西王集团等一批外向型骨干企业集群，在全国乃至全球的同行业中都处于举足轻重的地位。

（三）利用外资跃上新台阶，逐步构建起现代产业发展的框架

随着对外开放的深入，滨州市利用外资的规模不断扩大，对滨州经济增长的拉动作用也越来越显著。2007 年，全市实际利用外商直接投资额首次突破 2 亿美元达到 2.52 亿美元，比 5 年前增长 5 倍多。日本住友、美国江森等世界 500 强企业相继投资全市，形成了以机械设备、电子信息、化工、有色金属等为主干的先进制造业集群，外商投资企业对促进全市经济快速发展和产业优化升级发挥了重要作用。2014 年，全市第一家外商投资融资租赁公司——山东宏桥融资租赁有限公司获批设立，填补了外资领域的一项空白。2018 年1～9 月，滨州市新设外商投资企业 10 家，合同外资 4.96 亿元人民币，实际使用外资 9.19 亿元人民币，同比增长 115.97%，增幅位列全省第一，总额居全省第九。

（四）对外经济合作呈现新局面，“走出去”战略初现成效

近年来，滨州市加快了外向型经济发展步伐，在境外投资、劳务输出、对外承包工程、建立营销网络等方面进行了大胆尝试，取得了初步成效。截至目前，滨州市经商务机关核准的境外资源开发项目有 9 个，分布于美国、俄罗斯、乌兹别克斯坦等国家，初步实现了滨州市境外投资在全球各大洲的点式布局。2018 年 1～9 月，实际对外投资 7.48 亿元，排名全省第九。魏桥创业取得了几内亚 22 亿吨高品质铝矾土矿采矿权，每年将回运矿石 3000 万吨。愉悦家纺在乌克兰投资建设中国—乌克兰亚麻植物资源开发与利用国际科技产业园区。西王集团并购世界上最大的运动营养品供应商加拿大 Kerr 公司。开泰集团成功收购荷兰爱博特等 4 家欧洲公司。

（五）经济园区建设增添新活力，成为区域经济重要载体

2010 年，设立滨州高新技术开发区和北海经济开发区，批准面积 68.95 平方公里。2010 年 11 月 11 日，邹平经济开发区被国务院正式批准为国家级经济技术开发区，成为我省第一家设在县级的国家级经济技术开发区。2013 年，滨州经济开发区晋级为国家级经济技术开发区，使全市成为全省4 个拥有 2 个国家级开发区的城市之一，全市已建成 2 个国家级开发区、

7个省级开发区和1个省级高新区。一批投资规模大、质量高的项目相继建成投产，主要经济发展指标已超过全市平均增速，成为全市发展的领头羊和最具活力的“经济板块”。

四、改革开放经验回顾

回顾改革开放以来积极应对国际经济的风云变化，在加快适应国内经济转方式、调结构的过程中，对外开放和开放型经济工作克服了许多困难，也积累了许多宝贵的经验，值得认真总结。

(一)各级党委政府高度重视，坚持高层推动营造工作氛围

滨州市委、市政府对开放型经济发展高度重视，各级党委、政府将对外开放列入重点工作推动落实，主要领导亲自参加重要会议、重大活动，对重点项目亲自出面接待外商、洽谈项目。市人大、市政协也多次组织对开放型经济发展的专项检查和调研，强力督导各项指标任务落到实处，在全市营造了良好的发展开放型经济的工作氛围。

(二)建立工作责任机制，坚持加强考核形成工作导向

为充分调动各级各部门发展开放型经济的主动性和积极性，进一步强化责任意识，根据开放型经济发展的总目标，结合各级各部门工作实际，对开放型经济发展目标任务进行分解，确定工作方向和年度任务目标。发挥好绩效考核的指挥棒作用，将利用外资、进出口等指标列入全市科学发展考核指标体系，强化开放型经济考核，不断优化对外开放考核内容，加强考核结果运用。为切实加强开发区工作，每年专门制定开发区考核办法，对省级以上开发区单独进行专项考核。

(三)加大对外开放支持力度，坚持政策引导强化工作支撑

不断强化对开放型经济发展的支持措施，鼓励引导各级各部门和企业扩大对外开放，发展开放型经济，在全面落实国家和省支持开放型经济发展的政策措施的基础上，根据全市实际采取了一系列针对性措施，同时对企业开拓国际市场、投保出口信用保险等设立了专项扶持资金，对全市开放型经济发展发挥了重要的引导和支持作用。

(四)因势利导抓关键，坚持突出重点培育工作优势

充分发挥地处黄河三角洲腹地和毗邻京津冀、省会城市圈的区位优势，

大企业带动作用显著的产业优势等，紧紧抓住“两区一圈”大战略，因势利导创造性地开展工作，注重发挥优势，突出工作重点，带动全市整体开放水平提高。

一是突出外贸新业态发展。进一步加强中小微企业外贸服务平台建设，新华锦(滨州)国际贸易服务平台、滨印集团“企采通”、黄河三角洲实业有限公司等外贸平台取得快速发展，帮助引进更多中小微企业拓展外贸业务，新华锦(滨州)国际贸易服务平台已有百余家企业入驻，黄河三角洲实业有限公司率先建成过亿美元的平台，并获得省级平台认证。

二是突出境外上市。发挥全市外资并购和境外上市的现有优势，按照“培植一批、储备一批、辅导一批、上市一批”的工作思路，建立境外上市跟踪调度协调机制，重点选择20家骨干企业作为上市培育对象，进行重点加以跟踪服务推进。自2003年9月魏桥纺织股份有限公司在香港联交所主板以H股方式成功上市以来，西王糖业、宏诚控股、群星纸业、三星油脂、宏桥集团、西王特钢等企业纷纷在境外上市，全市境外上市企业累计达到9家，融资额260亿元，转化外商直接投资20多亿美元。

三是突出重点平台搭建。重视和加强商务工作平台建设，以平台推进商务发展。滨州市成为首批国家级家纺纺织外贸转型示范基地，滨城区建成加工贸易梯度转移重点承接地，博兴县建成新型建材出口示范地，阳信不锈钢餐具转型示范基地。滨城区、阳信县成为山东省出口农产品质量安全示范区。2014年，北海经济开发区列入全省12个体制机制创新试点开发区。

四是抓开放基础建设。创新铁路转关海关监管模式，开通滨州直达中亚、欧洲的国际货运班列。滨州保税物流中心于2015年1月底正式开关运营，标志着全市对外开放取得了新突破，也标志着滨州市特殊监管区建设迈上了新台阶。

沐改革开放春风　铸商务事业辉煌[①]

党的十一届三中全会以来，随着改革开放的不断深入，菏泽市长期受计划经济、独家经营体制的思想束缚被逐步打破。全市上下不断解放思想，立足当地实际，对外开放步伐明显加快，现代商品流通体系逐步形成。经过40年艰苦卓绝的奋发努力，全市商务事业的规模、质量、效益和竞争力不断增强，发展方式不断完善，成为全市经济社会快速发展的主要力量。

一、成功构建高效对外开放体系

(一)对外贸易发展步伐不断加快

在外贸体制改革之前，全市对外贸易以出口供货为主。1978年，全市出口供货渠道只有青岛口岸，出口供货值为1750万美元，以原粮、原棉为主，工业品和加工制成品不足30%。随着对外开放步伐的不断加快，外贸经营管理体制由全国统一改为各级外贸独立核算、自负盈亏。全市外贸由企业独家经营发展到多家竞争，由仅有青岛口岸供货发展到多口岸供货，由仅限区内货源发展到多渠道跨省区组织货源，由出口供货为主转为以自营出口为主。进入20世纪90年代，菏泽市重点培育和发展了八大出口优势产业，形成了从原料到加工出口一条龙的贸工农一体化出口商品生产体系。进入21世纪，特别是中国加入WTO以后，全市外贸进出口持续高速增长。自2001年起，全市进出口增幅连续3年在全省保持第一位。2006～2016年，全市外贸出口年均增幅15.3%，成为山东省唯一一个连续11年出口正增长的市。2017年，全市进出口完成399.6亿元，其中出口完成160.6亿元，下降2.2%，进口完成239亿元。有进出口实绩的企业由2001年的107家，增加

① 菏泽市商务局供稿。

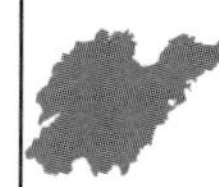

到现在的680余家。出口产品发展为五大产业十几万个品种，分别为木草柳制品及家具、干鲜果蔬及其制品、发制品、化工产品、纺织服装，范围拓展到176个国家和地区。培育国家级外贸转型升级专业性示范基地3个，省级外贸转型出口基地3个，科技兴贸出口基地1个，省级出口农产品质量安全示范区3个。3家企业获得国家燃料油进口资质，东明石化成为全国首家获得原油进口非国有贸易资质的企业。

(二)利用外资实现跨越式发展

1987年，菏泽第一家外商投资企业——菏泽陶澳食品有限公司成立。截至1992年，全市累计批准利用外资项目31个，合同外资3793万美元，实际利用外资1210万美元，来全市投资的国家和地区11个。1992年，随着邓小平同志南方讲话精神的贯彻落实，全市把利用外资作为对外开放的重点来抓，利用外资规模迅速扩大。1992年，菏泽举办了首届国际牡丹花会经济技术交易会，自此逐年举办并成为全市对外招商、宣传形象的重要平台。2007年，菏泽首家上市公司——单县尚舜化工控股有限公司在新加坡成功上市。2017年，全市新批外商投资企业15家，实际到账外资1.1亿美元，实有外商投资企业151家，美国ADM公司、台湾鸿海集团、香港华润集团、香港中信集团、香港光大集团、法国威立雅环境集团等世界500强企业相继落户全市。牡丹之都发展论坛、菏泽投资贸易洽谈会、山东香港周逐渐成为全市对外招商的最重要平台。外商投资来源地逐渐多元化，包括韩国、美国、新加坡、日本、中国香港等多个国家和地区。投资领域从以农业、畜牧业为主发展到以现代农业、高新技术等产业为主。菏泽市积极鼓励外资企业在当地设立研发中心、建立区域总部，实现引资、引技、引智的同步推进。此外，独资企业增多、开业率提高，产品在市场上的竞争能力增强。1992年以前，全市兴办的独资企业只有3家，合同外资额为365万美元；截至2017年底已发展到68家，合同外资额达352700万美元，投产企业63家，开业率为93%，明显高于合资、合作企业，并涌现出像菏泽佳美食品、韩国裕罗电器等年产值达亿元、出口创汇过千万美元的企业。在全市还有一批企业通过"嫁接"改造、开展全厂性合资合作、车间合资、整厂收购等各种形式，实现对老企业、老设备的技术改造和产品的更新换代，如成武达驰与意大利合资的变压器项目、玉皇新能源与美国合资的动力电池项目等。

(三)外经工作成绩斐然

1986年，菏泽第一家对外投资企业——郓城县在原苏联的布拉戈维申斯克设立商务代办处。1992年以来，菏泽市先后投资5000万美元，引进日本、美国等国的彩色制版等先进设备400多台(套)，其中80%以上为国际20世纪90年代先进设备，提高了全区工业的技术装备水平。农业方面优良品种的引进成效较大，全市先后从加拿大、法国等地引进牛、羊等精良品种，还从日本、美国等地引进了一大批蔬菜、瓜果和棉花优良品种，对全市农业结构的调整、科技兴农水平的提高起到了促进作用。2015年，玉皇化工美国休斯敦甲醇生产基地正式奠基。自2006年至2017年底，全市累计批准、备案境外投资企业86家，投资总额达19.8亿美元。主要投资地为中国香港、日本、韩国、英国、法国、美国、俄罗斯等近20个国家和地区，涉及医药、化工、纺织等行业。境外投资企业主要有山东玉皇化工有限公司、山东步长制药股份有限公司、菏泽珠峰木艺有限公司等。菏泽市积极融入国家"一带一路"发展倡议，加强与沿线国家的战略对接，推动优势产能向境外转移，加快了企业"走出去"步伐。同时，鼓励有条件的企业大力开发南美、非洲等新兴市场，加快境外营销网络建设，增强研发创新能力，促进产业转型升级，实现全市优势产品与国际市场的深度融合。

(四)园区建设取得良好成效

1992年，经省政府批准，菏泽经济开发区正式成立，这是全市首个省级经济开发区。2006年，经省政府批准，新增菏泽牡丹工业园区、定陶工业园区等9个省级开发区。截至2017年底，10个省级开发区经省政府批准的规划面积由45.2平方公里扩展到481.86平方公里。在产业布局上，共入驻企业14205家，其中规上企业1768家，涵盖机电制造、新能源、新材料、智能制造等产业。在功能配套上，各开发区路电水气、绿化亮化等基础设施工程都已完成，实现了"七通一平"，区内酒店、物流、金融保险等现代服务设施迅速到位。2017年，全市10家省级经济开发区公共财政预算收入、税收收入、固定资产投资等主要指标增幅分别达到11.6%、34.1%和26.1%，共培育和引进企业7056家，拥有各类创新创业平台109个，其中国家级6个、省级50个。市开发区获批首批全省经济开发区创新创业公共服务示范平台和全省第二批经济开发区体制机制创新试点单位。口岸建设发展顺利。2016年底，菏泽海关监管场站获青岛海关(省级)批准设立，填补了全市海关特别监管区的空白。2017年5月，鲁西南最大的多式联运商贸物流园区——山东济铁菏泽物流园正式投入使用。目前，山东济铁菏泽物流园和青岛保税港区菏泽功能区两个开放型经济平台建设正在有序进行，国际贸易"单一窗口"主要功能实现了100%覆盖。陆港产业新城正在前期规划中，下步将形成新的发展支撑点。海关、商检、口岸、外运集装箱站逐渐实现配套运行，菏泽已由交通闭塞的内地变为对外开放的前沿。

二、培育改造提升商贸流通体系

(一)流通主导地位进一步确定

党的十一届三中全会后，商贸流通领域经历了计划经济、“双轨制”经济、市场经济三个重要阶段，商业功能完成了从“保障供给”向“扩大内需”的根本转变，实现了由卖方市场到买方市场的历史跨越。经过40年的发展，市场需求成为生产的出发点和归宿点，市场决定生产的机制已经形成，全市地区生产总值由1978年的13.48亿元增加到2017年的2820.18亿元，二三产业成为推动全市经济发展的主要力量，商贸流通业由生产主导型转变为流通主导型。社会消费品零售总额持续快速增长。1978年，全市社零额仅为4.28亿元，到2017年上升为1650.4亿元，增长了384倍。改革开放以来，商品流通领域开始实行“调整、改革、整顿、提高”的流通体制改革，计划经济实物化分配的政府派出机构转变为政企分开、市场化、多元化的市场主体。20世纪90年代后，超市、连锁经营、专营店、商品代理、购物中心、专业市场等新型流通业态明显增加，物流业概念渐趋成型，打造苏鲁豫皖四省交界处商贸物流基地逐渐成为市委、市政府的重大战略。“千县万村”、家电下乡等各项惠民政策集中实施，城乡流通体系协同并进，拍卖、典当、二手车等特种行业迅速兴起，消费结构由衣食住行向个性消费、时尚消费、信用消费转变。2017年，全市实现商贸物流业交易额3065亿元，同比增长9.1%。全市61个过亿元专业批发市场实现交易额165.3亿元，增长3.5%；15家重点商贸流通企业实现营业额18亿元；27个重点商贸物流项目新完成投资109.9亿元，全市“一核、两轴、四区、多中心”格局基本形成。试点项目效果明显，冷链物流示范市工作新建8家，升级改造规模冷链物流企业4家，果蔬、肉类冷链流通率提高30%，冷链运输率提高45%。喜地物流园被评为国家4A级物流企业及4星级冷链物流企业，实现了全市该领域“零”的突破。

(二)电子商务发展突飞猛进

自2015年以来，菏泽市抢抓“互联网+”机遇，在只有曹县大集两个淘宝村的基础上，通过大力实施宣传发动、培训促动、平台驱动、典型带动、行政推动、配套联动“六动战略”，推动菏泽电商实现扩面增量、提质增效、品牌打造、集聚发展。菏泽电商从最初的“前店后厂”到电商产业园区，到创新创业平台，再到与三次产业深度融合，走出了一条从“试水破土”到“星火燎原”、不断裂变蝶变之路。自 2014 年以来，电商交易额一直保持 50%以上的增速。2017 年，全市电子商务交易额实现 2050 亿元，增长 70.4%。电商企业、网店新增 2 万余家。培育形成淘宝村 168 个、淘宝镇 24 个，均占全省的2/3，位居全国地级市首位。组织各类电商培训班 603 期，培训 7.6 万人次。建成电商产业园区 51 个，共入驻电商及配套服务企业 3600 余家。7 县 4 区全部成立了县级电子商务公共服务中心，在江北地区率先实现“千县万村”试点县区全覆盖，累计建成 7800 余个镇村电子商务服务站点。全市上线“为村”5161 个，认证村民 183 万人，实现了为村个数、为村认证村民数、为村关注人数、为村活跃度、为村市县总号拥有数、为村乡镇总号拥有数 6 个全国地级市第一。相继与阿里巴巴集团、腾讯集团、苏宁集团、慧聪网签署战略合作协议，全国首个“菜鸟县域智慧物流＋”项目落户菏泽，“全城达”同城快递业务实现市区全覆盖，智能投递终端建设、新零售等新型商业模式展开布局。菏泽市获批创建全国电子商务示范市，被认定为“全省电子商务示范城市”，郓城县成为 2018 年全国电子商务进农村综合示范县，曹县、郓城县、牡丹区、定陶区、单县等五县区获得“山东省电子商务示范县”称号，大集 e 裳小镇、天华电商小镇入选首批“山东省电商小镇”创建单位。2017 年 12 月，第五届中国淘宝高峰论坛在菏泽举办。2018 年 8 月，2018 腾讯“为村”大会在全市举行。电子商务的快速发展，正在深刻影响和改变着菏泽人民的生产与生活。它推动了乡村振兴，促进了返乡创业，助推了供给侧结构性改革，孕育壮大了新实体经济，改变了群众的生产生活，也极大地提高了农产品的商品化水平、加工产品的市场化水平、劳动力的价值化水平和城乡融合化水平。电子商务已成为全市七大主导产业之一。

菏泽对外开放的历史，是全市人民思想不断解放的历史，是对外开放不断扩大、成效显著的见证。菏泽已由对外开放的大后方，一跃成为对外开放的前沿阵地，不断优化的对外开放环境和丰富的资源优势，吸引着越来越多的国外客商来菏投资兴业，菏泽正在成为外商投资的热点地区。伴随着整体对外开放意识的提高，全市开放型经济和商贸流通业的发展必将迈上一个更大的台阶，为菏泽经济的快速发展做出更大贡献。

园区篇

山东开放40年 不忘初心再出发

SHAN DONG KAI FANG 40 NIAN
BU WANG CHU XIN ZAI CHU FA

从一片荒滩变成现代化文明富裕的新城区*

青岛经济技术开发区(以下简称“青岛开发区”)位于山东半岛胶州湾西海岸,东与青岛东城区隔海相望,东南濒黄海,北与胶州市接壤,是 1984 年 10 月经国务院批准设立的首批国家级经济技术开发区之一。1985 年 3 月 28 日,青岛开发区正式动工兴建,先后探索实施公司制、管委会、管委会+政府、管委会相对独立等管理模式,现为青岛西海岸新区重要功能区之一。青岛开发区是伴随着对外开放的步伐一步步成长起来的,经过 30 多年的发展建设,从一片荒滩变成了现代化文明富裕的新城区,实现了人、山、海、城有机结合,从以渔业、农业为主,转变为以工业、服务业为主,区域整体实力得到极大提升,综合发展水平连续 12 年居全国国家级开发区前五,是青岛市乃至山东省开放型经济社会高度发达的城区之一。

一、经济实力显著增强

2017 年,青岛开发区完成地区生产总值 2155 亿元,占西海岸新区比重 67%;规模工业产值 3701 亿元,占西海岸新区比重 70%;公共财政预算收入 190 亿元,占西海岸新区比重 78%;固定资产投资 991 亿元。地区生产总值约占青岛市的 1/5,工业总产值约占青岛市的 1/4,是中国最具投资潜力的十强开发区,综合发展水平评价连续 12 年居全国国家级开发区五强。建区以来,累计引进外商投资企业超过 2000 家,累计利用外资达 237 亿美元,世界 500 强企业投资项目超过 100 家,港口物流、家电电子、石油化工、汽车制造、船舶制造、海洋工程等六大优势产业集群发展势头强劲,产值占规模工业产值的 85%以上,产值过百亿元的企业 7 家,重点配套和核心技术项目达 200 余个,成为家电电子、船舶和海洋工程、软件和信息服务等 3 个国家级新

* 青岛经济技术开发区供稿。

型工业化产业示范基地和国家级船舶出口基地。诞生了青岛历史上首个千亿级工业产业集群，即青岛开发区家电电子产业集群，其规模以上工业产值超过1100亿元。青岛港货物吞吐量达到5.1亿吨，集装箱吞吐量超过1800万标准箱，稳居世界第七大港、中国第三大外贸口岸。青岛开发区逐步向东北亚国际航运中心和物流中心迈进。

二、城乡面貌日新月异

城市规模持续扩展，规划建设水平不断提高，行政中心轴线工程、唐岛湾滨海公园、金沙滩风景区、银沙滩风景区、珠山国家森林公园等成为城区靓丽名片，城区绿化率达到46%。实施道路畅通工程，着力构建外通、内畅、互联的现代交通体系，世界最长的青岛胶州湾跨海大桥、世界第三的青岛胶州湾海底隧道建成通车，从根本上破解了青岛开发区发展瓶颈。城市骨干交通工程取得历史性突破，青岛地铁1号线过海段、轨道交通R3线开工建设，道路密度146.6千米/百平方公里，城市交通状况持续改善。成功创建ISO14001环境管理体系示范区，连续14年保持体系持续有效运行，荣获"中国人居环境范例奖""中国生态（人文）宜居规划建设示范区""国家生态工业园区"，是全国首个成功创建国家可持续发展实验区的国家级开发区。

三、社会事业全面进步

随着城市规模的扩展，青岛开发区的人口规模也迅速扩展，户籍人口由1984年的1.29万人增加到2016年的34万人，是建区之初的26.3倍；流动人口从1984年的3784人增加到2017年的45万人，是建区之初的119倍。经过30多年发展，城乡一体化、多层次、立体式、全覆盖的社会保障体系日臻完善，保障水平和统筹层次不断提高。城镇职工养老保险参保率达到96.2%，城镇职工养老无忧，退休待遇连年增长。农村社会基本养老保险参保率达到98.6%，在山东省较早实现了农民由"人人有其田"到"人人有保障"的历史性转变。以大病统筹为主的农村合作医疗制度，切实缓解了农民因负担不起高额医药费出现的"因病致贫"或"因病返贫"问题。以城镇职工医疗保险、新型农村合作医疗、城镇居民医疗保险为框架，惠及城乡的多层次医疗保障体系全部建立。创造了新农合筹资标准、农村养老保险金、城乡最低生活保障、城乡一体化分类救助标准等四个全省最高的历史纪录。强化创业指导和融资服务，全面优化就业创业环境，城镇登记失业率始终保持在2%以内，荣获"国家级模范劳动关系和谐工业园区"称号。公共租赁住房、经济适用房等保障性住房大规模开发建设，出台增配社区集体经济发展用房新政策，居民长远利益得到更好保障。青岛西海岸医院（青医附院黄岛分院）正式开诊，占地面积是青医附院总部及东区分院面积的总和，拥有诊室 260 余间，手术室 21 间，设计床位 1500 张，属国内特大型医院。2017 年，城镇居民人均可支配收入达到 42150 元，农民人均纯收入达到 19192 元。人民群众老有颐养、病有良医、住有安居，促进了社会和谐稳定。

四、人才科技充满活力

各类人才的吸引力和凝聚力进一步增强。科技和专业技术人才队伍，从 1985 年的 2279 人发展到 2017 年的 28 万人，其中“两院”院士（含聘任制和项目合作院士）26 人，中央“千人计划”33 人，“百千万人才工程”国家级人选 20 人，享受国务院特殊津贴专家 76 人，泰山学者等省级优秀人才 134 人，硕士、副高及以上人才 19268 人。8 所高等院校、109 个省级以上重点实验室（工程技术中心、企业技术中心）等人才平台载体，不仅每年为开发区输送近 2 万名符合产业发展需求的专业人才，而且使高等院校科研优势得以有效发挥，有力促进了高校与社会、经济发展与产学研的融合，为构建“蓝色、高端、新兴、生态”可持续发展的产业体系注入了发展动力。全区 80％以上规模工业企业建立了专门研发机构，高新技术产业产值占规模工业总产值的 60％以上，发明专利申请总量居山东省各区市首位，是全国科技进步考核先进区、国家知识产权试点园区，为发挥科技支撑引领作用，加快推进国家海洋发展战略和山东半岛蓝色经济区建设，提供了强劲智力支持。

五、文化事业日渐繁荣

高等教育取得突破性成果。上海复旦大学、中国石油大学、山东科技大学等 10 所高校的引进培育，改善了区内人口素质结构。中小学教育走向高端。公办普通中小学 55 所，其中省规范化中、小学 18 所。青岛开发区实验初级中学、育才中学等一批名校投入使用。青岛开发区实验初级中学是全国名校和全国和谐教学法研究会重点实验基地，以国家“十二五”规划课题“问题导学”课堂教学模式的研究为抓手，以小组自主、合作、探究为主要形式，深化课堂改革，把责任教育作为学校的发展特色，实行扁平化管理，发掘了中学教育新特色。

文化实力显著增强。总面积 1.3 万余平方米的文化艺术中心，集文化馆、图书馆和文物馆于一体，拥有设施齐全、功能完善的图书借阅室、采编室、电子阅览室、多功能厅、排练厅、影视厅等 20 余个厅（室）；占地面积 500 余平方米的山东省首家区级民俗展馆，馆藏地方风土人情民俗文物

600余件，占地1000亩的金沙滩国际啤酒广场、占地150亩的市民文化广场以及马濠运河文化广场等一批特色文化广场，每年举办各类文化演出活动数百场次。成功引进青岛北大创意科技产业园等重点文化产业项目，凤凰岛影视传媒基地被列入山东“十一五”文化产业规划重点发展项目。依托山、海、岛等旅游资源优势，突出沙滩文化、海洋文化、影视文化和旅游时尚文化特色，形成了凤凰岛休闲度假游、运动观光游、珠山森林公园生态游、竹岔岛休闲垂钓游、城区观光游等精品旅游线路，拥有金沙滩旅游度假区、小珠山国家森林公园等国家AAAA级景区以及唐岛湾、马濠运河、齐长城、灵珠山菩提寺等人文景点，金沙滩风景区享有“亚洲第一滩”美誉。拥有涵碧楼、希尔顿、温德姆等20余家星级度假酒店。连续举办十六届“中国·青岛金沙滩文化旅游节”，是国家级开发区中第一个节庆文化品牌，融文化、体育、经贸、论坛等活动于一体，成为集中体现开发区文化品位、开放意识和建设成就的文化盛会。每两年一届的中国电影表演艺术学会奖（金凤凰奖）颁奖活动永久落户青岛开发区，成功举办东亚海洋合作平台黄岛论坛、中国经济50人论坛、国际纳米科技大会等一系列国家级赛事节会，有力提升了开发区的知名度和美誉度，促进了文化事业和文化产业的大发展。

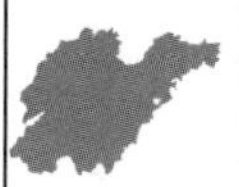

奋楫扬帆挺立东方潮　继往开来建功新时代*

开发区是改革开放的伟大创举，是40年伟大成就的最佳注脚。烟台开发区作为1984年首批国家级开发区，得开放风气之先而砥砺奋进、勇毅前行，乘改革汹涌大潮而中流击水、扬帆致远。从初创期的艰苦创业到20世纪90年代初的决战大开发，从金融危机中的逆势增长到十八大以来的新跨越，从人口不足5千到突破50万、从财政收入不足百万到超过300亿、从生产总值不足千万到跨越1400亿，在烟台市1/38的土地上，创造了全市1/5的生产总值、1/4的工业主营业务收入、1/3的实际使用外资、1/2的外贸进出口，以一个地级市的开发区跻身全国一流园区，崛起为烟台市现代化经济中心。一代代开发区人在挥洒创业激情中唱响了改革开放的时代最强音，谱写出荒滩起新城的壮美篇章。

一、开放是贯穿开发区发展的鲜明底色，34年的接力奋斗，闯出了一条开放引领的兴区之路，实现了由引进外资窗口向区域开放龙头的历史跨越

（一）立足中国对外开放最前沿，烟台开发区抓住机遇、不负重托

乘借首批14个沿海开放城市的东风，烟台开发区有幸搭上了“头班车”，开启了“边建设边招商”的创业历程。1985年4月26日，烟台亚东标准件公司破土动工，仅用7个月就建成投产，成为全区第一个，也是全国14个沿海开放城市开发区中第一个建成投产的合资企业。从此以后，“抢第一、创唯一”成为开发区开放发展的主旋律：第一个世界500强项目汉高乐泰1987年签约，通用东岳、富士康、浪潮LG、大宇等战略性大项目接连落户，汽车和电

* 烟台经济技术开发区供稿。

子信息产业迅速成长为两大主导产业，“引进一个龙头，培育一个产业”的发展路径日益明晰，从根本上奠定了全区当前的产业基础和发展格局。

（二）投身改革开放的大潮，烟台开发区始终坚持内外兼修、“引进来”与“走出去”并重

把优化环境作为发展基础和竞争优势，积极打造国际仿真的投资环境，先后荣获“中国工业园区环境管理示范区”“全国循环经济试点园区”“国家新型工业化示范基地”“联合国绿色工业园区”等称号。不断强化全员招商、以商招商，全区累计引进外资项目2100多个，其中世界500强投资项目80个。累计完成合同外资126亿美元，实际使用外资78亿美元。通过大力吸引外资，不断拓展外向型经济，富士康、浪潮乐金、乐金显示分列全省外贸进出口第一、三、四位，6家企业跻身全市进出口十强，进出口总额占到全省近1/10。积极鼓励区内企业走出去发展，建成中俄托木斯克木材工贸合作区、中匈宝思德经贸合作区两个国家级境外合作园区，已累计投资39.6亿美元，引进入园企业34家，为当地提供就业岗位5000多个，成为烟台抢滩“一带一路”的桥头堡。

（三）推动新一轮高水平开放，烟台开发区有信心继续走在前列、崛起对外开放新高地

抢抓新旧动能转换、中韩产业园等重大机遇，结合新一轮体制机制改革，深度整合专业招商职能，拓展网络社会招商资源，加快构建市场化专业化“大招商”体系，汇聚高质量发展新动能。围绕放大产业优势、开放优势，加快实施先进制造业卓越集群计划，聚焦消费电子、汽车、化工新材料等十大产业集群，建立多部门联动、多资源协同、多领域互动、多体系支撑的专业化服务促进机制；一个卓越产业集群，对应一个产业投资促进中心，制定一个专项规划，建立一个专家智库，匹配一支投资基金，持续推动建链、补链、强链、延链，形成高层次人才项目加速聚集、卓越产业集群强势崛起的大生态。

二、创新是引领高质量发展的第一动力，34年的接力奋斗，闯出了一条创新驱动的强区之路，实现了由技术引进地向创新策源地的历史跨越

（一）创新是开发区的灵魂，也是提升核心竞争力的必由之路

1988年，烟台开发区提出“以实业为基础、以科技为导向”，重点引进科技水平较高的项目，烟台氨纶成为我国第一个氨纶丝生产厂家和替代进口

型企业。1992年,创办留学生创业园,成为日后众多科技型企业的"摇篮"。十八大以来,把科技创新摆到更加突出的战略位置,深入推进创新型开发区建设,着力构建"企业+平台+人才"的创新支撑体系。全区高新技术企业达到158家,国家科技型中小企业195家,均占烟台市1/4;10家企业入选2018年山东省中小企业隐形冠军企业名单,占全市1/3;规模以上高新技术产业产值占规模以上工业总产值的2/3。

(二)持续优化创新环境,构建政产学研资介协同的创新生态体系

坚持围绕产业链打造创新链,围绕创新链提升价值链,先后三轮制定完善加快创新型开发区建设的意见,出台社会化引才等扶持意见,打造成熟完善的创新政策体系。大力支持企业与高校院所、高层次人才深度合作,累计引进千人计划58人、泰山学者44人,全区95%以上的重点科技企业建立产学研联合体,区内企业与清华大学、同济大学等138家高校院所合作,建立省级以上科创平台、研发中心、重点实验室198个,与16位院士、200多位高层次专家建立稳定合作关系,设立企业院士工作站10个。加强载体平台建设,加快推进10多平方公里的烟台八角湾国际人才港,大力引进与开发区产业契合度高、与开发区企业有合作的高校院所和科研机构,努力建成与制造业基础高度融合的国际化人才集聚洼地、创新开放高地和新旧动能转换先导基地。放大5家国家级水产原良种场的聚集效应,启动建设烟台八角湾蓝色种业硅谷,建设以海洋高端人才、科研院所、创新资源聚集为支撑,以海洋科技、文化、科普、旅游为特色的海洋科技创新基地,努力打造经略海洋的烟台亮点,创出在全国有影响力的特色品牌,加快构建以创新为主要引领和支撑的发展新模式。

三、改革是融入开发区血脉的精神特质,34年的接力奋斗,闯出了一条敢为人先的变革之路,实现了由改革开放试验田向体制创新示范区的历史跨越

改革是开发区与生俱来的天然基因,也是开发区再造优势的必然选择。建区之初,开发区大胆改革行政管理机制,确立了"小政府、大社会"的管理模式,机构设置少而精,人员编制仅为省定指标的一半。之后历经1987年、1992年、2001年等多次体制机制改革,始终保持了精简高效的管理体制机制。2018年以来,按照烟台市委、市政府统一部署,深入落实全省开发区发展专题会议精神,进一步聚焦发展中的痛点、堵点、难点,重点围绕行政管理、"双招双引"、国资国企等七大领域改革,结合机构改革和职能调整,加快

实施深化大部制、全员聘任制、绩效薪酬等19项具体改革措施。目前大部制整合全面完成，工委管委内设机构压减1/3。探索推行全员聘用、绩效薪酬改革，2019年1月全面实施。深化"放管服""一次办好"改革，行政审批服务局11月份在烟台率先挂牌运行，实现"一枚印章管审批"，加快构建更加高效、更富活力、更具竞争力的体制机制。成功获批"资本项目收入结汇支付便利化"全国唯一非自贸区试点、国家级开发区唯一试点，着力打造全国有影响力的金融创新示范区、金融改革试验区。

四、品质是实现城市现代化的首要追求，34年的接力奋斗，打造出一座靓丽文明的魅力之城，实现了由传统的工业园区向现代化滨海新城的历史跨越

(一)坚持高起点规划

习近平总书记指出，规划科学是最大的效益，规划失误是最大的浪费，规划折腾是最大的忌讳。1984年，在各地规划设计尚处于当地规划部门垄断的阶段，烟台开发区在国内率先实行市场化规划招标，选定天津大学开展第一套总体规划设计，确立了"面向山东、面向全国、面向世界""建设国际一流城市"的目标。之后，聘请中国城市规划设计研究院进行了3次总体规划修编，始终坚持高起点、高标准。最近几年，又聘请国际国内一流设计团队，突出"国际视野、世界标准、国内领先、烟台特色"，完成城市绿地水系、金沙滩中央广场等一系列专项规划修编，建立起高端现代、科学规范、指导长远的城市规划体系。

(二)坚持高标准建设

以规划引领城市建设发展全领域、全过程，建成中信、天马、正海等一批综合体，落户喜来登、希尔顿、万豪、乐天、威斯汀等国际品牌五星级酒店，高标准打造了金沙滩公园、福莱山市民文化公园等城市生态景观，城市品质和功能形象实现质的跃升。牢固树立以人民为中心的发展理念，引进万科等知名开发商参与棚户区改造和安置房建设，累计整体或部分搬迁村庄107个，拆除房屋3.2万处，开工建设安置小区40个，交付住宅4.7万套。2018年以来，紧盯建设烟台市现代化经济中心的战略定位，统筹抓好东区城市更新、西部新港城建设、乡村振兴战略三条主线，高标准提升东部建成区、打造西部新中心，高水平打造五个镇街驻地特色城市组团，全力配合推进烟台机场二期、烟台港西港区、环渤海潍烟高铁以及城市轨道交通等重大基础

设施工程，加快建设城市品质示范区。

（三）坚持高水平管理

大力归并行政执法职能，将城市管理、文化旅游、国土资源、城市规划等8个领域700多个事项的行政处罚权及相关行政强制权纳入综合执法范围，建立综合执法局指挥调度、执法大队巡察执法、街道社区属地联动、行政审批局集中审批、业务主管局职能监管"五位一体"的综合行政执法体系，强化全领域监管、全覆盖执法，真正实现"一支队伍管执法"，为城市品质的提升提供了根本保障。

抚今追昔，意在登高望远；知往鉴今，志在开创未来。承继几代人的接续奋斗，烟台开发区正以崭新的面貌屹立于黄海之滨、八角湾畔，涌动着重整行装再出发的澎湃激情和磅礴动能。特别在改革开放40周年的历史节点，2018年6月13日习近平总书记亲临烟台开发区视察指导，全区上下深感振奋、备受鼓舞。烟台开发区将深入贯彻习近平总书记系列重要讲话精神，坚决打破思想上的条条框框，持续深化改革开放，强化创新引领，加快新旧动能转换，推动开放型经济水平大提升，奋力在新一轮高水平开放高质量发展中再创辉煌！

对外开放桥头堡　产城融合示范区
幸福威海新城区*

威海经济技术开发区是1992年10月经国务院批准设立的国家级开发区，建区以来，坚持以经济建设为中心，以解放思想为先导，以改革开放为动力，以富民强区为己任，经济社会各项事业持续健康快速发展。特别是近年来，牢固树立和贯彻新发展理念，主动适应经济发展新常态，以新旧动能转换重大工程为统领，抢抓东部滨海新城建设、中韩自贸区建设和国家服务贸易创新发展试点三大机遇，全力推动转型升级，创新突破，加快打造国家产城融合示范区、服务贸易创新发展引领区、中韩地方经济合作开放试验区、特色优势产业聚集区和现代化和谐幸福新城区。2018年，全区累计实现生产总值257亿元，同比增长6.9%；一般公共预算收入27.5亿元，增长3.5%；固定资产投资增长9.7%；社会消费品零售总额增长10.1%；城镇和农村居民人均可支配收入分别增长7.5%和7.7%；实际利用外资1.54亿美元，占全市的14%；外贸进出口312亿元，占全市的22%；成为威海市改革开放的桥头堡和产业崛起的新城区。

一、改革开放主要成就

（一）综合实力显著增强，成为全市经济发展的重要引擎

全区生产总值、工业总产值、固定资产投资、社会消费品零售总额、进出口总额、公共财政预算收入等主要经济指标年均增速超过20%。全区累计实现国民生产总值2485亿元，财政总收入438亿元，工业总产值4793亿元，固定资产投资1740亿元，社会消费品零售总额1117亿元，多项经济指标走

* 威海经济技术开发区供稿。

在全市前列，高质量发展态势正在加速形成。

(二)开放水平快速提升，成为全市对外开放的重要窗口

全面深入实施开放活区和借韩兴区战略，累计引进 40 多个国家和地区外商投资项目 1104 个，实际利用外资 26.34 亿美元。其中，投资过千万美元项目 59 个，过亿美元项目 6 个，日本软银等 11 个世界 500 强项目入驻区内。先后引进韩资项目 746 个，实际利用韩资 12.7 亿美元，占全区利用外资总额的 48.2%，成为韩国人在威海投资、经商、居住最集中的区域。聚集比利时贝卡尔特、博优化纤、英国豪顿华工程、法国液化空气、美国科尔法泵业等欧美项目 93 个，实际利用资金 3.4 亿美元，占全区利用外资总额的 12.9%，成为欧美企业在威投资最集中、质量最好的区域。与 178 个国家和地区保持贸易往来，累计实现进出口总额 549 亿美元，年均增长 36.4%，成为全市对外贸易体量最大、前景最好的区域。

(三)产业体系日臻完善，成为全市特色优势产业聚集区

按照“产业高端化、集群化、特色化”的发展思路，培植壮大特色优势产业集群和龙头骨干企业，初步形成船舶制造、高端装备、电子信息、生物医药、轻纺服装等工业主导产业和现代商贸、物流、商务运营、城郊休闲旅游、韩国商品交易等现代服务业。全区规模以上工业企业达到 136 个，其中销售收入过亿元企业 41 个，纳税过亿元企业 7 个，上市、新三板及区域股权交易市场挂牌企业 24 个。全区限额以上批发零售住宿餐饮企业及重点服务业企业 164 个，已汇聚总投资 230 亿元、总建筑面积 320 多万平方米的高端服务业大项目 50 多个，三次产业比重由建区前的 23.18∶56.95∶19.87 优化为 3.28∶48.75∶47.97，成为全市重要的高端制造业基地和现代服务业聚集区。

(四)城市建设快速推进，成为全域城市化发展的新中心

按照“东部突破、西部提升、产城融合、一体发展”的思路，统筹推进东部滨海新城建设和西部城区提档升级，打造全市城市新中心。威海国际新港、火车站、汽车站和城际铁路威海总站相继落户区内，实施了大面积道路整修、城中河治理以及城际铁路沿线环境整治、九龙湾岸线修复整治、老旧生活区综合整治等一系列环境升级改造工程，城市基础配套设施实现“十通一平”，公共服务设施全面覆盖，城市集中供热和污水处理率、城乡生活垃圾处理无害化率均达到 100%，绿化覆盖率达到 49.2%。截至 2017 年底，全区户

籍人口城镇化率达到63.34%，常住人口城镇化率达到71.59%，成为威海市综合交通枢纽和宜居宜业示范区。

(五)民生事业一体化发展，成为幸福威海建设的示范区

牢牢把握以人民为中心的发展思想，持续加大社会事业投入，集中力量做好普惠性、基础性、兜底性民生工程，全面落实医疗、养老、救助等各项民生政策，不断提升群众幸福感、获得感和满意度。累计投入民生资金51亿元，新建扩建中小学校14所、幼儿园34所，被评为“国家义务教育发展均衡区”；新建改造村居卫生服务机构87处、医院4所，打造城市步行15分钟、农村1.5公里卫生服务圈；建设乡镇敬老院3所、基层托老服务机构40处，建成覆盖城乡的养老、医疗、救助等社会保障体系；完成27个城中村拆迁改造任务，建设各类保障性住房2882套，改造农村危旧房屋838户；认真落实就业创业扶持及支农惠农政策，鼓励发展特色种养业、村办加工业和社区服务业，城镇登记失业率控制在1.2%以内，农村居民人均纯收入达到1.6万元，是建区初期10倍，群众物质生活和保障水平显著改善。

二、改革开放主要经验

(一)始终把解放思想作为发展的前提保障

解放思想，从来是社会巨大变革和进步的先导，没有思想的解放，就没有改革开放，也不会有社会的发展进步。26年的生动实践反复证明，威海经济技术开发区的每一次重大突破、每一个重要进步，都是勇于解放思想、敢于改革突破的结果。思想的大解放、观念的大转变，始终是全区经济社会大发展的先导，始终是推动全区改革发展的力量源泉。解放思想，就是要不断进行探索与创新，敢想、敢试、敢干，才能不断开辟出新的发展境界。威海经济技术开发区发展的每一个关键节点，都是去寻找新的办法，不断创新体制机制的结果。只有站在全局和时代的高度，不断增强继续解放思想的自觉性和坚定性，大胆地闯、大胆地试，才能蹚出新路子、找出新办法。解放思想，关键在人，关键在领导干部，26年来，正是由于经济开发区一班人不断提升境界、提升能力，坚持解放思想不动摇，才使得经济开发区发展不断迈向新高度。

(二)始终把扩大开放作为发展的活力源泉

大开放，大发展；小开放，小发展；不开放，难发展。历史无数次证明，一个国家、一个地区要想发展得更好更快，必须不断深化改革扩大开放。改革

开放打破了束缚生产力发展的体制机制，极大地解放了社会生产力，威海经济技术开发区的巨变，从根本上来说是靠改革开放。威海经济技术开发区始终坚定不移地提高开放型经济水平，坚定不移地引进外资和外来技术，坚定不移地完善对外开放体制机制，以扩大开放促进深化改革，以深化改革促进扩大开放，为经济发展注入新动力、增添新活力、拓展新空间。

（三）始终把产业兴区作为发展的重要支撑

产业是发展的基础，是提升发展水平的重要途径，“做大、做优、做强”是开发区 26 年来产业发展的目标，通过不断转变发展方式，积极扶持企业加强技术升级改造和产品更新换代，促进去产能、去库存、去杠杆、降成本、补短板，使改革更加精准对接发展所需、全力推动产业结构、产品结构优化升级。通过园区带动、项目拉动、创新驱动互促共进等一系列改革措施和政策扶持，逐步培植八大优势产业集群和龙头骨干企业。进入新世纪，经济开发区不断整合发展物流、设计、外包等生产性服务业，高起点规划建设威海市现代商贸中心、城郊休闲度假旅游中心、现代物流集散中心、现代商务运营中心、韩国人来威创业消费居住文化中心等现代服务业“五大中心”。

（四）始终把改善民生作为发展的根本出发点和落脚点

发展为要，民生为本。民心顺则民力聚，民心聚则和谐生。实践证明，只有始终关注民生、不断改善民生，才能赢得人民群众的拥护和支持，才能凝聚起推动发展的强大合力。26 年来，威海经济技术开发区始终坚持改善民生为第一追求，大力拓宽增收渠道，大力促进充分就业，大力推动全民创业，努力增加城乡居民收入；不断完善基本公共服务体系，加强制度建设，增强公平性、透明度、可持续性，坚持广覆盖、保基本、多层次、可持续的原则，构建现代教育体系，完善医疗卫生体系，健全养老服务体系，不断提升公共服务水平；深入开展社会主义核心价值观体系建设，不断提升全民人文素质和城市文明程度，加快重点文体设施建设，推进重点文化产业园区和产业基地建设，推动文化繁荣发展，使改革发展的成果更多更好的惠及广大人民群众。

威海经济技术开发区 26 年取得的成就，见证了改革开放跨越式发展的辉煌历程。展望明天，经济开发区将继续立足区位优势，充分把握国家重大战略机遇，坚定实施对外开放战略，进一步提高经济规模和质量效益，不断提升公共服务共建能力和共享水平，一个经济繁荣、社会文明、科教发达、设施完善、环境优美的经济开发区将屹立于威海之滨。

威海临港经济技术开发区：不忘初心，守正创新*

威海临港经济技术开发区起步于2005年初，2006年3月成立省级开发区，2008年4月成立威海工业新区，2013年11月20日经国务院批准升级为国家级经济技术开发区。建区以来，临港经济开发区在威海市委、市政府的正确领导下，充分利用“开发区”这一改革开放的“试验区”和“先行区”，解放思想，大胆创新，特别是升级以来，牢固树立“产城互动、三生共融”的核心理念，一手抓产业化发展，一手抓城市化建设，在主动融入和服务全域城市化、市域一体化大局中，加快由单一的工业园区向功能完善的产业新城转型，国民经济和社会事业持续健康快速发展，已成为全市最为活跃的经济增长极和最新的城市拓展区，先后被评为“中国最佳综合实力开发区”“中国十大最具投资价值工业区”。

一、威海临港经济技术开发区对外开放发展历程

（一）第一阶段，从2005年初至2008年4月，为威海市工业园时期

为加快工业园发展，威海市相继出台了《威海市人民政府关于促进工业园区加快发展的意见》（威政发〔2005〕82号）、《威海市工业园鼓励投资暂行办法》（威政发〔2006〕75号）等一系列文件，进一步对威海市工业园管理体制和企业进区、投资等问题提出改革意见。威海市工业园确立了“吸引大项目、培植大企业、集聚大产业”的思路，严把产业政策、环境保护、投资规模、投资强度四道准入门槛，优先选择先进制造业项目、具有自主创新能力的项目、市区骨干企业膨胀和国际产业转移项目，重点发展电子信息、机电工具、医药食品、机械设

* 威海临港经济技术开发区供稿。

备、橡胶化工、金属材料项目。这一阶段，威海市工业园紧紧抓住“项目建设”这个“牛鼻子”，截至2008年，威海市工业园已引进过亿元大项目100余个，总投资430多亿元，累计到位资金110多亿元。特别是2006年，工业园根据招商引资面临的新形势，抢抓台资转移的重大机遇，果断转移主攻方向，在紧盯韩国、日本不放的同时，集中更大精力突破台资。2006年6月，省台办批准同意在威海市工业园内设立“山东省（威海）台湾工业园”，这是省内唯一由省政府批准、地级市政府直接投资开发的台湾工业园。台湾园规划建设面积5平方公里，重点发展机械制造、精密机件、电子制品、日用制品、新型材料等制造业项目。到2007年年末，该园区共引进台资企业13家。

（二）第二阶段，从2008年4月至2013年11月，为威海工业新区时期

在改革开放30周年之际，2008年4月威海市委、市政府做出重大战略决策，决定“举全市之力”打造新兴经济发展板块和新型城市化建设承载区，将市中心向南部扩展。4月21日，中共威海第十三届委员会第二十七次常委会议同意将山东威海工业园更名为威海工业新区。在对外开放工作上，威海工业新区管委牢固树立择商选资和招大引强理念，全力以赴寻找、引进高端高质产业大项目，坚持“对内对外一起抓”的招商思路，以建设完善产业链、产业群为目标，以科技水平高、市场前景好、带动作用强的项目为切入点，走出了一条高端化、高质化、高新化的招商引资之路。在科学分析国内外经济形势的基础上，对照新区产业定位，做出了“外资主攻新港台、巩固韩国、突破日本、开拓欧美，内资主攻江浙、扩大京津沪、突破内蒙东北”的招商策略，并创新推行小兵团、点对点、短平快的招商模式，在北京、上海、杭州等地设立了6个驻点办事处，提高招商的针对性和成功率。2011年，针对新的经济环境和国际形势，制定了招商工作“五要”战略，拓展招商领域、创新招商方式、突出区域特色和产业基础、改革考核方式。2011年5月，工业新区在赴香港参加“2011（香港）山东周”系列活动期间，一举签下涉及医疗设备制造、科研中心、商贸、旅游、教育等不同类别的7个大项目。2011年6月底，总投资2亿美元的日本豪雅光电科技项目落户新区，这也是威海市引进的投资规模最大的日资工业项目。2012年、2013年，豪雅光电先后增资3330万美元、5040万美元，成为高质化招商之路的典型代表。2012年，新区继续坚持把招商引资作为第一要务，全力以赴地抓大项目、好项目，不断增强经济发展的后劲。全年组织招商活动30多次，引进了一批优质项目。其中，投资7500万美元开泰高档体育用品项目的引进，标志着工业新区对美招商成功破题，在经济形势较为严峻的情况下，实现了招商引资的新突破。

(三)第三阶段，从2013年末至今，为威海临港经济技术开发区时期

这一时期是临港区从单一工业园区向现代化产业新城升级跨越的全新时期。2013年11月20日，经国务院批准，省级威海工业新区升级为国家级经济技术开发区，定名为威海临港经济技术开发区。期间，坚持开放活区、差异布局，全力构建新开放格局。积极应对国际形势变幻，坚定不移将招商引资方向明确在深耕日韩、突破欧美、突出对德上，掀起新一轮解放思想、深化改革、扩大开放热潮，把对外开放的过程转换为二产提质增效、三产上档升级的过程，让开发区真正成为引领开放的第一梯队、国际贸易的集散基地、产能合作的重要载体。

1.继续深耕日韩

2014年，中韩签署FTA协定，威海成为地方经济合作示范区，临港区抢抓机遇，出台《关于推进中韩自贸区地方经济合作示范区建设的实施方案》，进一步突出全市中心节点的区位优势、产能合作的产业优势、商贸业态的集聚优势，以物流促贸易，以贸易促产业，以产业促开放，取得一系列实质性成果。原有的优质日韩企业纷纷增资扩产，日本豪雅光电科技是豪雅核心光学新材料技术首次离开本土落户海外的项目，自2013年开始，连续增资扩产，加速由毛坯到半成品到成品的链条延伸，打造全球最大光学玻璃生产基地；韩国优精特是由韩国优技因特株式会社2016年收购原来的大砂数控重新组建，拥有国际先进和国内领先的专有技术，通过增资扩产、完成二期建设，产能、产值增长超一倍，永柏微电机，生产销售的手机震动器占三星手机微型振动器供货份额的1/3，2017年将研发基地由韩国搬至我区；日本国光电工，研发和生产直流和交流小型精密电动机用碳刷及刷架组成套件等产品，市场占有率全球第二，2018年已启动二期建设，产能、产值将翻番。同时，开发区着眼新兴业态培育，重点打造威海创新经济产业园、颐高之信国际电商产业园等新兴业态综合体。2018年8月，全国首家韩日商品一级批发市场正式启动，已入驻商户30余家。

2.强力突破欧美

开泰体育用品项目是全市首个美资项目，2014年实现当年开工、当年投产；2017年，增资2900万美元，实现主营业务收入3亿多元，纳税接近3000万元；2018年，继续增资扩张、改造升级，借力北京冬奥会、启动中国市场，打造全球最大的滑雪板和雪橇制造基地。2018年8月，全市首个丹麦项目株丕特巴赫成功落户我区，从签约、开工到建成用时不到一年，实现了当年建设、当年投产。

3. 重点突出对德

2017 年 9 月 19 日，全市首个德国独资工业项目马夸特在临港区开工建设，该项目由全球汽车微动开关领域领导企业、欧洲最大的电动开关专业制造商——德国马夸特投资建设，主要研发生产电子开关系统及电动工具、家电行业控制开关系统，专门为奔驰、宝马等世界著名品牌配套服务。全部达产后年产值可实现 23 亿元。该项目是一个典型的以亩均论英雄的德国工业 4.0 项目，亩均投入约 700 万元，亩均产值超 3000 万元，而且每平方米车间造价超 7000 元。2018 年 10 月，成功获批创建中欧(威海)中小企业合作区，首个意大利项目食品内壁涂料生产基地成功签约；与德国西门子达成共建智能制造协同创新中心协议，力促威力工具与德国威汉项目强强合作，共同建设国际高标准的专业抗高压电绝缘工具生产线，目前已进行试生产。拓展纤维与中德轨道交通技术联合研发中心、青岛四方联合打造地铁系统轻量化产品的样品研发以及产业化基地建设。

二、临港区对外开放取得的成就

建区以来，临港区坚持开放活区、差异布局，抢抓全市中韩自贸、服务贸易、跨境电商三大国家级试点机遇，实现了从起步之初承接市区重点企业“退二进三”为主向全方位对外开放的转变。

(一)优质外资项目加速聚集

累计引进投资过亿元或千万美元大项目 120 多个，吸引了德国马夸特、威汉、雷姆，美国开泰体育用品，丹麦株丕特巴赫，日本豪雅光电科技、国光电工，韩国永柏微电机、优精特等一批外资项目聚集，实际利用外资由 5628 万美元增长至 7.56 亿元。

(二)外贸进出口快速增长

2013～2018 年，累计完成外贸进出口 367.06 亿元。2018 年，前 25 家骨干外贸企业完成进出口 53.92 亿元，同比增长 39.15%。外贸企业共计 198 家，较 2009 年增长 110%。威海国际物流园积极开展外贸进口代理业务，2018 年完成进口 8.07 亿元，同比增长 1201.6%。进出口总值 65.09 亿元，其中出口总值 39.23 亿元。

(三)外贸新业态快速发展

2017 年 6 月，威海口岸国际海运快件监管系统在威海国际物流园正式启用，全年累计操作海运快件进口 36.36 万单，跨境电商出口 249 万单。2018 年，跨境电商进出口清单 484.16 万单，货值达 2.77 亿美元，同比增长 45.8%。海运快件进口达 211.84 万单，货值达 2.52 亿元人民币。中韩跨境贸易电子商务产业园和威海国际物流园发展有限公司韩国平泽海外仓被认定为山东省跨境电商产业聚集区和山东省跨境电商公共海外仓。

不忘初心，守正创新。今天的威海临港经济技术开发区，对外开放已经站上一个新的起点，千帆竞发，不进则退，我们将发扬勇争一流、敢想敢干的精神，全面开启新的奋斗征程。

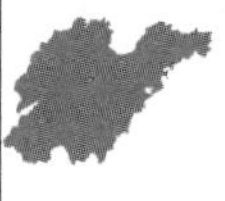

关键节点乘势突破　砥砺前行谱写华章*

明水外向型工业加工区成立于1992年。在济南章丘，这个规划面积14.5平方公里、起步区仅为1平方公里的加工区，正在悄然绘制着自己的黄金时代。

雏形——乘着改革的春风

1992年，邓小平南方讲话发布，中国改革进入了新的阶段。党的十四大宣布新时期最鲜明的特点是改革开放，党的历史上第一次明确提出了建立社会主义市场经济体制的目标模式。在全国掀起改革开放热潮的影响下，1992年12月12日，章丘成立了明水外向型工业加工区。按照“龙头企业+产业链+产业集群+产业基地”的发展方向，经济得到了较好发展。

2002年2月，《山东省人民政府关于部分经济开发区更名的通知》发布，明水外向型工业加工区更名为明水经济开发区。在此期间，为了适应开发区的发展需要，接受省会济南的辐射，加速与济南的零距离对接，明水经济开发区实行“组团式”发展的管理模式，规划了“一区四组团”:“一区”是指明水经济开发区项目区。主要发展高附加值、无污染、用水量小，配套型大项目。“十一五”期间，空间布满后，项目向圣井传统产业组团转移。“四组团”之一是高等职业教育基地组团，重点引办省内外高等职业教育院校，目的是构建一个新的人才知识集聚区，为章丘经济社会持续快速发展提供强有力的人才和智力支撑。之二是圣井高新产业组团，重点搞好与济南高新技术开发区的对接，培植和发展高新技术产业，建设章丘的高新技术产业高地。之三是圣井传统产业组团，主要发展传统产业、配套加工产业，培植章丘特色产业。之四是龙枣组团，基本构思是依托建设中的章丘大电厂，发展与之

---

* 明水经济技术开发区供稿。

相关的产业。四个组团作为四个功能分区，统一纳入山东明水经济开发区管理，既独立又联合，既分工又协作，构建起开发区发展的大框架。

成长——开放中汇聚动能

2003年以来，明水经济开发区迎来了跨越式发展的新时期。2004年，就怎样建设开发区，建设什么样的开发区进行了积极探索，提出了“主导产业集聚区、生态建设示范区、体制创新先行区、对接济南新城区”的发展定位，在注重产业集聚、提升经济效益的同时，更加注重环境保护和体制创新，并将新城区建设提上工作日程。

2005年，开发区开始由“引资”向“选资”转变，可口可乐、安莉芳、银鹭、宝钢等知名品牌陆续落户开发区，极大地提高了开发区的品牌效应和章丘的对外影响力。进一步走向理性和成熟，逐步形成了交通装备、机械制造、精细化工、食品饮料四大主导产业。一是交通装备产业。以中国重汽、中集车辆为龙头，带动了500余家配套企业发展，其中重汽集团是国内主要的重型载重汽车生产基地，在章丘设有9家生产单位。二是机械制造产业。章丘是铁匠之乡、中国铸造之乡，机械制造产业具有良好的基础，汇集了山东章鼓、济南一机床、三一重工、美国特雷克斯、丰汇集团等一批骨干企业。其中山东章鼓是济南市第一家上市本土公司，其罗茨鼓风机产品在全国市场占有40%以上的份额。三是精细化工产业。有圣泉集团、明水化工等重点企业。其中圣泉集团是国家级高新技术企业和农业产业化国家重点龙头企业，上市之初是新三板盈利能力最强的民营企业，成功研发生物质石墨烯，广泛应用于化纤、纺织、服装等领域，实现了石墨烯产业化的重大突破。四是食品饮料产业。拥有可口可乐、娃哈哈、银鹭等众多知名品牌，带动了大华制罐、福贞包装等众多配套企业发展，形成了相互补充、配套协作的食品饮料产业集群。

2006年，国土资源部发布文件规定山东明水经济开发区的四至范围：东至西外环路，南至济王路，西至明埠路，北至胶济铁路，总面积5.17平方公里。章丘市委、市政府围绕增强开发区辐射带动功能和承载能力，布局谋划并确立了“提升核心区域，辐射产业园区，带动区域经济”的战略构想，逐步形成了明水经济开发区项目区、城东工业园、赭山工业园、化工产业园、空港产业园“一区四园”的发展格局。截至2011年，明水经济开发区在山东省137家省级开发区综合实力排名位列第四，在济南市8家省级开发区中综合实力排名第一位；是国家火炬计划重型汽车特色产业基地、国家火炬计划有机高分子材料基地、国家级新型工业化产业示范基地、山东省科学发展示范园区、山东省知识产权园区，已经成为最具开发价值和发展潜力的投资地区之一。

腾飞——谱转型发展新篇

2012年10月13日，经国务院批准开发区升级为国家级经济技术开发区。济政字〔2018〕56号文规定，明水经济技术开发区实际管辖范围为154.13平方公里。在改革开放40周年的今天，开发区经济实力显著增强、产业结构日益优化、开放水平不断提升、体制机制更加完善，顺利通过了质量(ISO9001)管理体系认证，是国家级新型工业化产业示范基地、国家级先进机械制造业特色产业基地、国家级重型汽车特色产业基地、国家级有机高分子材料基地和山东省循环经济示范园区。在交通装备、机械制造、精细化工、食品饮料四大主导产业的基础上，形成了三大片区：西部产城融合示范区，面积101.8平方公里，着重发展总部型、科创型、研发型、大数据、物流、高端装备、生物医药等产业，实现产业融合发展，打造产城融合示范区；东部高端智能制造标杆区，面积36.59平方公里，主要定位高端智能制造发展，招大引强选优，扎起东部发展的框架；北部新材料产业聚集区，面积15.74平方公里，主要依托现有化工企业，开展强链补链招商，延伸产业发展链条，做大做强新材料产业，形成了“1＋N”的现代产业发展新体系，“1”代表高端装备制造业这一核心产业，“N”代表生物医药、新材料、信息技术等成长性产业。

项目建设撑起了发展的大梁。增存并举，坚持增量为重。始终将招商引资作为经济工作的生命线，在上海、深圳等重点招商区域，选派2名工作人员专职招商，进一步加强了一线招商力量。在招商方式上，坚持传统招商与市场化、社会化、专业化招商相结合，不断拓宽信息渠道，广泛搜集项目信息。在产业招商方面，坚持传统产业“补链强链”和新兴产业培育两条腿走路，重点在汽车制造、高端装备、生物医药、智能制造、食品饮料、电子商务、新材料等产业上下功夫。近两年，累计合同投资220亿元，主要包括投资100亿元的深圳宝能集团宝能城项目、投资30亿元的哈工大机器人(山东)智能装备研究院及产业园、投资16亿元的泰和医药、投资12亿元的永信生物质纤维等一批优质项目。突出存量提升。坚持把项目建设作为开发区发展的支柱。2018年，确定了27个项目重点进行推进，计划总投资403亿元，预计可实现销售收入1428亿元，税收54亿元。其中，中建八局绿色建筑产业园、济南杭萧钢构一期、伊莱特直径16米环形锻件、中国重汽发动机等7个项目已经投产，为经济发展进一步积蓄了力量。

特色园区拉开了大发展的框架。积极履行经济发展主战场的职责，按照“产城融合、产业集聚”的要求和“同步规划、分期实施、强力推进”的工作原则，积极推进济南高层次人才创新创业示范基地、济东智造新城、中小企业转型发展示范园、凤凰山工业园、刁镇中小企业创业创新园5个特色园区建设，总建筑面积86.8万平方米，标准化厂房面积58万平方米，为企业实现“退二进三”和“腾笼换鸟”提供发展舞台。同时，为积极推进投融资平台、科技孵化平台、创新创业平台建设，成立了山东明水国开实业开发有限公司，进行资本运营和项目运作。山东明水国开实业开发有限公司成立于2016年，注册资本2亿元，是一家以明水经济技术开发区为依托的，集土地开发、市政工程建设、股权投资、基金、金融、经济信息服务于一体的国有独资企业。

1992～2018年，在改革开放的历史大潮中，明水开发区绘制着属于它自己的黄金时代，面对日益复杂的经济形势，开发区将坚持以打造“章丘产业新城”为目标，发挥勇于创新，不甘落后的精神，抓住开发区体制机制改革的机遇，为改革开放注入新动能，激发新活力。

改革开放引领高质量发展 打造高端智慧生态新区*

改革开放以来，尤其是近五年来，在上级商务部门的正确指导下，胶州经济技术开发区以改革创新为引领，通过五年的砥砺奋进实现了高质量发展。2018年全年，实现地区生产总值764.8亿元，同比增长11.1%；实现出口总额46.3亿美元，同比增长14.7%；实现进口总额12.7亿美元，同比增长12.6%；实际使用外资7.5亿美元，同比增长16.6%；完成税收收入69.4亿元，同比增长12.8%，公共财政预算收入67.5亿元，同比增长13.6%。今天的胶州经济技术开发区，已从昔日的盐碱荒滩蝶变为企业林立的智慧城，成功跻身中国最具外资吸引力开发区50强，一个高端智慧生态新区加速崛起。

一、发展成果

(一)高质量招引，打造产业之区

充分放大自身海关多式联运、4F级国际门户机场、传化公路港、前湾港等"四港联动"的海陆空立体式区位优势，鼓励招商干部发扬"走千山万水、访千商万企、道千言万语、吃千辛万苦"的"四千四万"精神，瞄准优质外资、世界500强、民营企业100强中的高端、智慧、新兴产业，主动"走出去"，开展产业链招商、精准招商、"一业一策"招商，引进重点项目150个，总投资1750亿元，培育形成七大新平台经济体：依托香港万信、东软载波等项目带动打造智能制造新平台经济体，依托中集全球冷链中心打造智慧冷链新平台经济体，依托少海汇打造智能家居新平台经济体，依托德国汉普森、蔚蓝生物等项目带动打造医疗生物新平台经济体，依托传化公路港、香港招商局宝湾

---

* 胶州经济技术开发区供稿。

物流等项目带动打造供应链物流新平台经济体，依托京东亚洲一号青岛产业园、俄罗斯纳吉日达等项目带动打造互联网电商新平台经济体，依托清华物流研究院、机械科学研究总院青岛分院等项目带动打造科创新平台经济体。

（二）高标准规划，实现产城融合

始终把“宜居宜业”作为开发区发展的优先选择，突出规划引领，聘请国内外知名规划设计院，编制完成开发区产业、城市发展规划等，构建起一个中等规模的城市发展框架，让每一位在开发区工作、生活的市民共享经济社会发展成果。一是基础配套日趋完善。按照“九通一平”的标准，形成了以“九横五纵”为主的交通路网，同时建设智慧城市系统，打造科学、有序的交通系统。实施集体供热与分布式新能源供热相结合，解决区内学校、企业、住宅供热问题。加大绿化力度，完成“三边绿化”，在青岛市率先建成环湾绿道慢行系统。开通6条城市公交和微公交，确保市民出行“零障碍”。二是城市功能更加完善。在教育方面，实现青岛中加学校、交大附中规模招生，推动青岛大学胶州校区顺利奠基、完成青岛大学附属幼儿园、小学、初中方案设计，加速形成从幼儿园到研究生的完备教育体系。医疗方面，启用北部区域医疗服务中心，推动青岛大学附属医院与教学区同步建设。在商业方面，开工建设利群商业综合体、泰邦达酒店、恒泰酒店等。在休闲方面，建设了美丽的如意湖，落户了四季全景旅游的华红湾度假项目，城市配套水平不断提升。

（三）高水平引智，建设科技强区

坚持把引智、引技、引才放在招商的优先位置，进一步完善“六院双基地多中心”创新体系：“六院”即清华大学物流研究院、中科院人工智能研究院、清华同方海工装备研究院、西安交大青岛研究院、中国机械科学研究总院青岛分院、山东理工大学青岛研究院及研究生院；“双基地”即清华—北卡“双创”基地、中机高端制造创新联盟双创基地；“多中心”即鼓励少海汇、特锐德、京东等企业建设申报国家级研究中心。目前，西交大青岛研究院智能焊接技术工程研究中心被认定为山东省工程研究中心，实现胶州省级工程研究中心零的突破，学院现已与澳柯玛、德固特、达能环保、青力环保等35家企业达成技术研究项目100余个。中国机械科学研究总院青岛分院云平台和中国智能制造创新战略联盟、高效焊接实验室、工业机器人精密研发中心均已建立起来，并与青岛三星精锻、山东智衡弹簧等30家企业达成技术合作意向。依托清华大学、中机研究院雄厚科研力量，设立创客研发中心，已集聚启航弹射、柯能生物、惠能软控等50余家创客团队。中标院与少海汇的深度合作，建设国家NQI(国家质量基础)综合示范基地，为企业产品质量提升和品牌创建提供支撑。特锐德开工建设研究院，申报中压、高压和大容量3个国家级实验室，打造全球最大箱变研发生产基地。

二、经验启示

胶州经济技术开发区自觉践行新发展理念，把它作为实现经济高质量发展的“指挥棒”贯穿到工作全过程，真正做到崇尚创新、注重协调、倡导绿色、厚植开放、推进共享。

(一)实现高质量发展必须让创新成为第一动力

党的十九大报告明确指出，创新是引领发展的第一动力，是建设现代化经济体系的战略支撑。开发区在实践中积极贯彻创新理念，突出表现在以“思想之新观念”开启“工作之新气象”。在招商理念上，从单纯追求项目数量规模转变为追求质量效益，引进了大批高质量项目。特别是奉行引智、引技、引才优先原则和充分发挥企业创新主体地位的做法，不仅引进了一批高校科研院所，还充分调动起各种创新资源、创新要素，形成创新合力。开发区的创新经验关键在于树立崇尚创新的发展观，思想观念的“新”能带来工作中的创新举措、创新实践、创新发展。

(二)实现高质量发展必须让协调成为内在特点

“一花独放不是春，百花齐放春满园。”开发区在经济发展中非常重视项目之间、产业内部的协调发展，明确产业链招商、“一业一策”招商的思路和要求，竭力避免同质化竞争，培育起七大新平台经济体主导特色产业，并实现了各新平台经济体的集群式发展。比如，依托东方铁塔项目，通过认真分析电力产业链上下游产品，把青岛电力设备上市俱乐部成员作为招商主攻方向，引进了东软载波、特锐德、德国贝克曼沃玛等企业，打造一条完整的电力设备产业链。立足交通区位优势，引进传化、宝湾等物流企业，打造现代物流产业链，大幅降低园区装备制造企业物流成本。这种不同产业、不同项目之间的资源共享、优势互补、抱团发展，促使园区形成了一个完整的生态系统，增强了经济发展的稳定性、市场竞争力和抗风险能力。

(三)实现高质量发展必须让绿色成为普遍形态

绿色是永续发展的必要条件和人民对美好生活追求的重要体现。在经济发展的道路上,我国走过资源型、粗放型的路子,这种片面唯GDP追求高速发展的模式给生态环境造成了巨大破坏。开发区在发展中坚持生态优先,严把项目入口关,通过大力开展增绿、节能、防护三大工程,实现了经济发展与生态建设的和谐共进,营造了天蓝地绿水清的良好生态环境,走出了一条以经济带动生态、以生态促进经济的可持续发展之路。新时代绿色发展的本质就是要高度认知"绿水青山"与"金山银山"的辩证统一,牢固树立"绿水青山就是金山银山"的思想,坚决贯彻党的十九大关于生态文明的论断精神,加大生态环境保护、着力解决突出环境问题,大力推进绿色发展,提供更多优质生态产品满足人民日益增长的优美生态环境需要。

(四)实现高质量发展必须让开放成为必由之路

开放带来进步,封闭导致落后。党的十九大报告明确提出,推动形成全面开放新格局。开发区作为改革开放的排头兵,以世界眼光、国际标准谋划工作。在城市规划上,主动借鉴30年国家级开发区发展得失,科学提出"产城融合"的发展路径;在产业招商上,瞄准优质外资、世界500强、民营企业100强中的高端、智慧、新兴产业发力,夯实高质量发展的产业基石;在对外联络上,依托青岛欧亚经贸合作产业园这一国字号平台,深入融入"一带一路"发展倡议,以更加开放的姿态嵌入全球价值链、创新链。实践证明,开放是顺应经济发展形势的必然选择,也是实现高质量发展的战略举措和有效途径。新时代,必须把开放作为推动发展和转型强大引擎,积极"引进来"、加快"走出去",努力在更大范围、更广领域和更高层次上参与国际竞争与合作。

(五)实现高质量发展必须让共享成为根本目的

发展为了人民,发展依靠人民,发展成果由人民共享。开发区一手抓经济,一手抓民生,不断完善教育、医疗、休闲、商业等城市功能,让每一位来开发区的工作生活的市民都能享受到城市优质的公共资源。开发区在配套公共基础设施、加大教育投入、提升交通便利性等方面下大功夫,多谋民生之利、多解民生之忧,在发展中补齐民生短板,在学有所教、病有所医、老有所养、住有所居上不断取得新进展。

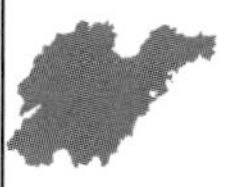

潍坊市开发区改革开放40年发展成就*

一、开发区概况及发展历程

潍坊市共有16个省级以上开发区，其中国家级开发区3个，分别为潍坊高新技术产业开发区、潍坊滨海经济技术开发区、潍坊综合保税区。省级经济开发区12个，分别为潍坊经济开发区、峡山生态经济发展区、奎文经济开发区、潍城经济开发区、安丘经济开发区、昌乐经济开发区、昌邑经济开发区、高密经济开发区、诸城经济开发区、寿光经济开发区、青州经济开发区、临朐经济开发区和坊子高新技术产业园。

(一)拓展成长阶段(1992～1999年)

开发区大部分成立于1992～1995年(奎文开发区和综合保税区除外)，与当时全国开发区大规模扩张环境相一致。通过近30年的发展，15个省级以上开发区实际授权管辖面积为1993.1平方公里，居全省第一位，占全省12715.5平方公里的15.7%(见表1)。

表1

开发区名称	成立时间	管辖面积(平方公里)	开发面积(平方公里)	审核公告面积(平方公里)
滨海区	1995.08	677	312	5
综合保税区	2003.12	20	1.92	5.17
高新区	1992.11	110	—	8.6
经济开发区	1994.05	106	21.6	5.1

* 潍坊市商务局开发区科供稿。

续表

开发区名称	成立时间	管辖面积（平方公里）	开发面积（平方公里）	审核公告面积（平方公里）
奎文开发区	2002.11	25.7	12.37	4.8
潍城开发区	1993.10	43	21	3.8
寒亭开发区	1994.05	83	22	4
青州开发区	1992.12	70.2	27.8	2.3
诸城开发区	1992.12	56	30	1.5
寿光开发区	1992.12	433	160	6.6
安丘开发区	1992.12	67.5	35	4
昌邑开发区	1992.12	89.7	74.7	0.7
高密开发区	1992.12	90	36	6.06
临朐开发区	1992.12	90	21.7	2.97
昌乐开发区	1992.06	32	16	10
合　计	—	1993.1	759.39	62

潍坊开发区实行的管理体制主要有两种模式：一种是政区合一型管理体制，另一种是准政府的管委会体制。两者均设开发区党工委和管委会，实行党政合一。根据各开发区发展规模、所在区域特点、审批时间等因素，全市大部分开发区党工委、管委会作为同级党委、政府的派出机构均为行政机构，实行合署办公体制，按照有关规定赋予辖区内行使市级或县级经济和社会管理权限，直接对市委、市政府或县（市、区）委、政府负责。目前，开发区已经成为扩大对外开放的重要平台，承接国内外产业转移的主要载体，促进区域经济发展的重要增长极。

（二）调整发展阶段（2000～2007年）

这一阶段有以下几个特点：

（1）强化布局结构

在着力营造对外开放新格局上下功夫。按照区域分工，有重点、有差别地引进外资，把自然优势转化为开放优势，尽快形成产业特色明显、经济结构合理、整体优势突出、综合竞争力强的开放型经济新格局。

(2)强化招商创新

在着力提高招商市场化水平上下功夫。一是创新体制,形成了立体化的招商网络。二是创新机制,形成自我激励、自逼自进的考核分配体系。三是创新重大招商活动的组织,切实提高招商成效。

(3)强化联动结合

在着力提高对外开放发展水平上下功夫。抓好"五个结合":一是将提高利用外资规模和提升经济结构有机结合,二是将扩大外商投资领域与形成现代服务业先发优势有机结合,三是将利用外资的重点与形成新的城市产业布局有机结合,四是将推动外经贸发展与增强企业核心竞争力有机结合,五是将推动对外开放与推进市场化国际化进程有机结合,实现开放型经济跨越式发展。

(4)强化开发抓载体

在聚集发展后劲上下功夫。把载体建设作为发展开放型经济的重点,注重培育和壮大一批有效载体,提高开放型经济发展水平。一是做大做强园区载体,二是培育壮大企业载体,三是注重提升产业载体。

(三)快速发展阶段(2008年至今)

1.开发区这一时期主要有以下几个发展特点:

(1)突出集约发展,优化产业结构

突出项目建设。牢固树立抓项目就是抓发展的理念,按照升级优势存量与做大优质增量并重的思路,坚持抓大不放小,将符合上档升级、优化结构、税收贡献大等要求的项目,全部纳入项目库。对重点项目实行专人包靠,督促企业倒排工期,加快建设,突出企业技改,鼓励企业实施工艺提升、节能减排、"两化"融合等技术改造,加快技术创新步伐。突出招商引资。实施全民招商,明确年度任务,将招商任务细化到部门、到个人。突出存量招商,对闲置厂房、土地进行二次招商,破解土地瓶颈制约,加快对接青岛、济南,积极对台招商。

(2)突出高效服务,创优发展环境

强化包靠服务。实行"三靠六包"工作法,落实社区主体责任、进行实名包靠,加强与企业联系沟通,努力做摸排企业困难的"调研员",传达上级政策的"宣讲员",督促企业依法纳税、安全生产的"引导员",不断拓宽服务广度和深度。推动企业进军资本市场。通过送培训、送政策、送服务等措施,扎实推进企业规范化改制、上市挂牌等工作。提升点对点帮扶质量。对重点项目、重点企业、困难企业安排专人靠上,帮助企业做好项目立项、用地和引进战略投资等工作，搞好项目跟踪服务。强化系统再造，优化审批环节，提高办事效率。进一步优化部门组合，推行清单制度，编制完成了权力、责任、收费、服务“四张清单”。对城管、环卫及市政等领域实行集中办公，联合执法，优化企业发展外部环境。

(3)突出动力转换，强化创新驱动

创新平台建设，夯实产业基础。引导企业加快特色创新平台建设，强化自主创新能力。创新发展模式，培育新的增长点。引导企业加快技术升级和产品结构调整，把重点转向产品研发、技术创新、品牌打造等关键环节，促进产业向“微笑曲线”两端延伸。利用“互联网＋”模式，打造集中国际、国内优势资源的云市场。培植创新型企业，实现内涵式增长。鼓励具有规模优势、具备发展潜质的骨干企业，加大研发投入，加强科研攻关，提高原始创新、集成创新和消化吸收再创新能力。同时，组织企业加强同高等院校、科研院所建立合作机制，实行产学研联合，推进要素共享，借智发展。

(4)突出民生保障，坚持统筹发展

大力推进棚户区建设。充分利用国家棚户区改造扶持政策，加强招商推介，积极推动片区开发。扎实推进精准扶贫工作。制订精准扶贫工作方案，采取产业扶贫、社会保障等脱贫措施，拓宽扶贫渠道。实行集中攻坚，确保按期完成任务。提升为民服务能力。扎实开展党的群众路线教育实践活动和“两学一做”学习教育，通过集中学习、参加培训等方式，不断提高全体党员干部为民服务水平。进一步完善基础设施建设。成立社区基层班子考核工作小组，通过走访、座谈等形式，摸清社区运行、干部履职等情况，有针对性地提出整改、转化、提高方案，提升基层干部整体素质，切实发挥好基层班子战斗堡垒作用。

2.发展情况与趋势

2008年以来，全市开发区把拓展和完善功能作为开发区升级的重要内容，增强开发区综合服务功能，提升现代物流、研发设计、金融服务、科技服务、生活公共配套服务，促进开发区与所在区域相互补充、融合发展，使开发区成为带动各城市功能发展，城市空间优化、城市经济发展和城市产业结构调整的重要引擎。形成经济发展和生态环境保护协同发展的可持续发展格局，这就要严格项目准入制度，完善节能减排等硬性约束机制，鼓励发展循环经济和产业生态化改造，尤其是潍坊的化工产业改造尤为迫切，加快发展低碳经济，鼓励新能源、节能环保等产业的发展。

(1)“头部”——潍坊沿海海洋经济新区，形成“一核两翼”大沿海格局

根据《潍坊蓝色经济区发展规划》《潍坊市城市总体规划》，以国家级滨

海经济技术开发区为核心，以寿光滨海经济开发区和昌邑滨海经济开发区为联动区，构建“一核两翼”发展格局，建设基础设施完善，产业配套合理，人居环境优良的现代化海洋经济新区。

潍坊沿海海洋经济新区是潍坊市“蓝黄”经济前沿阵地，位于渤海莱州湾南畔，处于“三区”重叠区，东邻青烟威城市群，北靠京津冀都市圈和环渤海经济圈，是山东半岛蓝色经济区和黄河三角洲高效生态经济区重要的交汇区域，区内有潍坊市中心港、机场，北部德龙烟铁路、荣乌高速穿境而过，具有贯通东西、连接海陆、面向环渤海的区位战略优势。

范围包括潍坊滨海经济技术开发区、寿光滨海经济技术开发区、昌邑滨海经济技术开发区，其中潍坊滨海经济技术开发区是核心区，面积 677 平方公里，海岸线 57 公里，海域面积 510 平方公里，下辖大家洼、央子两个街道。

寿光、昌邑经济开发区为联动区，其中寿光滨海经济开发区区域规划面积 883 平方公里，海岸线长 30 公里，海域面积 200 平方公里，下辖羊口、营里两个镇和侯镇荣乌高速以北区域。昌邑滨海经济开发区区域规划面积 532 平方公里，海岸线长 53 公里，海域面积 664 平方公里，下辖下营、柳疃、龙池三个镇。

为积极融入环渤海地区，建设潍坊蓝色经济高端区，整合后的潍坊沿海海洋经济新区应大力发展新能源、海洋装备制造及临港物流产业。

(2)“躯体”——资源整合、优化升级，引领全市高端产业

打造成中心城区经济开发引领区，包括高新区、保税区、峡山生态发展区及潍坊、潍城、奎文、寒亭、昌乐经济开发区，昌邑、寿光南部开发区域，形成半小时经济圈，总面积 3000～4000 平方公里。

做大做强高新技术和综合保税两大园区，积极培育峡山国家级生态示范区；潍坊经济开发区重点扩大空间、增大规模，利用本身优势积极申报国家级经济技术开发区；发展空间较小不适宜工业项目发展的开发区，应逐步调整为以现代物流、总部经济为主体的现代服务业园区；优化昌邑、寿光南部、昌乐开发区现有产业结构。

潍坊市主城区整体形成以三个国家级开发区为主、辐射带动多个特色产业园区发展的空间格局。

(3)“东翼”——对接青岛，优化临空临港产业

诸城、高密开发区共同组成东翼，其中诸城开发区面积为 56 平方公里，以青兰高速建成为机遇，大力发展汽车及零部件、纺织服装等临港产业，同时注重产业研发中心的建设；高密开发区面积 90 平方公里，借助青岛机场搬迁的机遇，加强与胶州的互动，产业逐渐由传统纺织服装、机械制造向高端

制造业等临空产业调整，注重产业链的完善。

青岛加快开发董家港港口，诸城毗邻青岛港口，诸城成为青岛港向腹地辐射的第一站。目前，诸城产业以汽车零部件、纺织服装、食品加工为主，外向度较高，产业基础较好，因此港运成为其主要外运方式，诸城应抓住机遇大力发展临港产业，同时注重产业研发中心的建设。

青岛新机场落户在胶州，距高密开发区仅15分钟的车程，新一轮的《青岛市城市总体规划》也将胶州全部纳入城市总体规划范围，胶州的战略意义进一步凸显，西岸综合发展带沿胶济线联通青岛、潍坊，高密成为"青潍"一体化的门户地区，因此高密应加强与胶州的互动，产业逐渐由传统纺织服装、机械制造向临空产业调整，注重产业链的完善。

(4)"西翼"——内生驱动，提升优势产业

青州、临朐开发区共同组成西翼，其中青州开发区面积70.2平方公里，以临港产业为主进一步拓展与港口之间的互动，发展空间应以内部转型提升、挖潜改造为主；临朐开发区面积90平方公里，尽管工业铝型材发展较好但耗能较大，应强化现代农业为主体的发展优势。

青州开发区位于城区北部，北邻济青高速公路，南靠309国道，胶济铁路、西外环、益羊青铁路穿境而过，并直达潍坊中心港与青岛港，目前临港机械制造集群优势明显，青州应在巩固传统优势基础上以临港产业为主进一步拓展与港口之间的互动。发展空间应以内部转型提升、挖潜改造为主，大力发展海洋装备制造和电子信息产业。

临朐经济开发区与城区融为一体，工业发展空间受限，鉴于传统农业优势明显，应大力发展农产品深加工、文化创意旅游产业。

(5)"尾翼"——资源带动，培育低碳特色产业

安丘为"尾部"，该区域在水资源保障上有非常重要的战略价值，直接影响中心城区和北面滨海的发展，其中安丘向北、向东进一步扩展，注重低碳环保产业的发展，打造宜居宜游的现代化新区。

二、成就部分

1992年以来，潍坊市委、市政府高度重视开发区工作，把开发区作为发展的主阵地和转型的主要载体。从1992年开始，开发区每年经济以50%以上的速度增长，成为地区发展的火车头、全市发展的主动力，综合实力跃居全省前列。

(一)主要指标稳步增长,成为推动经济发展的主动力

近几年,是全市开发区发展速度最快、质量效益最好的时期。从经济增速看,2014～2016年,16个省级以上开发区完成的固定资产投资、一般公共预算收入、实际到账外资、外贸进出口年均增速分别达到18%、14.8%、19.1%和11.9%,高于全市平均水平3.5个、4.1个、6.3个和3.7个百分点。2017年,一般公共预算收入、实际利用外资和进出口额分别完成439.7亿元、72.19亿元和1301.5亿元,同比分别增长7.5%、18.9%和17.9%。这些开发区以全市不到16%的土地面积,贡献了超过70%的经济总量。从全省位次看,根据省商务厅对近三年来全省经济开发区的考评结果,全市纳入考评的10个省级经济开发区位次逐年前移,目前都已排在全省131个同类开发区的前90名,其中有5家进入前30名,超过烟台的3家、威海的3家;滨海区在全省15个国家级经济开发区中,已连续两年保持在第四位次。

(二)机制创新步伐加快,打造了助推转型发展的新模式

组织到广东、江苏、浙江等省和济南、青岛、日照等市的开发区寻标对标学习,起草了《关于深化开发区体制机制创新改革的方案》。各开发区主动学习外地先进经验,在行政审批改革、投融资机制、企业化运营等方面推出了一些创新举措。到目前,16个开发区已组建开发运营公司29家,2018年以市场化手段新建成项目25个。青州开发区、寿光开发区在简政放权、联合执法和PPP项目运作模式等方面走在前列,被山东省商务厅批准为体制机制创新试点单位;青州开发区、高密开发区体制机制创新、加快转型发展的做法得到山东省商务厅的肯定,全省开发区现场会予以推广。滨海区将原先48个部门单位整合压缩为19个"大部门",并率先启动了全员聘任制改革,推动由"铁工资"向"活薪酬"转变;高新区推行"一表制"审批,对装备制造园等特色园区实行市场化运作,提高了行政服务水平和招商资源配置效率;综合保税区推广自贸试验区政策成果13项,数量居济南关区第一位,被济南海关确定为改革试点区和先行区。

(三)产业集群集聚发展,培育了一批特色化的产业园

各开发区把主导产业强链补链作为重中之重,坚持"外"字当头、"特"字为本,围绕龙头企业抓配套,培育和发展了一批特色产业园区。其中,高新区歌尔国际化社区、昌邑开发区亚洲最大的牛肉加工生产园区、高密开发区豪迈产业园等都在加快建设,潍城开发区鲁东物流园和节能环保产业园两

大特色园区新引进项目共20余个；凤凰山高新技术产业园建成雷沃重工配套产业园、山东地理测绘信息产业园并规划打造智能装备产业园，临朐开发区建设了铝模板产业园、文化雕塑产业园、中欧节能门窗产业园；滨海区中韩“华尚产业园”已吸引11个项目入驻，综合保税区中韩产业园已有2个项目落地，奎文开发区滨海中韩产业园新引进3个带动能力强的项目；潍坊经济开发区“中欧—活力城市联盟”特色产业园开始筹建，峡山区阿联酋中国（峡山）现代农业示范园开始建设，昌乐开发区中德产业合作园区也在加快推进。

(四)营商环境更加优化，形成了宜居宜业的新高地

各开发区落实全市规划，在着力发展主导产业的同时，更加注重构建以生产性、生活性和创新性服务功能为核心的现代城市功能体系，促进了城市功能与产业功能的融合。16个开发区新建成“四全一特”国际化社区31处，部分开发区在主要街道设立了双语标识，在网上建设了多语种门户网站。高新区等开发区建设了国际学校、涉外医院，并在现有学校、医院开设了外国人就学就医便利通道；滨海区在坚持“无费区”“三制三零三全”的基础上，变“串联”为“并联”，变“齐全”为“容缺”，变“审批”为“服务”，审批效率提高30%；潍坊经济开发区19个部门、138项审批服务事项实现“一窗受理、各局通办”，安丘开发区深化社会事务、信用信息监管、联合审批“三改革”，促进了信息共享和服务效能提升。

三、经验启示

(一)制定长期发展规划，大力优化产业经济结构

开发区设立之初即确立了建设发展的长期规划，即注重基础设施建设，逐渐完善各项配套设施；随着发展，逐渐确立起主导产业发展规划，引导现有企业和社会资本向主导产业整合。

(二)集中优势资源从“企业集中”向“产业集群”转变

开发区原先靠优惠的政策落户，企业之间缺乏横向交流。随着改革开放的逐步深入，开发区的政策在其他园区同样具备起来，比较优势不复存在，企业向政策更优惠的地区流动的预期收益降低，从而显现出很强的植根性，与本地企业联系的倾向增加，将自己的生产、研究研发都置身于和周围企业的联系当中，从而进一步加剧企业间的竞争与合作，更大范围地产生前

向、后向联系，结成创新网络，使得企业获得新的竞争优势，从而增强产业的集聚效应，而要形成集群，政府适度介入，构建一定的产业服务平台则显得更为重要，便于相关企业孵化壮大，或共享共同实验室，以降低研发成本，共享行业信息以降低信息成本，促进企业创新发展，反过来产业的集聚又可以进一步促进本产业的创新发展。

（三）加快发展促开发区"产城分离"向"产城融合"演变

开发区原先与城区都有一个明确的轮廓，有些开发区甚至呈现"飞地"形态，距离城区有一定距离，随着城市功能的发展，产业与城市的互动更加频繁，产业与城市融合发展，不仅可以缩短就业通勤距离，避免长距离的"候鸟式"交通，也可以就近为高端技术人才提供便捷的生活配套，进而留住人才，进一步激活园区的活力。"产城融合"是开发区发展的方向，以城市为基础，承载产业空间和发展产业经济，以产业为保障，驱动城市更新和完善服务配套，以达到产业、城市、人之间充满活力、持续向上发展的模式，形成集约完备、宜业宜居的园区人文环境，关注失地农民安置，妥善处理土地拆迁，打造和谐新区域。

（四）集约转变从"粗放拓展"向"精明增长"转变

开发区原先用极其优惠的低价获得土地，用地粗放、规模较大。随着可用土地资源越来越紧张，需探索内涵式增长方式。主要从以下几个角度着手：一是产业从低端环节向高端环节转变，坚持土地供应与投入产出效益、集约化利用程度相挂钩。二是鼓励建设多层厂房，鼓励高层"工业楼宇"的建设推动产业研发和总部的发展。三是对"零增地"改造引进项目、多层厂房建设项目等进行相应的政策支持和奖励。四是形成跨行政区进行区域统筹布局项目的"飞地模式"机制，对于无土地指标或土地指标调整极其困难的开发区可以跨区域布局，将数据统计和政绩考核分开进行，同时通过跨区域布局，也可以实现相关企业产业的针对性聚集，形成产业集群，完善产业链。

使命在肩 昂扬奋进 勇当新时代对外开放排头兵

——从对外开放看招远国家级经济技术开发区气质*

纵观对外开放史诗般的发展，招远经济技术开发区始终是坚定者、奋进者、搏击者和受益者。在山东省委、省政府和烟台市委、市政府的坚强领导下，招远经济技术开发区1992年获批省级开发区，2011年正式晋升为国家级开发区，26年来取得了一系列历史性成就，从城乡结合部的荒凉之地，发展到现辖温泉街道、大秦家街道和辛庄镇3个镇街、总人口15万人、总面积220平方公里的对外开放重要窗口，变成了一座功能集聚、要素齐全的现代化新城，成为招远对外开放的象征和现代化建设的缩影。26年来，招远经济技术开发区GDP从1992年的14亿元跃升到2017年的576亿元，年均增长16%；财政总收入从220万元增加到90亿元，年均增长39.5%；全社会固定资产投资累计超过2113亿元。招远经济技术开发区先后荣获“环渤海省级开发区投资环境、科技创新、循环经济竞争力百强”“全省对外开放先进园区”“省级科学发展示范园区”“全国最适宜人居新城区”等荣誉称号。

一、回望过去——持续掀起澎湃不息的开放洪流

一滴水可以反映出太阳的光辉。26年来，肩负着对外开放使命的招远开发区，扭转坐落县级市的“先天不足”，不断打造开放“新高地”，树立改革“新地标”，厚植发展“新沃土”。目前，全区已形成以黄金、轮胎及汽车零部件、机械制造、新型电子材料、食品等五大产业为主导的发展格局，域内企业1849家、高新技术企业18家、主板上市企业1家、香港H股上市企业1家、新三板上市企业6家。

---

* 招远经济技术开发区供稿。

(一)第一步，举全市之力谋发展

1992年，以3.63平方公里面积为起点，经省政府批准设立招远市外向型工业加工区。1993年，招远开发区正式挂牌成立。此后7年时间，开发区一直处于起步期和探索期。2001年，受黄金价格空前低迷的影响，招远开始寻找新的产业增长点，提出"城区东扩"战略，扩大城市发展空间，并下发《关于进一步加快经济开发区发展的若干规定》，调整开发区的区位布局至战略范围内，加快基础设施建设，建立新型管理体制，明确提出把开发区建设成为招远实施经济国际化战略的示范区、高新技术产业的聚集区、改革开放的实验区和现代化的新城区。招金、玲珑、国大、金宝电子、鲁鑫贵金属等一批本地龙头企业陆续迁入开发区，大企业的示范与带动，产业链上巨大的配套服务空间，吸引了众多中小企业接踵而至，显现出巨大的产业集聚效应，不断推动招远开发区经济实力迈上新台阶。自2005年起，招远经济开发区连续6年跻身山东省级开发区综合考评前十强。

(二)第二步，向"国家级"目标冲刺

2008年，不满足于小富即安的招远市委、市政府把建设国家级开发区提上重要议事日程。晋升的最主要的指标是综合经济实力位居山东省级开发区第一位。凭借多年积淀形成的产业基础和倒逼抢位意识，招远开发区坚守"集中力量办大事"的理念，打破了传统发展经济和招商引资的"唯区位优势论"。"十一五"期间，招远开发区生产总值和财政收入分别保持了35.11%、41.23%的高增长速度，实现了全省排名逐年上升，2010年跃居全省首位。2011年9月25日，国务院正式批准招远经济开发区晋升为国家级经济开发区。2012年1月9日，招远国家级经济技术开发区揭牌仪式隆重举行，标志着招远开发区走上了一条以园区为载体的新型工业化、城市化和国际化道路。升级后的招远经济技术开发区作为山东半岛蓝色经济区主要承担区域之一，重点扶持高新技术产业发展，努力向着区域经济发展的核心区、高端产业的聚集区、服务业新城区和蓝色经济科学发展示范区奋勇前进。

(三)第三步，谱写率先实现全域城市化新篇章

升级之后，招远市委、市政府先后提出并实施了"开发区龙头带动""两区一带""二次创业、赶超发展"等战略部署，2017年又提出了"率先实现全域城市化"的目标定位和"中国金都·财富招远"发展战略，有力地推动了全区经济发展。截至目前，全区引进外来项目85个，总投资148亿元；累计完成

实际外资5.2亿美元，连续5年被烟台市委、市政府评为对外开放工作先进单位；先后实施总投资15亿元的中国供销农特产品批发市场、总投资60亿元中德高科技产业园等重点项目139个，累计完成投资283亿元。与此同时，招远市委、市政府始终高度重视园区改革工作。2018年11月9日，启动招远经济技术开发区体制机制改革，在市委常委任双组长的6个专项工作组推动下，仅用11天就完成了拓展区域发展空间、改革行政管理体制、改革机构设置、提高行政管理效率、优化行政审批服务、全面实行职员制改革、创新招商机制、推行市场化运作、拓展融资渠道、发展开放型经济、改革财税管理体制、改革土地供给机制、强化科技创新和人才支撑等14项改革任务。特别是集中攻坚难度最大、事关成败的全员职员制改革，将原有的106个开发区管委干部职工岗位精简核定为60岗，短期内配备岗位36个，分流人员70名，打破编制、身份界限，"双轨运行"、签订劳动合同，实施无差别人力资源管理，构建起干部能上能下、人员能进能出的选人用人机制。

二、展望未来——书写更加精彩的对外开放时代答卷

招远经济技术开发区作为烟台乃至全省对外开放的重要印证，过去靠开放，未来还要靠开放。面对新时代、新使命、新要求，招远经济技术开发区将继续高举对外开放旗帜，以更宽视野、更大力度、更实举措，坚定不移地实施对外开放"三个三"工程，努力当好对外开放的排头兵、试验田，全力为新时代烟台乃至全省对外开放探路破局。

（一）以"三个核心产业园"为载体，实施招大引强突破工程，打造新旧动能转换引领区

把招大引强作为扩大开放的有力抓手，集中发力中德新材料产业园、生物医药产业园、双创示范园3个核心园区，土地、资金、政策、人员等要素集中统一调配、集中统一保障，以大开放带动大招商，以大项目拉动大建设，以大投入推动大发展。

一是实现中德高科技产业园规模扩张，坚持以政府规划主导、国有资产引导、本土企业筹建的方式，加快4个入选山东省重大工程实施规划项目建设进度，重点扶持壮大新型电子材料产业，尽快建立起以基地为主体、市场为导向、产学研一体的科技创新体系，打造国内外知名的电子材料产业基地。

二是推进生物医药产业园做大做强，加强与中关村生物医药园及北京市创业孵育协会合作，开展生物医药项目孵化和产业化扶持，引进空军航空

医学研究所顶尖科研团队和核心关键设备，开展军民融合、人民健康系统工程研究与试点运营，打造符合国家产业政策的生物医药聚集区。

三是启动双创示范产业园招商建设，围绕产业的主导产品及其上下游产品，引进高端产品生产技术，拉长技术链，营造主导产业，引进终端产品制造企业，形成完整产业链商，加快产业集聚。

(二)以“三个建设”为重点，实施招才引智攻坚工程，打造高端专业人才聚集区

把招才引智作为扩大开放的最重要最核心内容，以高端人才提升产业层次，以实用型人才提高产业竞争力。

一是抓好创新平台建设，扶持企业建设工程技术中心、重点实验室等高层次创新平台，加强与哈工大、哈工程和山理工等高校互访交流，建设一批错位发展、优势互补、转运灵活的专业孵化器，构建起从原始创新到成果转化的全链条、多层次创新平台体系。

二是强化人才队伍建设，依托开发区商会基地和新旧动能转换促进中心平台优势，落实“金都聚才计划”，实施高层次人才支持、企业家引领、高技能人才能力提升等行动，为打造科技创新型园区集聚一大批精干力量。

三是完善服务体系建设，建立健全高层次人才服务联席会议制度和人才政策落实督办制度，对人才诉求事项，建立按责转办、限时办结、逐一反馈、回访督办等机制，营造良好引才安才聚才氛围。

(三)以“三项制度”为保障，实施营商环境提升工程，打造优化发展环境示范区

把营商环境改善作为检验改革开放成效的重要标尺，开展好产业项目、企业服务和基础保障三个“落地见效行动”，以最优环境吸引人才，靠最优服务聚集项目。

一是用“院墙理论”推动服务升级。将“放管服”改革作为践行“院墙理论”的重大举措，深入推进“一次办好”改革，加快流程再造，营造“亲清”新型政商关系，确保审批手续在25个工作日之内完成，为企业发展提供“保姆式”服务，当好企业发展的“店小二”。

二是用“双向承诺”压缩见效时间。实行重点项目开发区、企业“双向承诺”制，开发区层面，建立健全“政府承诺＋企业监督＋失信问责”机制，凡是对企业承诺的事项，坚决履行约定义务，没有执行到位的、失职失责的追究责任；企业层面，实行政府定标准、企业作承诺、过程强监督、失信有惩戒，大幅压缩投资项目落地见效时间。

三是用“真督严考”保障项目进度。对开发区内所有项目建设既排时间表、设路线图，又签责任状、交成绩单，在督导考核中严把标准，真考严考实考，绝不搞“数字游戏”，绝不搞“滥竽充数”，绝不搞“蒙混过关”。

临沂经济技术开发区：改革开放的发展实践*

披荆斩棘，砥砺奋进，40年改革开放铸就伟大飞跃。习近平总书记在庆祝改革开放40周年大会上指出，改革开放的40年，是我们党带领全国各族人民进行伟大社会革命、不断开辟中国特色社会主义道路的40年，是我们党带领全国各族人民书写国家繁荣发展壮丽史诗的40年。正是有了这40年的风雨兼程、披荆斩棘，才使中华民族实现了从"赶上时代"到"引领时代"的伟大跨越。

改革开放40年来，特别是2003年临沂经济技术开发区成立以来，开发区充分利用区位比较优势，向解放思想要出路，坚持把开放作为一切工作的总抓手，以对外开放促改革、促调整、促发展、促进步，各项事业发生了翻天覆地的变化，历经起步创业、快速发展、提质增效三个不同历史阶段，走上了一条经济发展与环境保护良性互动、人与自然和谐相处的科学发展之路。

一、思想解放引领开放向前

开发区将解放思想作为万事之先，把转换观念作为释放潜能的切入点，不断破除思想禁锢，坚定了前进方向。解放思想增强了机遇意识，激发了全区上下又好又快求发展的积极性和创造性。

开发区15年的发展之路，是一条打破常规、加快突破的不平凡之路，体现了临沂市委、市政府解放思想、顺时应势的英明决策，在全市率先重点突破开发区，在开发区领导班子组建上配强配优，在政策资金上重点倾斜，在开发建设上放胆放手，是推进开发区集聚快速发展的根本保障。

在开发区的主导下，山东临工与沃尔沃成功合作。由沃尔沃集团的全资子公司沃尔沃建筑设备公司出资收购70%股份控股临工。当时看来，属

* 临沂经济技术开发区供稿。

于典型的海外巨子“进山”找市场，山里姑娘“出海”谋发展，不同的市场目标需求，相同的发展愿望让他们走到了一起：沃尔沃希望借此扎根中国，谋求中国本土市场，而临工希望借助沃尔沃逐渐走向广阔的国际市场。时至今日，临工品牌被赋予了新的内涵和价值，在研发、采购、制造、品牌推广及人力资源等方面得到了全面整合和提升，年产量和年销量均以两位数的高速递增，而沃尔沃则借助临工的本土优势，成功打开中国市场。

15 年来，正是开发区上下始终坚持以解放思想为先导，冲破了僵化的不合时宜的思想观念束缚，才能领风气之先，推动改革实现了一次又一次大突破。

开发区把对外开放摆在最突出的位置上，以开放总揽发展全局。建区伊始，开发区在招商引智方面坚持登高望远，跳出开发区看开发区，全力以赴引资金、引人才、引技术：在招商主攻区域上，突出长三角、珠三角和环渤海经济区；在产业主攻方向上，突出引进世界 500 强、国内 500 强和“四新一高”产业项目；实施“柔性”引才，不求所有、但为所用，根据需要采取咨询、兼职、技术承包、技术入股等方式，积极引进了一大批“候鸟专家”“飞行博士”。开发区利用山东半岛的地缘优势，积极加强同韩国、日本的经贸合作，同时积极发展同印度、巴基斯坦和欧美等国家的互动交流。此后，加快推进由利用国内外资金向利用国内外资源、技术、管理和智力并重转变，由追求出口规模向追求出口质量和品牌转变，由“引进来”向“引进来”和“走出去”并重转变，开放的质量和效益稳步提高。

二、产业变革推动转型发展

开发区的竞争力体现在区域特色产业上。开发区立足区位、政策、服务等禀赋优势和产业基础条件，形成了独具特色的产业体系。目前，开发区初步构建起了以智能制造、生物医药和新兴产业为主导的现代产业体系。其中，智能制造立足工程机械、汽车制造、园林植保、工业车辆四大板块，以推动信息化和工业化深度融合为方向，正在培育机器人、激光制造两大新兴板块；生物医药依托修正药业、国药控股、医疗科技和翔宇药业等项目带动，做大做强健康产业体系，联手华大基因开展医学临床检验合作；新兴产业利用中关村软件产业基地、国家中印科技国际创新园、皇山文化硅谷等产业孵化基地，推动形成“创业苗圃＋孵化器＋加速器＋产业园”的孵化体系，建设华为临沂云计算大数据中心，打造覆盖全市、服务全省、辐射全国的“沂蒙云谷”。

开发区建立多方联动的科技创新体系，不断增强自主创新能力。突出企业主体地位，市级以上企业技术研发平台达到94家，其中国家级企业技术中心2家，高新技术企业达到30家，产值占规模以上工业总产值比达到38.3%，全市领先。开发区抢抓“一带一路”和“互联网+”战略机遇，鼓励企业开展国际科技合作。其中，天成钢结构与巴基斯坦伊斯兰大学达成合作协议，成立新丝绸之路新型建筑材料研究院，共同开展新型建筑材料联合研究；临虹无机与美籍博士陈皆成共同开展氮化铝散热材料研发，技术水平达到国际领先。

与此同时，开发区加大招才引智力度，积极推进产学研结合，推动企业与市外高等院校、科研院所洽谈产学研合作，成功引进各类高端人才2.6万余人，成为全市人才高地。国家中印科技国际创新园开启了中国和印度两大文明古国的合作典范，由临沂拓普网络公司与印度知名IT企业SRM集团合作建设，项目占地136亩，成功引进中外高端软件研发企业40家，国际合作主要机构7家，形成了以美国IBM、印度SRM集团、印度班加罗尔IIHT集团、乌克兰国立大学智能机器人等国际知名企业为引领的国际化产业集群。

开发区走经济与环境双赢、人与自然和谐的路子。按照高标准、高起点规划，开发区在建区之初，就坚持绿色招商，严禁“两高一资”（高耗能、高污染和资源型）项目入园，秉承“创新、协调、绿色、开放、共享”的发展理念，坚持走生态发展之路，全面构建资源节约型、环境友好型绿色城市的坚实一步，也完成了实施“五大战略”、建设“五大高地”的成功实践。近年来，开发区大力发展循环经济，持续推进生态治理，既要保持发展增速，让产业更优，更要保住碧水蓝天，让群星闪烁，在国家环保部、商务部、科技部联合发布的国家生态工业示范园区复查评估中获优秀等级，实现了经济效益和环境效益的双赢。

三、自我革命勇立时代潮头

开发区坚持把齐鲁文化、沂蒙精神与改革创新精神相融合，形成了“能拼善战、敢创一流，不干则已、干必成功”的开发区精神。15年间，开发区从无到有、由小变大，成功晋升国家级经济技术开发区，冲刺千亿级一流国家级经济技术开发区。正是靠着30万开发区干部群众的奋力拼搏、勇于奉献和锐意进取，开发区利用项目的集聚效应，打造了全市的“大招商、招大商”的平台、项目建设的平台、经济快速发展的平台，不仅为开发区自身率先发展，也为全市率先发展搭建起了新支点。

开发区在尊重市场规律的同时，积极发挥政府的引导和调控作用，使

“看得见的手”和“看不见的手”有机结合。一是全省率先启动体制机制创新，按照“大部制”管理思路，整合机构设置，突出主责主业，机构设置更加扁平化；建立全员聘用制度，深化干部人事管理制度改革，采取灵活的干部聘用方式，打破人员身份限制，实行绩效分配制度；探索设立行政审批局，试运行“行政审批局”模式；推行跨部门、跨领域综合执法，将18个领域的行政执法权纳入综合行政执法范围，实行跨部门、跨领域综合执法。二是把规划作为第一资源，坚持超前性、科学性和严肃性，建立了严格的专家论证、公众参与的规划编制程序，一张蓝图绘到底，一届接着一届干。三是行政服务务实高效，始终坚持并不断完善“小政府、大社会，小机构、大服务”的精简高效行政管理体制，不断优化政策环境，凡是达到市场准入条件或经营标准的申请者都及时为其办理许可手续。四是强力推动重大项目，强化动能转换的根本支撑，坚持高端化、绿色化、专业化招商，瞄准“大高外”项目，以“顶天立地”的大项目实现“翻天覆地”的大发展；全速推进项目建设，以年初确定的项目为抓手，落实包扶责任，开展比拼竞赛，确保项目按时间节点开工建设、投产运营，形成新的经济增长点。

四、时代变革见证城乡巨变

如今，这个位于沂蒙山腹地2003年才起步的开发区，各项事业都发生了翻天覆地的变化：经济外向度逐年提升，地区生产总值保持两位数的高速增长，利用短短的10年时间成功实现从省级开发区到国家级经济技术开发区的跨越，先后获评“联合国绿色工业平台”“中国最受投资者欢迎开发区”“国家火炬计划软件产业基地”“中国产学研合作创新示范基地”“国家级科技企业孵化器”“全国知名品牌创建示范区”“国家新型工业化示范基地”“国家产城融合示范区”“国家新型城镇化综合试点单位”等。

开发区城乡面貌显著改观。近年来，开发区按照产业与城市融合发展的理念，坚持通过走“以产兴城、以城带产，产城融合、城乡一体”的发展道路，现有产业园区在促进产业集聚发展的同时，加快产业园区从单一的生产型园区经济向综合型城市经济转型，让全区通过产业、城市、人的同生共荣，成长为产业发展基础较好、城市服务功能完善、边界相对明晰的城市综合功能区，成功获批全国首批产城融合示范区，引领全市新型城镇化大踏步前进。目前，开发区正在按照国家级标准编制实施新一轮城市总体规划，产业园区规划和路网、水网、天网、绿网等专项规划，推进“多规合一”“两图合一”，提升项目单体规划设计水平，构建以总体规划为核心、详细规划为基础、专项规划为支撑，全区域、全方位、全覆盖的现代规划体系，进一步完善高标准城市配套。

开发区人民生活显著改善。建区15年来，开发区的经济社会发展水平显著提升，经济增长速度快于全市总体水平，常住人口城镇化率明显快于全市平均水平，现代产业体系加快形成，城镇综合服务功能不断完善，居民生活质量明显提高。始终坚持以人为本，从群众最期盼的事情做起，每年都兴办一批民生工程、民生实事，基本公共服务均等化、社会保障全覆盖等发展成果实实在在体现到全区民生福祉的改善上，仅2017年民生支出就达到7.4亿元，占公共财政预算支出的68%；居民人均可支配收入达2.75万元，同比增长10.5%，累计铺设供水、供电、供气等各类管网800多公里，实现市政道路、雨水、污水、自来水、天然气、电力、电信、热力及互联网"九通一平"；高标准打造生活服务环境，临沂市第三人民医院、临沂外国语学校等公共服务项目相继落成；规划建设总投资100亿元的"健康城"，为群众提供全生命周期健康保障，让发展成果更多更公平地惠及广大人民群众，为群众带来实实在在的实惠和保障，赢得了市民的拥护和认可。

2018年是全面贯彻党的十九大精神的开局之年，是改革开放40周年，也是开发区各项工作大干快上、大放异彩、发生巨变的一年。开发区认真学习贯彻党的十九大精神和习近平新时代中国特色社会主义思想，按照高质量发展要求，以"走在前列"为目标，以供给侧结构性改革为主线，以实施新旧动能转换重大工程为引领，按照实施"五大战略"、建设"五大高地"工作思路，率先实现高质量发展，从以前快步"跑在前面"，变成稳步"走在前列"，努力开创一流国家级经济技术开发区建设新局面。

德州经济技术开发区经济社会发展情况*

德州经济技术开发区位于德州市中心城区，1997 年 12 月在德州城区东部正式启动建设。2002 年，德州经济技术开发区 16 平方公里范围内基础设施基本实现“九通一平”，入区项目 155 个、开工建设项目 110 个、建成投产项目 50 个，发展成为德州对外开放的窗口、招商引资的基地、经济发展的重要增长点。2003 年，德州经济技术开发区成为德州市“两个东进”（市区发展向东跨越岔河，开发区发展向东跨越减河）发展战略的主战场，跨入打造现代化新城区的新时期。2008 年，德州经济技术开发区国内地区生产总值突破百亿元大关，工商税收突破10 亿元，在全省 145 家省级开发区综合评价中进入前 10 名。2012 年 3 月，晋升为国家级经济技术开发区，下辖 3 个镇、2 个街道，17 个城市社区、53 个农村社区，辖区面积 320 平方公里，总人口 30 万人。2016 年，工业主营业务收入首次突破千亿元大关，达到 1032 亿元。

一、主要成绩

建区以来，全区地区生产总值年均增长 10%左右，2017 年完成 256.5 亿元，是建区之初的 419 倍。公共财政预算收入年均增长 20%左右，2017 年完成 22.04 亿元，是建区之初的 760 倍。“两税收入”、进出口总额均占到全市 1/6 左右，成为市级财政主要支撑。税收占财政收入比重由61.18%提高到 88.7%，居全市首位。三次产业比例由 2.8：64.3：32.9 调整到1.9：60.2：37.9，三产提高了 5 个百分点。高新技术产值比重发展到 33.6%。入区企业超过 1000 家，引进实施过亿元产业项目 150 余个，景津集团、双汇食品、光明乳业、美国威讯电子、越海光通信等重大项目纷纷落户、建成投产，累计完成产业投资超过 1000 亿元。2017 年，纳税过千万元企业达 52 家。注重起步

* 德州经济技术开发区供稿。

区、东部城区协调发展；起步区注重功能完善、提档升级，发展成为德州主城区和全市政治、经济、文化中心；东部城区打造德州新城区。完成和承接城市基础设施投入500余亿元，260平方公里大外环内路网、管网、绿化、亮化全部到位，成为协同发展优质载体。2014年7月24日，李克强总理视察德州，首站来到德州经济技术开发区，对新型城镇化工作给予充分肯定。此外，全区城、乡居民收入增速保持快于经济发展增速，2017年分别达到25382元和13776元。教育卫生、文化体育、人口计生、双拥共建等各项事业全面发展，信访稳定、社会治安、安全生产局面全面加强，确保了和谐稳定大局。

建区20年以来，在市委、市政府的坚强领导下和社会各界的支持帮助下，德州经济技术开发区抢抓机遇、开拓进取，从无到有、由小到大、由弱到强，从一个欠发达地区工业园区晋升为国家级经济技术开发区，由一片原野农田华丽蜕变为一座生态秀美、产业聚集、产城融合、充满活力、宜居宜业的现代新城，谱写了一曲又一曲崭新篇章，探索出了内陆欠发达中小城市开发区建设发展“逆势崛起、乘势而上、顺势而为”的成功路子。截至2017年底，德州经济技术开发区获得国家级重要称号10余项，被认定为“全国文明单位”“国家火炬计划新能源产业基地”“国家生物高技术产业基地”“中国新能源和生物产业引智试验区”“国家太阳能光伏发电集中应用示范区”“国家太阳能光热综合利用产业示范基地”“国家科技兴贸创新基地”“国家级科技企业孵化器”“国家知识产权产业化试点基地”“联合国宜居生态示范开发区”“中国十佳低碳开发区”；以德州经济技术开发区为载体，“中国太阳城”“中国新能源之都”“中国压滤机之都”品牌落户德州。

20世纪80年代全国经济技术开发区起步阶段，也就是14个沿海开放城市刚开始设立经济技术开发区时，中央对经济技术开发区发展政策提出“三为主、一致力”(以工业项目为主、以吸收外资为主、以出口为主，致力于发展高新技术)的发展定位，各地经济技术开发区发挥了窗口示范辐射带动作用，取得了令人瞩目的成绩，成为中国最具活力的特定经济区域。根据德州经济欠发达和开发区起步较晚的实际，德州经济技术开发区在明确“两个限制”(即限制环保不达标、不符合国家产业政策的企业和项目)的基本前提下，注重发挥交通极为便利、发展空间大、优惠政策多、行政效率高等优势，提出了“狠抓量的扩张，注重质的提高”的招商思路，确定了“低门槛进入”的招商策略，无论哪种经济成分都可入区，从而迅速掀起了各类企业纷纷落户德州经济技术开发区的热潮。自启动以来，基本上做到了天天有项目洽谈、周周有项目开工、月月有项目投产。

二、重大事件

2003 年，中国迎来了经济大发展的又一个春天，新一轮大开放、大开发、大发展的热潮正在掀起。随着城市化进程的加快，德州市中心城区规模小、辐射带动能力差的问题日益显现，已不适应招商引资和社会经济发展的新形势，成为制约全市经济社会向更高水平发展的“瓶颈”。2003 年初召开的德州市第十二次党代会审时度势，做出了“两个东进”的发展战略，即市区发展向东跨越岔河，开发区发展向东跨越减河。市委、市政府随即成立了河东新城建设领导小组，在市建委成立新城建设办公室。2003 年 2 月，德州市政府下发《关于将德城区赵虎镇袁桥乡抬头寺乡整建制地划归德州经济技术开发区管理的决定》。2003 年 5 月，市委常委扩大会将东七里铺等 9 个村交由新城建设办公室管理；同年 10 月，市委再次研究决定将东风路以南的郭家庵等 5 个村划归新城建设办公室，由其负责河东新区的规划建设管理。2003 年12 月21 日，河东新城举行全面启动奠基仪式，标志着新城进入全面建设时期。

德州经济技术开发区牢牢把握这一加快发展的重要战略机遇期，按照党的十六大提出的“发展要有新思路，改革要有新突破，开放要有新局面，工作要有新举措”的要求，以建区五周年为新起点，以“十年建成河东新区”为目标，以更大的气魄、更高的标准、更快的速度，全面推进“二次创业”，努力把德州经济技术开发区建成体制更新、环境更优、发展更快、实力更强、开放和文明程度更高的现代化新城区。

与此同时，德州经济技术开发区还不断创新招商思路，注重招商实效。2003 年，按照“抓大不放小、注重质量提高但不忽视数量扩张”原则，大力实施群体扩张、骨干膨胀、园区带动三大战略。全年新增入区项目 115 个，总投资 37.8 亿元，其中 5000 万元以上的 17 个，过亿元的 11 个。2004 年，确立坚持“抓大放小”工作思路，把有限的土地用于大项目建设和骨干企业膨胀上，双汇食品、晶华集团一窑三线、德工机械等一批优质项目投产运营。2005 年，继续牢牢把握招商引资第一要务，韩国宇星饲料、厚成电子、豪美帝家、德百雅鹿商务中心、新华图书物流等一批项目竣工启用。2006 年，华羽集团、金光集团、威特集团、日本明治机械、香港美时集团、新加坡特诺化学等一大批项目竣工投产。2007 年，组织参加“百名浙商德州行”“百强企业恳谈会”，认真做好“南融北接”文章，先后在天津、昆山、青岛、深圳等地举办投资说明会，济钢龙马、天津石油机械等一大批项目确定落户。2008 年，明确突出抓好“大高名外”项目引进，瞄准世界500强企业、跨国公司和外资企业主攻方向，做到“三个倾斜”，即：在招商引资方面，凡是同类别项目、同行业项目，要向外商、外资倾斜；在优惠政策方面，凡是德州经济技术开发区管委会职权范围内的，要向外商、外资倾斜；在提供服务方面，各部门各单位，在提供服务、优化环境、处理涉外纠纷上，要向外商、外资倾斜。同时，在原有境内、境外2个招商局的基础上，又新建3个招商局，专业招商人员近50人，全年共引进项目87个，合同投资金额达150亿元；实际利用外资6900万美元，占全市到位外资总额的44.5%，居第一位。招商引资带动了综合实力显著提升。2008年，全区完成国内生产总值100亿元，比1998年增加99.34亿元，年均增长165%，是建区前的152倍；工商税收达到10亿元，比1998年增加9.96亿元，年均增长175%，是建区前的263倍，成为全市极具发展潜力的经济增长极；全区实际利用外资3.6亿美元，占全市利用外资总量的30%；在全省145家省级开发区综合评价中进入前十名，在全省西部79家省级开发区中保持领军地位，先后被评为“全省最具活力、发展最快的十佳开发区”“全省科学发展示范区”和“全省对外开放先进区”。2008年11月8日，德州经济技术开发区举行“纪念改革开放30周年暨建区10周年庆祝大会”，展示了德州经济技术开发区10年来的奋斗历程和辉煌成就，坚定了再接再厉、再创辉煌，努力争做科学发展、跨越发展、和谐发展排头兵的决心和信心。

2010年9月16～18日，以德州经济技术开发区为主要载体，第四届世界太阳城大会在德州成功举办。来自中国、美国、欧洲、日本、澳大利亚等50多个国家和地区的近3000人参会，其中外国来宾达600多名。全国人大常委会副委员长华建敏出席会议并宣布大会开幕，全国政协副主席、致公党中央主席、科技部部长万钢代表中国政府在开幕式上致辞并发表重要讲话，世界太阳城协会主席克瑞斯·在德维德、爱尔兰前总理伯蒂·埃亨、韩国前国务总理李海瓒、中国住房和城乡建设部副部长仇保兴、国家能源局副局长刘琦、时任山东省省长姜大明等应邀出席大会。大会以“太阳能改变生活”为主题，举办了一系列会议、论坛、展览等活动，充分展示了以太阳能为主的新能源产业及其相关领域的最新成果，形成并通过了指导国际太阳能城市运动发展的重要文件《德州宣言》，极大提升了德州在全国的知名度和影响力。太阳城大会是德州历史上承办的规模最大、规格最高、影响最广的一次国际盛会，对德州市的城市发展意义重大、影响深远。就德州经济技术开发区发展而言，一方面，第四届太阳城大会对德州经济技术开发区的环境承载力提出前所未有的挑战，推动德州经济技术开发区基础建设至少提前5年。

为确保大会顺利召开，从2008年开始，各项准备工作陆续展开，3年时间，德州经济技术开发区投资33亿元全面完成太阳谷周边“四纵两横”道路升级改造工程，中国太阳谷、理想门、微排大厦、低碳国际会议中心、道格拉斯别墅、光立方、外海酒店、康博酒店等标志性建筑全部投入使用，实施减河生态湿地等环境综合治理工程，“宜业、宜居、宜游”的黄河三角洲腹地明珠品牌更加响亮，现代化城市框架初步形成。另一方面，大会为新能源产业发展创造了良好条件。大会期间，签约项目中过5亿元的4个、过亿元的22个，包括新能源汽车、太阳能光伏发电等产业门类，分别获得“2010联合国宜居生态示范开发区”“2010全国十佳低碳开发区”等称号。第四届太阳城大会举办后，德州市每两年举办一届太阳能开发利用博览会，持续扩大新能源产业影响力，德州经济技术开发区围绕打造新能源千亿级产业基地目标，乘势而起，顺势而为，引进了中国节能环保集团、中立、洁阳等优质太阳能光电、光热项目，实现了经济、社会、生态效益的多赢。先后被认定为“国家火炬计划新能源产业基地”“国家生物高技术产业基地”“国家科技兴贸创新基地”“中国新能源和生物产业引智试点”“国家知识产权试点园区”；以开发区为主要载体，“中国太阳城”“中国压滤机之都”品牌落户德州。

经过对德州经济技术开发区产业布局与发展、城市建设与管理、社会事业、生态环保与安全生产等多方面考察评估，国务院办公厅于2012年3月2日以“国办函〔2012〕56号”文批复同意，山东省德州经济技术开发区升级为国家级经济技术开发区，定名为德州经济技术开发区，实行现行国家级经济技术开发区的政策。

三、重大项目

建区以来，经济技术开发区持续推进“双招双引”。一方面，打造全市产业孵化基地。德州公共技术转移服务中心、科技转化综合服务中心、技术成果孵化服务中心三大新动能培育中心作用显现，清华大学、中汽认证中心(CCAP)、神骅集团研究院等21家高校和科研机构实现技术转移转化累计156项，交易额达到2.87亿元；25万平方米的中元科技创新创业园二期竣工投入使用，引进杭州运河汽车产业园智能网联汽车小镇等6家专业孵化机构分片管理运营，已有浙大、山大技术转移中心、清控启迪之星等20余家国家级技术成果转化机构、知名孵化机构和地平线人工智能、鲲程电子、天川精准医疗、鲁西北数据湖等95家、2900余名“双创”项目和人才入驻。高创中心获批“2017年度山东省小微企业创新创业示范基地”称号。制定《关于深化“安澜人才”计划做好人才支撑新旧动能转换工作的意见》，累计引进培养高层次人才1000余人，其中两院院士（柔性）9人，国家千人计划、万人计划16人，省泰山学者、泰山产业领军人才11人，市领军型创新创业团队4个、现代产业首席专家19人，2016年、2017年连续两年荣获“全省人才工作先进单位”称号，成功获批国家“高端人才引领型创新创业载体”。

另一方面，打造全市产业孵化基地。在全省范围内率先出台新的招商引资优惠政策及补充解释说明，成功引进了总投资80亿元的有研晶圆、30亿元的富士康、20亿元的威讯电子以及荷标温室、地平线人工智能等一批国内国际一流、引领未来发展的高科技企业，总投资219亿元的绿地金融港、创新谷和投资26亿元的太平亿康颐养、16亿元的中合农发智慧食品产业城、6.7亿元的CCAP新能源汽车“标检认”一体化等一批“国字号”“央字号”旗舰型项目，德州智能制造（北京高新技术）产业园、京津冀产业转移示范园等一批工业地产项目，乡盛扒鸡、越海光通信、爱呢新能源汽车、三东筑工装配式房屋工厂、麦迪海健康产业园、博德生物等82个重点在建项目加快推进。设立经开润启股权投资等总规模55亿的7支基金，实际到位资金近8亿元，迄今为止收益率最高的项目——深华光电人工智能灯检仪市场估值已达到近5倍。建立区级新旧动能转换项目库，储备项目78个、总投资800亿元，列入市级项目库6个、省级项目库3个。

2017年，德州市委、市政府正式启动东部城区开发建设，以生态科技城规划区域为核心区，以开发区、陵城区所辖边临镇、赵虎镇、丁庄乡、抬头寺镇相衔接区域为延伸区，规划面积396平方公里，着力打造宜居宜业的现代化新城，率先突破科技、商务、公共服务、生态、产业发展、现代农业发展六个组团，国际会展中心、东部医疗中心、高级师范学校等81个项目加快建设，总投资515亿元；中企鼎鑫大健康产业园等34个项目拟开工落地，总投资434.2亿元；中科华鲁土壤修复产业技术研究院等32个项目签约拟落地，总投资279.4亿元；德州冰雪综合体等112个项目正在积极洽谈，总投资1209.9亿元；大学路东延及地下管廊、中电投燃气热电冷三联供、雨污分流等39个基础设施重点工程快速推进，总投资64.5亿元，具备了实现突破发展的基础和条件。

招大引强共发展　对外开放增实力*

招商引资，是城市发展的动力之源；对外开放，为城市发展引来汩汩活水。2018年以来，聊城经济技术开发区将招商引资工作作为推动转型升级、实现高质量发展的基本路径与推动新旧动能转换重大工程的重要抓手，把新旧动能转换工作与招商引资工作相结合，通过多种方式强招商、促开工，确保高质量招商引资工作的顺利开展。同时，积极抢抓“一圈一带”战略机遇，坚持高水平“引进来”、大规模“走出去”相结合，不断拓展对外开放广度与深度，打造全市开放试验平台，对外开放不断取得新突破，外向型经济不断获得新发展。

一、招大引强成效显著

盛夏时节，行走在开发区大地上，项目建设的滚滚热潮扑面而来。“乖宝宠物食品智能工厂项目计划投资12亿元，目前主体框架已经基本搭建完成，两年内即可建成投产。”6月4日，乖宝集团董事长秦华告诉记者。

投资12亿元的乖宝集团宠物食品项目及投资26亿元的通洋氢能动力电池项目已经开工，投资10亿元的中国城建PPP项目和投资60亿元的太平洋森活控股集团健康医养项目签约完成，投资5亿元的希杰万吨核苷酸项目、投资1亿元的华宇时代钢构锅炉项目、投资4亿元的天元瑞特机器人项目蓄势待发……开发区将招商引资工作放在第一位，想方设法招商引资，努力创造优良环境，积极服务全市经济发展大局。

坚持招商引资质量第一。依托新能源及新能源汽车、智能机电装备制造业、生物食品产业、新服务经济产业优势，开发区充分发挥中通客车、通洋氢能科技、日发集团、希杰集团、乖宝宠物集团等现有龙头企业引领带动作

* 聊城经济技术开发区供稿。

用，加快在新能源、智能制造、宠物食品等领域培育若干国内领先的先进制造业集群。

坚持以招商引资促进现代化经济体系建设。开发区坚持国内聚力北上广等重点区域，和央企、国企、行业龙头等大型企业集团深化合作，国际重点对接以德国为主的欧盟区域和以希杰为纽带开拓日韩招商，实现新兴产业扩规模、传统产业提质效，加快形成实体经济、科技创新、现代金融、人力资源协同发展的开发区现代化产业体系。

二、对外开放活力迸发

2018年初，聊城经济技术开发区经贸代表团远赴韩国、日本，在日本实地考察了集旅游观光、休闲农业和开发设计于一体的文化旅游综合项目，在韩国赴希杰集团就新上核苷酸项目进行深入沟通……开发区正张开双臂走向世界。

作为全市对外开放的重要平台，聊城经济技术开发区对外开放工作亮点纷呈：2017年，实际利用外资4.14亿元，占全市的58.5%，增幅及总量均位居全市首位；2018年1～5月，开发区实际利用外资4450万元，占全市的75%。乖宝集团泰国工厂、美国工厂顺利投产，中通集团、日发纺机在境外20多个国家和地区设立营销服务机构，营销网络日益壮大，海外投资再上新台阶。

2018年以来，聊城经济技术开发区加快了全市对外开放“桥头堡”的建设步伐，截至目前，共外出开展招商50余次，其中赴日韩、台湾开展招商两次，拜访客商120余人次，接待客商80余人次。开发区突出重点，创新方式，努力提高利用外资规模，优化对外贸易结构，提升对外投资水平。通过加强对外推介，开发区不断充实在谈项目库，获得了一系列项目投资线索，并在后续强化联系的过程中对这些线索进行了筛选，选择了10个优秀项目填充到在谈项目库进行重点跟踪。其中，太平洋医养健康项目已签订合作框架协议，希杰核苷酸项目已签订正式协议。

三、打造兴业便商福地崛起

聊城经济技术开发区不断优化的服务环境，让外来投资者的投资热情日益高涨。希杰（聊城）生物科技有限公司经理陈汝海表示：“已经签订协议的核苷酸扩产项目是我们公司在聊城进行的第九期项目。有政府的大力支持，有良好的投资兴业环境，这是片吸引力巨大的热土！”

希杰集团对开发区投资环境和服务水平给予高度认可。现在该集团的食品本部已开始进驻，冷冻食品项目完成建设投产，2018 年又投资 7300 万美元进行核苷酸生产项目。项目达产后，核苷酸产量可实现翻倍，成为全球最大的核苷酸生产基地。帝斯曼集团中国公司将全国生产业务进行整合，把聊城作为其重要生产基地，在预混料生产方面不断加大投资力度的同时，拟将工程塑料等生产项目逐步向聊城转移，投资热情不断高涨。

开发区围绕大型投资项目设立了“六个一”服务机制，为每一家入驻的外资企业指派专人跟踪服务，专门为外资企业解决生产生活中的各种困难和问题，严格兑现合同、兑现承诺，想方设法帮助企业多渠道融资、多方位开拓市场，取得了企业家和外来投资者的信任，提升了现有外资企业的投资热情。与此同时，开发区“走出去”水平不断提升，通过设立对外投资合作专项扶持资金，鼓励企业海外投资，减少和规避国际贸易壁垒影响，重点支持中通客车、日发纺机等龙头企业对外投资和跨国经营，建设“海外聊城”。

好政策的“洼地效应”，促成了资金、项目、技术等生产要素高度聚集；好环境的“亲和效应”，让人民群众安居乐业、外企外商安心投资……在新一轮发展大潮中，开发区正凭借良好的资源和区位优势，全面构筑大开放、大发展新格局，聚势崛起，奋勇争先。

高端引领　创新驱动　转型发展*

改革开放以来，特别是自2001年滨州经济开发区(2013年升级为国家级经济技术开发区)建区以来，全区上下紧紧围绕省市重大战略布局，以敢为人先的勇气，主动适应和引领经济发展新常态，坚持稳中求进工作总基调，保持定力实施创新驱动发展战略，加快推进结构调整和转型升级，不断深化改革开放，经济发展发生了翻天覆地的变化，综合发展质量不断提升。

一、经济指标稳步增长，综合实力迈上新台阶

滨州经济技术开发区积极推动经济发展方式从规模速度型粗放增长转向质量效率型集约增长，致力于推动经济朝着更高质量、更有效率、更加公平、更可持续的方向发展，实现经济运行质量效益稳步提高。

(一)经济保持中高速增长

建区以来，全区经济发展发生积极变化，进入快速膨胀阶段，上升势头强劲。2010年，财政总收入8.5亿元，地方财政收入4.5亿元，地区生产总值72亿元，规模以上工业增加值26亿元，固定资产投资56.1亿元，高新技术产值35.5亿元，同比分别增长24.7%、27.4%、21%、27.5%、28%、50%。2011～2016年，各项指标稳步增长。2017年，国内生产总值175亿元，固定资产投资140亿元；财政总收入24.8亿元，增长18.1%；一般公共预算收入15.1亿元，增长21%；规模以上工业总产值430.7亿元；新增进出口企业16家，实现进出口总额21.7亿元；高新技术产值141.3亿元，占规模以上工业总产值比重44.2%。2018年上半年，实现地区生产总值96.8亿元，增长

---

* 滨州经济技术开发区供稿。

8.1%。2018年1～8月，全区规模以上工业增加值预计同比增长10.1%，固定资产投资增速16%左右，全区实现限额以上零售额14亿元，增长9.6%。2018年上半年，全区实现社会消费品零售总额20.9亿元，同比增长8.2%。

(二)抢抓机遇营造优质发展环境

经济的发展离不开政策的指引，为了更好、更快地引领经济发展，市委市政府出台了《鼓励入区企业快速发展壮大的十条激励政策》，改进管理方式，简化办事程序，提高办事效率，形成一个行为规范、运转协调、公正透明、廉洁文明的“服务型政府”。良好的投资环境，优质的政府服务，形成了经济发展的“洼地”，实现了人流、物流、资金流、信息流的加速交汇聚集，开发区成为创业者的开拓乐园。制定出台《深化“一次办好”改革实施方案》，对9大类22项工作，建立台账，由县级领导牵头抓落实；梳理确定“一次办好”事项125项，全部对外公开，让数据多跑路，客商和群众少跑腿，打造“阳光、高效、诚信政府”新品牌。抓住实施新旧动能转换重大工程历史机遇，积极推进新旧动能转换，确立滨州主战场和示范区的功能定位，反复论证研究出台我区《实施规划》，确定以构建国家级创新创业示范区和国家级智能制造示范区作为发展战略定位，重点聚焦高端装备制造、新能源新材料、新一代信息技术、现代服务业、高效生态纺织五大主导产业，明确全区新旧动能转换的主要任务及未来3～5年的发展重点，全面展开新旧动能转换的“路线图”。围绕五大产业，构建“5个1”的推进体系(即1名区级领导同志牵头、1个专班推进、1个规划引领、1支基金保障、1个智库支持)，统筹推动产业规划编制、政策落实、项目落地等工作。同时，制定了一系列真金白银的配套政策，吸引国内外客商前来投资兴业。设立专项建设扶持资金，出台了《关于促进企业转型升级创新发展奖励实施意见》，激发企业创新、企业家创业活力。积极推进京东集团与省财政厅合作规模100亿元的新旧动能转换基金落户，助力重大工程建设。根据山东新旧动能转换重大工程实施规划中“按照国家部署，选择部分战略性新兴产业和新旧动能转换重点行业(项目)先行先试临时性的期末留抵退税政策”，已完成办理退税0.9亿元。

(三)绿色发展成效显著

积极推进绿色循环经济发展，坚持“创新、协调、绿色、开放、共享”的发展理念，致力于建设国家级生态示范区，厚植生态基础，既要“金山银山”也要“绿水青山”，确保环境保护与开发建设、产业发展同步协调推进，走出了一条绿色发展、低碳发展、科学发展之路。在绿色经济发展的道路上，脚步越走越坚实，可分享的绿色红利不断积累，人民群众获得感不断增强。按照产业集聚、布局集中、资源集约的原则，突出高新技术高端产业，加速推进现代服务业，兼顾优质高效农业，大力发展循环经济、低碳经济、绿色经济。

抓好传统产业改造升级，优化区域经济发展。倒逼传统产业升级，打造绿色产业名片，在全区范围内营造低碳节能的浓厚氛围，绿色发展理念深入企业、深入人心。滨州盟威戴卡轮毂有限公司是目前国内唯一一家使用水性漆涂装生产线的企业，该生产线废水、废渣、废气的排放及耗能远远低于国家标准。2016 年，企业投资 1000 万元对切削污水处理系统进行全面升级后，排放标准已优于国家对企业的要求。盟威戴森车轮有限公司开发设计了轮毂生产线余热回收利用系统，不仅实现废水全部回收，而且年可节约蒸汽费用 240 万元。滨州东方地毯有限公司引进先进技术和生产线，建设东方地毯工业 4.0 示范工厂，织造生态环保地毯。绿色金融引导社会经济资源，东营银行、齐鲁银行、邮政储蓄银行、恒丰银行、华夏银行、河海村镇银行、渤海小贷、盟威小贷等多家金融机构纷纷来区落户。金融业发展带动保险行业的新发展，开发区已有中国人民人寿保险、中国人寿、新华人寿、安诚财产保险四家保险机构，为企业发展保驾护航。与国内知名会展运营公司合作，盘活资源，打造滨州国际会展中心新名片，提升滨州知名度。打造滨州现代服务业品牌，年内完成投资 10 亿元的 20 万平方米帝堡广场项目。加快培育现代物流业，全区注册仓储物流企业达 15 家，其中投资 4.2 亿元的滨州现代物流综合中心通过降低物流消耗和物流成本，着力提升滨州物流行业规模和内涵，促进滨州物流行业转型升级，可为滨州经济的快速发展提供强力支撑。乡村旅游带动生态发展，以狮子刘艺术教育基地、西纸坊乡贤基地为主要内容，打造教育特色小镇，投资 6.6 亿元，覆盖面积 16000 亩，加快狮子刘片区及黄河古村风情带项目二期工程建设，“五一”开业运营，实现了良好的经济效益和社会效益。

抓好新项目准入机制，提升产业节能降耗标准。坚持把环保放在第一位、把绿色放在第一位，将环境贡献、绿色集约作为新项目落地的重要审核指标。重点瞄准世界 500 强和行业 500 强企业，着力引进科技含量高、附加值高、产业关联度高的大项目和好项目。强化用地审查、节能评估审查、环境影响评价，严禁高能耗、高水耗、高排放企业落地，严禁产能过剩行业扩张，淘汰落后产能，从源头上优化产业结构。2016 年，放弃美国江森电池高耗项目入驻开发区，弃亿元项目走环保之路；与滨州市中心医院合作，建设开发区人民医院，填补开发区二级医院缺失的空白，补齐医疗卫生事业发展短板；以项目为载体，实施新旧动能转换工程，以京东项目为引领，加快推进

eID 网络身份认证项目，建设滨州智慧信息产业园，打造跨行业、跨产业的新型经济发展新高地。世界 500 强企业京东集团投资 15 亿元的黄河三角洲云计算大数据产业基地项目 2017 年 4 月 28 日开工奠基，重点打造“一基地三中心”，开启滨州数字经济新时代，为山东乃至华北地区产业发展提供有力支撑。

特别是 2017 年以来，我们严格执行中央、省、市环保工作要求，实行加压倒逼机制，整改中央环保督察问题 19 件、环保部大气污染强化督查等问题 74 件、省环保督察问题 19 件，关停燃煤机组 6 台，压减电解铝产能 3.2 万吨，清理取缔散乱污企业 12 家，拆除 10 蒸吨及以下燃煤小锅炉 60 台，完成 8 公里码堡沟综合提升及 12.5 公里西沙河清淤疏浚工程，PM2.5 浓度同比改善 7.4%，“蓝天白云”天数达 244 天。2018 年 1～8 月，规模以上工业综合能源消费量为 246.3 万吨标准煤，同比下降 11.8%，降幅比 2017 年扩大了 4.8 个百分点。规模以上工业煤炭消费量比 2017 年同期减少 34 万吨。

二、发展质量效益稳步提升，可持续发展能力增强

近年来，支撑经济增长的要素条件与市场环境发生明显改变，潜在生产率趋于下行，国际金融危机的后续影响有增无减，经济面临较大的下行压力。面对困难和挑战，全区上下把握经济发展规律，积极作为，精准发力，向改革要动力，加速结构调整，确保了经济持续健康发展。

（一）重点项目齐头并进，经济发展支撑力显著增强

坚持“项目兴区”战略不动摇，把项目建设作为开发区率先发展的生命线，瞄准“大高名外”大力招商引资，着力引进一批科技含量高和品牌附加值高的大项目、好项目。2013 年，完成招商项目 28 个，到位资金 22.5 亿元。2014 年，引进市外资金 16.28 亿元，增长 35.5%，成功引进世界 500 强北汽集团、中信集团、中国航空工业集团及一批央企、国企项目。2015 年，13 个市级重点项目完成投资 33 亿元，罗兰丝汇高档家纺等 6 个项目建成投产。2016 年，招商引资到位资金 41 亿元，其中超过 10 亿元的重大项目 5 个。2017 年，新签约招商项目 10 个，计划总投资 105.5 亿元，其中过亿元项目 9 个。投资 70 亿元的滨州中建智立方、投资 52 亿元的上海移动智地、投资 6.2亿元的立峰远大装配式建筑等一大批项目相继落户。总投资 100 亿元的华建高端铝产业科技工业园项目一期完成投资 20 亿元，实现了当年建设、当年投产；渤海汽车公司收购德国特利梅特汽车公司实现品牌扩张；盟威戴卡投资 2.6 亿元完成智能升级改造，千名员工拥有机器人 125 台，智能化程度

世界领先；泰义金属投资23.4亿元的环保铝模板项目部分投产；鸿日汽车9个月生产9000辆电动汽车；东方地毯投资12.7亿元的工业4.0示范工厂项目，一期6条欧洲进口生产线已投产；国际会展中心获评“2017年度中国十佳品牌会展中心”。2018年，57个投资5000万元以上重大项目，1～8月份完成投资68.20亿元，完成全年计划的71.68%；6个市级重点项目，总投资53.43亿元，2018年计划投资21.24亿元，1～8月份完成投资15.25亿元，完成年度投资计划的71.8%。建区以来，先后引进项目200余个，其中投资过亿元项目100余个。

（二）科技要素加速聚集，高端引领作用显著增强

2014年，青岛科大高分子复合材料研发中心顺利签约，复旦大学技术转移中心及渤海活塞、绿都生物、裴森动力3家院士工作站成功落户。2015年，设立500万元的企业转型、500万元的企业规范化改制、500万元的创新创业“三大基金”，全力推动企业创新驱动、转型升级。对企业一线170多名泰山学者、博士、硕士、首席技师等高层次人才给予补助，出台鼓励电子商务发展和“新三板”挂牌奖励政策，对首家在新三板挂牌的安华生物奖励100万元。2016年，投资2亿元打造滨州众创空间，盘活5.5万平方米闲置楼宇建立“双创”基地，签约入驻北京芝麻开花、美国朗驰能源科技等创新创业团队100余家，华翔和彩虹谷众创空间被山东省科技厅首批认定为“山东省众创空间”。芬兰奥斯龙集团具备国际标准的世界级研发中心成功落户，东方地毯公司拥有行业内唯一一家国家级地毯检测中心；杜店办事处获批滨州市首批电子商务示范街道，里则办事处彭集村建立1200平方米的电子商务中心，电商业户30多家，网上网下齐发力，实现年度筛网销售2亿元，创新活力竞相迸发。开发区被评为“山东省科协创新驱动助力工程示范区”。2017年，出台扶持政策，对各类优秀企业和高层次科技人才奖励922.6万元，新增高新技术企业4家，新增工程技术研究中心等创新平台9家，总数达53家；新增国家“万人计划”、泰山产业领军人才等省级以上高层次人才5人，高级人才总数达190人。开发区被列入科技部国家级高端铝材创新型产业集群试点。渤海活塞获评首批国家企业标准领跑者，2项产品被认定为山东名牌。滨州众创空间18个月孵化企业90个、创客项目108家，带动就业1000余人，成为滨州唯一一家国家级众创空间，已有朗驰科技、康艺文化等4家公司在齐鲁股交所挂牌上市。2017年，新增注册企业707家，总数达2856家；新增各类市场主体1903户，总数达33169户，经济活跃度进一步增强。实施人才集聚工程，自2017年起，对全职引进的“两院院士”“千人计划”

及"万人计划"专家，与用人单位签订5年以上劳动合同的，给予专家本人一次性补助100万元，每年年终兑现20万元，5年兑付完成。全职引进的"泰山学者""泰山产业领军人才"，与用人单位签订3年以上劳动合同的，给予专家本人一次性补助15万元，每年年终兑现5万元，3年兑付完成。对来我区领办创办企业或在研发生产一线的全日制博士、硕士研究生，落户开发区并有正式用工合同、在区缴纳社保的，分别按照每人每月5000元、2000元的标准给予连续3年的住房生活补助。

三、经济发展迈向中高端，经济结构持续优化

深入推进供给侧结构性改革，大力实施创新驱动发展战略，振兴实体经济，积极培育经济发展新动力，在保持经济持续平稳较快发展的同时，实现经济结构的优化调整和产业的转型升级，经济发展的后劲和内生动力明显增强，经济结构的优化调整向服务化和高端化方向迈进。

（一）服务业发展迅猛

1. 文化旅游业成为滨州名片

2014年，黄河三角洲文化产业园莲华书院建成投用，新媒体展示中心、中国画基地主体完工。明珠剧院承办了市"两会"、维也纳新年音乐会、星云大师公益讲座、京剧名家演唱会等大型活动，成为全市会议中心和文化交流的平台。秦皇河公园被评为国家级水利风景区和国家4A级景区，先后举办了龙舟比赛、郁金香节、全国帐篷音乐节等系列活动，接待各地游客200多万人次。2016年，服务业增加值实现65.3亿元，增长17.9%。整体策划设计黄河古村风情带乡村旅游开发项目，涉及狮子刘片区等17个村11.3平方公里，采用PPP模式运作，由铁汉公司投资5.8亿元建设，使秦皇河、狮子刘和黄河古村风情带纵横相接、融为一体，打造了西纸坊、香坊王等一批全省旅游特色村。成功举办第二届中国古村镇大会，来自美国、英国等10多个国家及全国30个省市的2000余名专家学者参加，分别被央视新闻、新华社等媒体予以报道。2017年，狮子刘片区及黄河古村风情带列入省重点项目，并成功入选《2017全国优选旅游项目名录》。狮子刘村先后入选首批"中国乡村旅游模范村""全国文明村""2017中国美丽休闲乡村之特色民居村"和全市唯一的"全国环境整治示范村"。西纸坊黄河古村开业运营以来，先后吸引国内外游客达300万人次，获得2017中国最佳乡村旅游项目奖。时任省委常委、常务副省长李群同志作出批示，中央电视台《朝闻天下》《乡土》栏目及《山东新闻联播》《早安山东》等媒体予以报道。2018年以来，启动西海森林

植物公园规划，融乡村旅游度假区、花卉植物观赏区、湿地生态保护区、生态科普体验区、农耕文化观赏区、康居养老区为一体，年内完成基础设施建设及部分苗木种植，2019 年实现市场化运营。完善旅游规划体系，以秦皇河、小开河、黄河沿线“两河一线”为轴心，丰富狮子刘旅游业态，加快西纸坊黄河风情带后续工程建设，贯穿樱花园、玫瑰园、海棠园、西海森林植物公园，以点串线、以线联片、整体联动，打造全省一流全国知名的全域旅游目的地。

2. 金融业发展水平大幅攀升

2013 年，吸引交通银行、恒丰银行、东营银行、邮政银行等 20 余家金融保险机构入驻。2015 年，齐银大厦建成投用，华夏银行、建设银行滨州总部、河海村镇银行、华海担保等多家金融机构入驻。2016 年，河海村镇银行、华海担保等金融机构入驻，市财政局和清华大学工业开发研究院在我区注册成立润滨、兴滨、富滨、水木有恒四支产业基金，总资本金达 45 亿元。投资 4.2 亿元的滨州现代物流综合中心基本竣工，注册仓储物流企业 15 家。2017 年，在全市第四届资本对接大会上，我区签约金额 57.3 亿元；齐鲁银行开业运营，盟威小额贷款公司荣获“全国优秀小额贷款公司”称号；罗兰丝汇、乙仁能源等 6 家企业在“新四板”挂牌上市。2018 年以来，积极优化金融行业结构，深化投融资改革，发挥财金集团作用，设立产业基金，综合运用多种融资方式，为棚户区改造、国际人才社区及重点工程建设提供资金保障。推动东营商业银行、邮政储蓄等银行尽快落户，加快华建、泰义金属、东方地毯、鸿日电动车、同济园林等企业上市步伐。

（二）工业转型升级向高端化演进

1. 创新驱动，高端装备产业构筑全区工业经济基石

对接“中国制造 2025”，实施工业智能化改造工程，推动滨魏高档纺织产业园、东方地毯、戴卡、戴森、罗兰丝汇及生物医药企业智能升级，建成一批具有国家级先进水平的创新载体，打造智能化示范标杆。按照“创新驱动、重点跨越、产业集群、规模发展”的要求，依托山东魏桥创业集团有限公司铝资源优势，形成了以北汽海纳川、渤海活塞、盟威戴卡、戴森车轮等一大批规模大、实力强的企业为支撑的汽车轻量化产业集群，构筑了全区工业经济基石，带动了周边地区汽车轻量化产业。生产模式主要以数字化设计分析、智能制造为核心，以软件系统集成为手段，以大数据为平台，以工业互联网基础与信息安全系统为支撑，实现汽车轻量化零部件的集约、节能、高效发展，形成了以活塞、铝轮毂、铝缸体缸盖、汽车用铝型材等为主要产品的轻量化产业链。与清华大学联合建设氢能源城市，建成全省第一个加氢站，积极推

进氢能源汽车项目。泰义金属研发的建筑用铝模板，荣获建筑行业最高奖“金轩奖”；盟威戴卡机器人密度达到125台/千人，世界同行业水平6.9台/千人，智能化水平远超发达国家平均水平，由其领航的“新材料创新型产业集群”列入省重点专项研发计划，全球难度系数最大的20寸轮毂试制成功，同比减重近6公斤。渤海活塞获得省领军人才培育项目和省高端制造装备重大科技创新工程（智能机器人）专项支持。

2.技术支撑，新材料、新能源产业逐步完善

新能源、新材料产业结构不断优化，在铝新材料、绿色电池等领域形成了较好的产业基础，创新能力得到明显提高。在铝新材料领域，形成了6系挤压铝合金、3系板材铝合金（铝箔）、铝锰10铝合金等为代表，门类齐全的产品体系。在绿色电池领域，覆盖了锂离子电池、锂离子电池正负极材料等相关配套材料生产体系。在铝新材料、绿色电池等领域，形成了以国家级和市级重点实验室、工程中心、企业技术中心、研究院所、高等院校等为依托的较为完善的产业创新体系，具备了从基础研究、应用技术研究到支撑产业化制造技术的全方位的科研开发能力。同时，突破了锂离子电池、铝新材料等一批国内领先的关键技术和工艺，形成了具有竞争力的拳头产品，产品技术水平大幅提升。开展项目建设大会战，完善区领导包保责任制，加快推进氢能推广示范中心、立峰远大装配式建筑产业基地、航桥新材料二期等项目建设，打造经济发展的“火车头”、创新创业的集聚地。

3.依托大数据，新一代信息技术产业蓬勃发展

以“智慧开发区”建设为目标，依托京东大数据中心，大力发展大数据经济、共享经济、电子商务等智慧产业，打造全国首个“eID＋智慧城市”。总投资15亿元的京东大数据中心一期工程共2万台服务器2018年下半年运营。利用京东集团大数据、金融、物流等优势，吸引国内外电商及配套产业集聚，建设黄河三角洲国际电商城，促进电商企业规模化发展。占地400余亩、总建筑面积50万平方米的中建智立方项目积极推进，致力于打造集科创、研发、产业服务、总部基地为一体的高科技产业带。推动京东大数据中心和中建智立方项目强强联合、抱团发展，打造众创空间、科技孵化、创新加速和产业化为一体的滨州智立方大数据产业园。积极对接上海锐嘉科集团和由由集团，盘活中海四号星，推进黄河三角洲科技园—移动智地项目建设，打造集科技研发、商务办公、五星级酒店于一体的产业总部基地。整合各类资源，打通线上通道，全面推进“企业上云”，已有泰义金属、东方地毯等18家企业与京东签订合作协议。

4. 以魏桥纺织为龙头，高效生态纺织产业加快发展

以新材料、新技术应用和推广为手段，不断突破关键技术，提升企业产品开发创新的综合竞争力。行业企业深入促进纺织与信息技术、互联网深度融合，运用大数据、云平台、云制造、电子商务和跨境电商发展催生新业态、新模式。同时，开展数字化、智能化、工厂（车间）试点示范，建设智能工厂（车间）。以魏桥纺织为龙头，统筹东方地毯、罗兰丝汇等家纺纺织品牌优势，实现资源共享、优势互补，建设国家级高效生态纺织产业基地。2018 年 5 月15 日，滨州经济技术开发区管委会和京东云联合主办的首届鲁纺产业节系列活动开幕式在滨州举行，推动了地方纺织产业与互联网融合，实现跨界融合提潜能，助力实施供给侧结构性改革。

回望过去，滨州经济技术开发区经受住了各种重大挑战和考验，经济发展迈出了坚实步伐。取得的成绩来之不易，积累的经验弥足珍贵，创造的精神财富影响深远。展望未来，发展改革转型任务依然繁重，前进道路上的挑战前所未有，滨州经济技术开发区将牢牢把握发展机遇，在新常态的发展下树立新理念、建立新机制、锻造新能力、激发新状态，向改革开放要活力，向科技创新要动力，努力实现有质量、有效益、可持续的发展，为加快建设全国一流经济发展强区做出应有的贡献。

坚持发展理念　紧抓改革主线*

——改革开放40周年邹平经济技术开发区发展综述

滨州邹平经济技术开发区,处于黄河三角洲高效生态经济区、省会城市群经济圈的紧密圈层、滨淄济聊产业带的主轴线上。济青高速公路穿区而过,新建济青高铁在邹平设站,交通便利,区位优势明显。

开发区创建于1992年5月,2001年8月重新启动规划建设。2003年6月,被省政府批准为省级经济开发区。2010年11月,经国务院批准,正式获批成为国家级经济技术开发区。2018年是改革开放40周年,也是邹平经济技术开发区建区第26年。这26年间,经济技术开发区经历了从创建到发展到创新的飞跃,实现了从省级经济开发区到国家级经济技术开发区的华丽变身。

一、经济实力稳步增长

建区以来,邹平经济技术开发区经历了从无到有、从弱到强,逐步发展成为以纺织服装、涉铝产业、食品医药为主导产业,集仓储、物流、研发、商贸于一体的综合性开发区。先后荣获山东省"科学发展示范园区""先进园区"等荣誉称号。发展成为全球最大的棉纺织生产基地,全球最大的原铝生产基地,全国重要的铝生产加工基地,亚洲最大的葡萄糖和玉米油加工生产基地。2017年,经济技术开发区规模以上工业总产值突破2600亿元,经济实现了平稳健康发展。经济技术开发区大力实施环境立区、工业兴区、科技强区三大战略,狠抓项目建设、招商引资、高新技术、基础设施、优化环境五大重点,经过10多年的建设,规划面积108平方公里,开发面积50平方公里,建成区面积36平方公里,从业人员12万人。

---

* 邹平经济技术开发区供稿。

二、主导产业特色明显

打造纺织服装产业集群。邹平经济技术开发区作为全球最大的棉纺织生产基地，以棉纱、棉布、服装、家用纺织品为主，纺纱能力600万纱锭，织机4万台，年产纱160万吨，布30亿米，服装1000余万件，家用纺织品1000万件（套），被授予"中国棉纺织名城"荣誉称号。家用棉纺织品基地被评为"山东省新型工业化产业示范基地"。魏桥创业集团是全球最大的棉纺织企业，2012年成功跨入世界500强，连续7年上榜，2018年位列第185位。2014年以来，连续5年位列山东企业100强。魏桥纺织实施了智能化纺纱项目，全部选用当今世界最先进的智能纺纱设备，实现了"生产全程自动化""控制系统智能化"和"在线监测信息化"，极大地提高了劳动生产率。

打造涉铝产业集群。邹平经济技术开发区经过多年的发展，形成了"热电—氧化铝—原铝—铝材深加工"较为完整的产业链，开创了"铝电网材一体化""上下游业务一体化"和"全球一体化"产业发展模式，已发展成为全球最大的原铝生产基地，全国重要的铝材精深加工制造基地。具备年产氧化铝800万吨，电解铝315万吨，各类铝材、合金铝材（铝板、带、箔、杆、棒等）400万吨，高档铝合金轮毂500万只的生产能力。轻质高强合金新材料基地入选山东省首批战略性新兴产业示范基地，是山东省唯一一个以铝精深加工为主的战略性新兴产业示范基地。铝合金精深加工新材料基地被评为山东省新型工业化产业示范基地。铝业技术全球领先，魏桥创业集团600千安特大型电解槽原铝生产线为全世界首条，具有容量最大、效率最高、液态铝质量最好、能耗最低、用工最少的优势。魏桥铝电"600KA级高效铝电解槽技术开发与产业化应用"荣获中国有色金属工业科学技术一等奖。

打造食品医药产业集群。邹平经济技术开发区以玉米淀粉、油脂、结晶葡萄糖、药用无水葡萄糖、果糖、纤维饲料等为主，年加工玉米400万吨，已发展成为亚洲最大的葡萄糖和玉米油生产基地。西王集团的"西王牌"玉米胚芽油是"国家免检产品""山东名牌产品"。西王集团研发的卧式连续结晶新工艺技术项目属国内首创，填补了国内空白。

三、招商引资硕果累累

建区伊始，邹平经济技术开发区仅入驻了县联社与日清株式会社合资的脱水蔬菜加工厂，县社会福利公司汽修厂等中小型企业。后来经过邹平市委、市政委的重新启动规划，确立了引进市内重点企业入区率先发展的方针。2002年5月28日，山东魏桥创业集团总投资37亿元的邹魏第一工业园开工建设，由此拉开了开发区大招商、大建设、大发展的序幕。在魏桥创业集团带动下，齐星集团、西王集团、宏诚集团、三星集团等一批骨干企业入驻开发区。经济技术开发区又相继引进了日本伊藤忠商事株式会社、日本住友商事株式会社等世界500强和世界知名企业。建区以来，累计引进项目408个，引进项目总投资突破1400亿元。

大力推动企业上市。魏桥纺织、宏诚家纺、齐星铁塔、中国宏桥等企业陆续上市，上市公司达9家，融资总额居全省设在县级的开发区首位，形成了资本市场上的“邹平板块”。

加速发展外向型经济。积极引导企业多渠道、宽口径引进境外资金。山东宏桥新型材料有限公司注册资本154312万美元，总投资327600万美元，投资额在我省外商投资企业中位居前列。魏桥创业集团在印尼投资10亿美元，规划建设年产400万吨氧化铝项目。在几内亚合资设立矿业公司和河港公司，铝土矿设计年生产能力3000万吨。致力于打造一条自国外矿山到国内工厂、集多式联运于一体的完整产业链条。

四、科技创新不断增强

近年来，邹平经济技术开发区深入推动实施创新科技发展战略，加强技术人才队伍培养，走自主创新道路，为经济的发展提供了强有力的支撑。经济技术开发区高度重视创新平台载体建设，支持鼓励有条件的企业进行技术中心、工程技术研究中心、实验室等平台载体建设，推动企业提高科技创新能力。截至目前，拥有国家级重点人才平台载体3个，省级科技创新平台载体达18个。不断加大科技研发投入。2017年，科技活动经费占地区生产总值的比重达3.4%。不断加强知识产权创新、应用与保护，深入推进品牌建设。区内企业拥有多个山东名牌、中国驰名商标、山东著名商标。经济技术开发区高度重视人才队伍建设，柔性引进了泰山学者海外特聘专家苏党生、泰山学者特聘教授李剑锋、泰山学者特聘教授李长贵等多名高层次人才。目前，开发区拥有省级以上高层次人才15人。近年来，各类职业院校先后为区内企业培训专业技能人才2万余人。

五、环境建设日趋完善

邹平经济技术开发区坚持科学规划、合理布局、分步实施的原则，高起点、高标准建设区域环境，先后投入资金60多亿元，坚持配套完善基础设施，提高环境承载能力。建设了六纵六横全长80公里的道路框架，全长12公里的邹周铁路货运专线。建设了总装机容量138万千瓦的自备热电厂及配套电、热管网。为解决工业用水问题，建设了库容4500万立方的平原水库，40公里的供水主管网，日供水能力达25万立方米。为解决工业污水问题，建设了日处理污水16万吨的污水处理厂。加大投入进行绿化亮化建设、综合管网建设，亮化率达到95%，建设了140公里的排雨排污管道。通过连续多年大投入，已开发区域内全部达到“九通一平”。经济技术开发区建立了创新高效的服务机制，对入区企业实行“一站式”服务，营造了“亲商、爱商、护商、富商”的良好风尚，为企业提供了良好的投资环境。经济技术开发区不断配套完善滨州保税物流中心功能，力争尽快申报升级为综合保税区。滨州保税物流中心自2015年正式封关运营以来，已发展成为促进邹平市乃至滨州市开放型经济发展的新引擎和对外开放的新平台。中心于2017年获批成为济南关区首家“保税备货”跨境电商业务试点单位，业务开展顺利。

六、生态循环化步伐加快

经济技术开发区坚持以科学规划引领发展，以绿色循环化产业支撑发展，以生态经济和生态环境为建设重点，积极推动省级生态工业园区创建及园区循环化改造。省级生态工业示范园区创建工作自2015年创建以来，取得了阶段性的成果。魏桥创业集团制定的《电解铝大气污染物超低排放标准》(Q/WQCY HB001-2016)，已经向省质监局和省环保厅申报了企业标准“领跑者”项目。

在创建生态工业示范园区的同时，经济技术开发区加快园区循环化改造步伐。经济技术开发区充分利用电解铝液资源丰富的优势，采用短流程工艺，将铝液直接运到下游企业，实现铝液就地转化的集约、节能、高效生产模式，从煤电铝联产到铝材深加工，上下游业务一体化、铝电网材一体化，大力发展铝加工和深加工的完整产业链。

七、社会事业全面进步

经济技术开发区不断加大民生投入力度，为让广大市民共享发展成果，积极构建经济补偿、居住安置、就业扶持、社会保障四位一体的失地农民安置模式。将地方财政收入18%用于占地村庄公益事业和社保投入，为所有失地农民办理新型农村合作医疗和养老保险。已先后建成配套完善、环境优美的城市社区、花园式住宅小区等共计11处，群众的居住环境得到改善。投资建设了国际商贸城、建宇商场、香港东南商场、会仙桥批发市场、圣豪购物超市等5处大型商贸服务区，商贸服务日趋完善。通过工业和第三产业的大发展，推动农民向二、三产业转移，有力促进了社会就业，大幅提高了农民收入。投资建设了开元小学、梁邹小学、经济技术开发区第三小学等省级规范化小学 3 所，幼儿园 1 所，建成九年一贯制学校 1 所，规划建设幼儿园 2 所，文教卫生事业蓬勃发展。

二十六年的春华秋实，二十六年的创新发展，邹平经济技术开发区实现了日新月异、沧海桑田的变化。在今后的发展中，邹平经济技术开发区将以习近平新时代中国特色社会主义思想为指导，全面贯彻党的十九大和十九届一中、二中、三中全会精神，深入贯彻落实习近平总书记系列重要讲话精神，落实省委新旧动能转换工作部署，为建设更高质量、更高水平的小康邹平，为推进山东由大到强、走在前列，建成全国重要的新经济发展聚集地和东北亚地区极具活力的增长极做出新的贡献！

东营经济技术开发区改革开放历程*

东营经济技术开发区建区20多年来，作为东营市改革开放的先行区和实验田，对于促进吸收外部投资、提升工业技术档次、加快经济社会发展发挥了巨大的作用。

一、主要历程

实践表明，20多年的发展历程就是东营开发区不断开放开发、开拓创新、优化升级的过程。东营开发区与全国其他沿海国家级开发区相比，在发展历程的时段划分上，既有共同的时代背景与相似的经历，也有自己的鲜明特点。概括起来，大致可划分为四个阶段：

（一）探索起步阶段（1992年11月至1998年9月）

1992年5月，邓小平南方重要讲话发表以后，全国掀起新一轮对外开放的高潮。在这一背景下，东营市委、市政府决定规划黄河三角洲外向型经济区和东营开放开发综合试验区（简称“东营开发区”）。1992年11月12日，山东省政府批准设立东营开放开发综合试验区。同年12月12日，山东省政府正式确定为省级开发区。1993年3月31日，东营开发区开始运营。

主要体现在：探索起步阶段，东营开发区致力于搞好各项基础设施建设，兴办、引进了一些中小型的项目。在开发区的规划建设上，东营开放开发综合试验区规划面积14平方公里，起步区面积1.5平方公里。按照“统一规划、合理布局、统筹兼顾、依托发展，充分发挥现有基础设施作用”的原则，规划了3个专业园区，分别为综合开发园、工业开发园和精细化工开发园。基础设施的大力建设以及相关文件的出台，创造了招商引资的良好条件，

---

* 东营经济技术开发区供稿。

1993年至1998年4月，共批准进区企业119个，项目总投资8.7亿元，开创了招商引资工作的新局面。

(二)创业基础阶段(1998年10月至2002年10月)

在这期间，东营开发区的基础设施建设、规划调整、功能定位、招商引资等方面都发生了重大变化。

主要体现在：在基础设施建设方面，开发区按照东营市新一轮城市总体规划要求，加大基础设施投入，建设标准化工业园区。在规划调整方面，1998年，东营开发区管委会委托山东省城乡规划设计院编制《东营经济开发区调整规划》，并经第4～22次市长专题会议批准实施。规划面积为11平方公里，内设一类工业园区和二类工业园区。在功能定位方面，主要兴办机械电子、纺织服装、精细化工和新型建材五大主导产业等五大主导产业。在招商引资方面，1998年4月至1999年末，开发区新批准进区项目24个，总投资48.4亿元。

(三)发展壮大阶段(2002年11月至2010年2月)

这段时间是东营开发区由打基础阶段全面迈向发展壮大的重要阶段，在此期间经济社会发展取得新成效，产业、园区、招商引资、基础设施建设等取得新亮点。

主要体现在：在产业发展方面，至2010年逐步调整为电子信息、汽车及零部件、新能源、石油装备、新材料和有色金属压延及深加工、轨道交通装备、机械装备高端制造业等八大主导产业。在园区方面，成立东营软件园、生态谷(石油大学科技园)、滨海新材料园。在招商引资方面，2009年11月23日，国务院正式批复《黄河三角洲高效生态经济区发展规划》，黄河三角洲地区的发展上升为国家战略，开发区的招商引资工作再掀高潮。2008～2009年，全区新签约项目63个，总投资405.75亿元，实际利用外资8345万美元。2010年，为吸引项目入区、扶持企业发展，开发区管委会集中出台一系列优惠政策。全年新引进项目42个，总投资额259亿元。在基础设施建设方面，按照2002年编制的《东营经济开发区总体规划》范围，向东延伸完善基础设施配套。2010年，全区实现生产总值199亿元，占全市地方的11.9%，是2003年的13.6倍；实现规模以上工业总产值718.4亿元，是2003年的16.9倍；实现地方预算内财政收入7.27亿元，是2003年的13.2倍；实现进出口总额29.3亿美元，占全市的36.8%，是2003年的7.4倍；实际利用外资1.038亿美元，占全市的54%，是2003年的1.73倍。

(四)优化转型阶段(2010 年 3 月至 2017 年 12 月)

2010 年 3 月 21 日,东营经济开发区升级为国家级经济技术开发区,定名为"东营经济技术开发区",实行现行国家级经济技术开发区政策,由此开启了开发区发展的新征程。

主要体现在:广利港及临港产业区建设快速推进,广利港集团正式成立运营;产业园区优化整合,产业结构调整迈出坚实步伐,社会民生事业实现跨越式发展,生态环境、城市面貌明显提升。

二、主要成就

20 多年来,在市委、市政府的领导下,在上级各部门的大力支持下,东营开发区勇于创新,大胆实践,坚持以人为本,统筹经济和社会发展,积极引进外部资金、技术、管理经验,在经济发展、产业培育、科技进步、城市建设、体制创新等诸多方面都取得了显著成绩,成为东营市经济最有活力、最具潜力的经济增长点之一。

(一)综合经济实力跨上新台阶

东营开发区始终坚持以经济建设为中心,抢抓机遇,发挥优势,经济保持了持续、快速、健康发展的良好态势,各项主要经济指标连续 5 年以12%左右的速度增长。2017 年,全区实现生产总值 402.7 亿元,规模以上工业总产值 1699.2 亿元,一般公共预算收入 18.3 亿元,进出口总额 225.1 亿元。在商务部发布的 2017 年国家级开发区综合发展水平考核评价中,在全国 219 家国家级开发区中排名第 66 位,在全省 15 家国家级开发区中排名第三位。此外,还被评为"第五届全国文明单位"。

(二)产业结构升级迈出新步伐

产业结构持续优化,第三产业增加值占 GDP 比重由 2010 年的 14.8%提升到 2015 年的 20.3%,高新技术产业值占工业总产值的比重由 2010 年的 41.9%提升至 2017 年的 55.2%,超过全市 19 个百分点,示范引领和带动作用更加突出。现代产业体系初显雏形,初步形成了有色金属、石油装备、新材料、汽车及零部件等主导产业和智能装备、新能源、电子信息、生物医药等新兴产业为核心的产业体系。

（三）城市建设呈现新风貌

按照东营市向东发展的战略部署，拉开了开发区现代化新城建设框架，形成了开发区主体产业区、东八路东工业园和空港产业区、广利港及临港产业区的新发展格局。产城融合发展加快推进，府前街金融商务聚集区、莒州路现代服务业聚集区、广利河滨水生活区和沂州路、运河路步行街等特色片区初现雏形，开发区城市功能有所提升。

（四）基础设施建设实现新跃升

城市重大基础设施加快建设。截至2015年底，累计完成投资32.7亿元，先后实施了109项市政基础设施工程，新增道路40公里，铺设雨水管线76千米，污水管线40千米，新增绿化面积350万平方米，市政设施完好率达95%以上，路灯亮灯率达98%以上，道路保洁面积已达600万平方米，机械化清扫率达95%以上。园区配套设施不断完善，设施保障能力大幅提高。2017年，投资6.5亿元实施了悦来湖、丽日湖公园改造提升、街头游园建设等39项基础设施建设和景观绿化提升工程，新增和改造绿化面积119万平方米。

（五）社会事业建设取得新进步

教育事业加快发展。截至2017年底，全区公办义务教育学校达到4家，公办幼儿园2家，民办幼儿园7家。卫生医疗事业蓬勃发展，共审批医疗机构41家。实施了社区卫生服务站、便民服务大厅、市民学校等民生工程，成立了7个社区工作站，建立健全了社区组织服务体系。积极举办了“促发展惠民生”文化进基层活动、书法绘画摄影展，积极组织参加东营国际马拉松赛、全市“放歌黄河口”广场文化活动和全市广场舞大赛，群众性文化体育生活更加丰富多彩。

（六）生态文明取得新进展

建立了较为完善的循环经济产业体系。2017年，国家循环化改造示范园区试点通过国家验收，成为全省第一家、全国首批11家国家循环化改造示范园区之一。国家生态工业示范园区建设通过省级验收，获国家标准委批准创建全国循环经济标准化示范区。2017年，方圆公司被评为有色金属行业全国唯一的循环经济标准化示范单位。2017年，全力保障配合中央、省环保督政检查和海洋督察，开发区成为全市县区、开发区中唯一没有被约谈和问责的单位。

(七)改革开放工作开创新局面

对外开放步伐不断加快。2017年,完成进出口总额225.12亿元,实际利用外资5381万美元。2011～2015年,开发区共引进入区项目227项,总投资629亿元,固定资产投资231亿元。2017年,新引进项目128个、总投资311.5亿元,重点在谈项目153个、总投资550亿元,引进项目和在谈项目数量位居全市前列。2017年,完成固定资产投资218.26亿元,保证了投资持续增长。

三、工作经验

东营开发区在20多年的发展过程中坚持求真务实、开发开放的态度,大胆探索,勇于实践,积累了弥足珍贵的经验,成为指导东营开发区更上一层楼的宝贵财富,也为其他开发区更好的发展提供了借鉴。

(一)体制创新是开发区发展的根本动力

体制创新是推动东营开发区发展的动力与基石,是东营开发区提高区域核心竞争力的基础和条件。多年来,东营开发区党工委、管委会对辖区内的党务、行政、经济和社会事务等方面实施统一领导、统一管理,赋予经济管理权限和行政管理职权。按照"小政府、大服务"理念,在机构设置上实行大部制的同时,大力优化机构设置和职能配置,提高政府治理和服务水平,着力构建引领经济社会健康快速发展的政府组织体系。以体制的最大活力,保持了东营开发区持续、稳定、健康发展的最大动力。

(二)政治文明建设是开发区发展的有力保障

东营开发区注重加强软环境建设,统筹经济和社会发展,为开发区一次又一次的跨越式发展提供了强有力的保障。不断推进社区及非公企业等新型经济社会组织党建工作,不断培养和增强人们的民主法制意识,以创建全国文明城市为契机,深入开展文明教育活动,2017年东营开发区成功荣获第五届全国文明单位。

(三)投资环境是开发区发展的关键因素

环境就是生产力,环境就是竞争力,优化环境就是发展生产力,发展环境就是打造竞争力。多年来,东营开发区努力提高以基础设施建设为重点的硬环境，加大了城区道路和集中供热、垃圾污水处理等市政基础设施建设力度，提高基础设施的承载力；努力使以构筑为企业立体化服务网络为重点的软环境实起来，坚持以服务企业为最大工作目标，不断提高行政效率和服务质量，形成了吸引人才、资本、项目和技术快速集聚的“磁场”效应；以环境整治为重点，坚持整体推进、突出重点，狠抓城区环境的绿化、美化、亮化、净化；努力使以提升开发区干部素质为重点的内环境强起来，不断深化行政管理体制改革和机构改革，切实建立精干、廉洁、务实、高效的政府服务体系。

（四）人才保障是助推开发区发展的智力支持

20多年的发展证明，人才是东营开发区发展的重要支撑。截至2017年，东营开发区人才总数超过9000人。全面推进“人才特区”建设，全区共有国家“千人计划”专家4人，省“泰山学者”海外特聘专家、“泰山产业领军人才”13人，市“黄河三角洲学者”17人，高端人才聚集效应和辐射带动作用明显增强。开发区连续6年被评为全市人才工作先进单位。深入实施“高端技能人才培养工程”、“金蓝领”培训工程，推行企业“首席技师”制度，加快使用技能人才培养。深入实施高端人才“筑巢工程”，对各类紧缺人才给予全方位政策支持。

（五）产业互动是开发区经济结构优化升级的必要选择

大力发展与城市产业结构和功能相关联、相吻合的产业，形成产业的积聚和集群化，是加快东营开发区发展的重要途径。东营开发区通过在土地、产业扶持政策等方面给予最大限度的优惠，积极促成了一批大企业落户，并在区内投资兴办了一批现代化的工业园区，极大地壮大了东营开发区的经济总量和利用外资的载体。同时，东营开发区始终注意提高转移产业的质量和档次，注重把好环保关，着力发展高新技术，培育形成新的有效的增长点。

（六）高水平规划是开发区建设的基本原则

20多年来，特别是近年来，东营开发区强化规划的主导作用和先行地位，始终把规划作为提升土地价值、提高城市知名度、吸引外来投资的第一品牌。提升规划层次、严格规划执法，聘请高层次规划设计单位完成了主体区控规、临港产业区总规、体育休闲设施规划等规划修编工作，为经济社会发展和项目审批提供了依据。

续写烟台 40 年改革开放新篇章*

1978 年,党的十一届三中全会开启了中国对外开放的序幕,为了连接国内国际两个市场、承接国际产业转移、扩大对外贸易,参照国际惯例和国外部分国家的做法,经国务院批准,海关特殊监管区这一国家级的对外开放平台应运而生。截至目前,国务院已批准设立了 130 余个海关特殊监管区,为推动我国不同时期对外开放和经济发展做出了积极贡献。改革开放 40 年里,烟台市委、市政府也不断适应国际国内经济新形势,积极运作海关特殊监管区域建设发展,走出了一条从保税区到出口加工区,再升级到保税港区的开放之路,不断尝试着深化对外开放的路径探索。烟台保税港区的建设发展轨迹不但伴随着海关特殊监管区模式的更迭变迁,也书写着烟台不断深化对外开放的历史印记。

烟台保税港区是 2009 年 9 月 7 日经国务院批复设立的全国第 13 家、山东省第 2 家保税港区,也是全国第 1 家以出口加工区和临近港口整合转型升级而成的保税港区,规划面积为 6.21 平方公里。自 2011 年 1 月 12 日封关运作以来,作为海关特殊监管区和国家级特定功能区,烟台保税港区依托特殊政策功能,大力发展保税加工、保税物流和保税服务,初步形成了东区以港口作业和保税物流为主、西区以保税加工制造为主的产业发展格局。2017 年全区实现外贸进出口 120.7 亿美元,同上海、天津、重庆 3 个直辖市同类园区并列进出口百亿美元方阵,已成为烟台乃至山东对外开放的重要窗口。

从 20 世纪 80 年代烟台市委、市政府开始动议海关特殊监管区域发展模式,到 1991 年筹建芝罘湾保税区起步,历经保税区(筹建,下同)、出口加工区、保税港区三个阶段。纵览近 30 年的发展历程,可以看到这里承载了

---

* 烟台保税港区供稿。

烟台全市上下在改革开放浪潮中的努力和拼搏，积淀了历届市委、市政府领导班子的智慧和汗水，寄托着烟台不断深化和扩大对外开放的希望和期待。

一、积极申办烟台保税区，迈向自由贸易的初步尝试（1978～1999年）

党的十一届三中全会后的10年里，烟台的进出口贸易迎来了快速发展期，保税业务对于外资企业的生产经营和贸易活动越来越重要。为了引导保税业务健康发展，充分发挥保税业务区域化管理的效能，促进外向型经济的发展。20世纪80年代末，烟台市政府开始组织专家对依托烟台港设立芝罘湾保税区进行论证，在此基础上划出一片区域兴建保税仓库和工厂。烟台芝罘湾保税区的筹建，为烟台的对外经贸增加了一项新的功能，提供了一个全新的领域，无论对烟台扩大对外开放，拉动加工贸易发展，还是对提高国际知名度，融入国际合作与竞争，实现经济国际化，都产生了积极而深远的影响。

芝罘湾保税区虽然一直未能正式获批，但是在烟台市委、市政府的坚强领导下，在各级各部门的积极配合下，按照“以干促批、边干边批”的工作思路积极开展工作，芝罘湾保税区范围内的保税仓库、工厂也享受到国家赋予的关税和税收优惠、进出口（境）管理以及仓储、加工、贸易等特殊功能政策。1992年11月18日，海关总署发文正式批准烟台保税区开展进口汽车保税业务，使烟台保税区成为山东省第一家开展该项业务的区域。1993年10月22日，海关总署发文，正式批准烟台保税区设立办公用品保税仓库，这在当时是全省第一家，全国也只有3家。1993年11月9日，烟台保税区内出口监管仓库由烟台海关授予登记证书，出口监管仓库正式挂牌营业，这也是海关总署在山东省批准的第一家出口监管仓库。1993年11月29日，青岛海关决定在国务院未批准烟台保税区之前，将烟台保税区列为海关监管区，可开展转口贸易，这一做法在全国尚属首例。通过政策的不断完善和更新，烟台保税业务实现了快速发展，区域经济带动作用逐步显现，这也为后续出口加工区、保税港区的申办打下了坚实基础。经过8年的筹建发展，烟台芝罘湾保税区经济实力不断增强。1999年，全区完成工业产值4.83亿元，外资企业总投资308万美元，出口创汇5364万美元。

二、成功获批出口加工区，不断扩大对外开放优势（1999～2008 年）

1999 年，烟台外向型经济步入了“调整恢复阶段”的最后一年，加工贸易呈现出强劲发展势头，已成为外贸发展和扩大吸引外资的重要内容。为了改进和完善加工贸易的管理，国家酝酿在沿海少数经济发达地区设立出口加工区试点。经过全市上下艰苦卓绝的努力申办，2000 年 4 月 27 日，烟台出口加工区获国务院批准设立，成为国家首批 15 个先行试点的出口加工区之一。出口加工区的政策优势，铸就了烟台对外开放的“政策高地”，衡量着烟台经济发展的程度以及外向型经济发展的深度和广度。

自 2000 年 4 月设区以来，烟台出口加工区在探索中前进，在创新中发展，全区业务总量持续增长，经济社会效益显著。2003 年 9 月 27 日，设立烟台出口加工区 B 区，以此为平台吸引了总投资 30 亿美元的富士康（烟台）科技工业园落户，2005 年 7 月正式投产运营，现已成为山东省产值和出口最大的外资企业。2006 年 12 月 26 日，经国务院批准，成为全国 7 个拓展保税物流功能试点之一。2007 年 6 月 12 日，被列入全国 6 个开展危废品出区处置试点之一。2009 年，全区完成进出口总值 136.6 亿美元，其中出口完成 77.2 亿美元，进口完成 59.4 亿美元，在全国 60 个出口加工区综合评价中，进出口总额仅次于江苏昆山、上海松江、漕河泾，列全国第四位，在山东省内出口加工区中排名第一。园区吸引了来自韩国、日本、美国、台湾等 10 多个国家和地区的企业来区投资设厂，并形成了以手机部件、石英谐振器为代表的电子加工产业链，以金属配件、仪表、轮毂、内饰件为代表的汽车部件加工产业链，以及以保税仓储、物流、国际采购、分销和配送、国际中转为代表的保税物流产业链三大产业群。全区有注册运作企业 82 家，从业人员 7 万人，累计完成项目总投资 5.23 亿美元，其中外资项目总投资 4.08 亿美元，实际到位资金 3.39 亿美元；每平方公里投资密度达到 1.73 亿美元，居全国前列；工业总产值达到 647.7 亿元人民币。出口加工区成为烟台吸引外资的重要基地和对外开放的重要窗口。

三、成功获批保税港区，烟台对外开放实现新跨越（2008 年至今）

2005 年 6 月，国家在上海洋山设立了全国第一个保税港区。自此，国内以“保税港区”的形式，展开了“自由贸易港区”规划、申报、建设的新一轮角逐。当时保税港区的申办虽然困难重重，但从经济社会长远发展看，烟台迫切需要保税港区这样一个战略平台；港口的发展、现代物流的发展、中外企业的发展都需要新的对外开放“政策高地”；烟台参与国家对外开放“差别竞争”，提高国际知名度，打造亮丽城市名片，也需要跨入这个最接近自由贸易区的“经济特区”。经过保税区、出口加工区的两次申办，再到保税港区的“第三次”申办，烟台的决策者在改革开放的浪潮中又一次扬帆起航。精诚所至，金石为开。烟台人用短短不到一年的时间完成了所有报批会签手续。2009年9月7日，国务院正式批复同意设立烟台保税港区，作为全国第13个、山东省第2个保税港区，实现了烟台市在国家战略层面的又一次重大政策突破，续写着烟台追逐自由贸易港区的愿望与梦想。

烟台保税港区开关运作后，充分发挥特殊经济区域对外开放窗口作用，积极辐射带动腹地经济合作发展。经过近10年的发展，园区从以加工贸易为代表的传统产业逐步向国际商品展示、跨境电子商务、外贸综合服务等为代表的新兴产业转型发展。区内出口货物种类从金属制品、木材加工、机器设备及零部件等领域，扩展提升到集成电路系统、液晶显示部件和海洋工程设备等高技术含量和高附加值产品。2013年3月14日，经海关总署批准，获得国家跨境电子商务（出口）试点，保税港区跨境电商产业园被山东省商务厅批准为“省级跨境电子商务产业聚集区”。2014年9月24日，在青岛海关和烟台海关的支持指导下，烟台保税港区正式启动了自贸区创新制度复制推广工作。截至目前，已有海关监管、检验检疫、国税、工商、外汇等领域30多项自贸区创新制度在区内落地实施，其中，在全国率先测试成功选择性征税系统，在省内首先完成特殊区域汇总征税、多式联运、委内加工、返区维修等创新监管制度，不断释放政策红利。烟台保税港区的封关运作，也推动了烟台港由“单一装卸港”向“复合增值港”转型。2017年，烟台港完成货物吞吐量2.88亿吨，集装箱吞吐量270.2万标箱，油品、铝矾土、集装箱、商品车、化肥、煤炭六大物流体系建设成绩显著。

海关特殊监管区是改革开放的产物。党的对外开放政策和兴办海关特殊监管区的战略部署，加快了烟台改革开放步伐，释放了区域经济发展活力。烟台保税港区近30年发展历程和主要成果，是中国特色社会主义理论在烟台的生动实践，是烟台社会主义现代化建设和改革开放不断深化的精彩缩影。在新的历史时期，烟台保税港区将以更加开放的眼光，更加务实的作风，认真贯彻落实中央和省市战略部署，在实施山东半岛蓝色经济区发展战略、建设山东新旧动能转换试验区，承接新战略、培育新产业、探索新机制的征程中续写新的辉煌篇章！

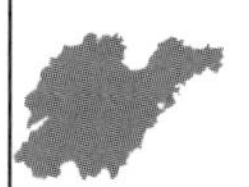

紧跟改革开放浪潮　建设更高层次开放发展的特色功能区和改革创新试验田*

潍坊综合保税区于2011年1月25日获国务院批准设立，是全国第14个综合保税区、山东首个综合保税区。总管辖面积30平方公里，其中网内监管区5.17平方公里，网外配套区24.83平方公里。按照地理位置，潍坊综合保税区分为南区、北区，“一区两片”运营模式，其中，南区位于潍坊城区东部，主要依托青岛机场和青岛港，为潍坊及周边地市企业服务；北区位于潍坊港口周边，主要依托潍坊港，为北部沿海2700平方公里地区服务。两区各有服务重点，又相互补充、相互融合，使潍坊综合保税区的功能政策覆盖全市，辐射全省。

潍坊综合保税区具有“保税加工、保税物流、货物贸易、服务贸易、虚拟口岸”等功能和“进境保税、入区退税、免增值税、区港直通、集中申报、快速中转”等优惠政策，服务辐射半径达300公里，具有“承东启西”的辐射带动作用，向东承接青岛、烟台、威海等沿海城市，向西服务淄博、滨州、东营等内陆城市，对全市、全省的经济发展有重要的政策服务、项目聚集和国际化平台作用。

一、国务院批复潍坊出口加工区

2003年，随着改革开放的不断推进，潍坊外向型经济呈现出蓬勃发展态势，潍坊市委、市政府决定，向国家申报潍坊出口加工区。市政府成立专门申报班子，经过一年的不懈努力，2003年12月国务院批复设立潍坊出口加工区。申报成功，成为了当年山东和潍坊“年度大事”之一。为此，山东省时任省长韩寓群高度评价了潍坊的做法，并在全省经济工作会议中概括为“潍

* 潍坊综合保税区供稿。

坊精神”。商务部在内部机关工作交流会上，号召学习潍坊“坚忍不拔、执着追求、不达目的誓不罢休”的工作精神。

二、国务院批复潍坊综合保税区

随着国内外市场的变化，出口加工区功能单一、政策不足的问题开始显现，极大地制约了贸易的发展。为此，潍坊出口加工区又正式向国务院申报潍坊综合保税区，开始新一轮规划、申报、建设的征程。

山东省委、省政府高度重视潍坊申报综合保税区事宜，给予了大力支持和帮助。2009 年 9 月，潍坊市政府向省政府上报申报文件，仅用了一年时间，2011 年 1 月 25 日，国务院即正式批复设立了潍坊综合保税区。

综保区的批复设立，是山东省、潍坊市的一件大事、一件喜事。它进一步完善了产业结构，提升了潍坊的城市功能，架起了一条连接潍坊与世界贸易的大通道，这对加快山东半岛蓝色经济区和环渤海经济圈建设，具有十分重要的意义和作用。

三、国务院批复潍坊综合保税区北区

2013 年，保税区发展驶入快车道。大项目、好项目接踵而来，形成了多业态齐驱并进、健康发展的大好局面。为更好地发挥保税区功能作用，市委、市政府作出在潍坊港周边申报设立综合保税区北区的战略决策。

2013 年12 月，潍坊综合保税区调整区划设立北区的申报文件逐级上报省政府、国务院。2017 年 7 月 1 日，国务院正式批复设立潍坊综合保税区北区，成为全国首个转型升级之后获批“一区两片”的综合保税区。潍坊综合保税区北区获批后，保税区筹资 4 亿元，全力加快建设步伐。2018 年 6 月 12 日，保税北区验收必备的各项基础设施全面建成，并顺利通过济南海关、省商务厅等机构组成省联合预验收组的预验收。9 月 21 日，潍坊综合保税区北区正式通过国务院八部委联合验收组验收。潍坊综合保税区正式分为南区、北区“一区两片”运营。

四、搭建国际服务平台

在发展过程中，综合保税区牢固树立“为服务而存在，为别人而生存，为发展而发展”的理念，努力搭建了五大国际服务平台。

一是口岸综合服务平台。依托青岛机场、青岛港和潍坊港，借助电子卡口、集装箱识别、电子关锁等现代化手段，实现了企业在保税区报关，口岸直接放行，吸引了 2500 多家社会企业来区开展业务，报关单票数占全市的40%。

二是快捷通关服务平台。本着“大开放、大便利、大服务”的原则，大力推行通关便利化改革，在济南关区实现区域一体化通关，在省内率先推行“三个一”通关报检新模式，通关效率提升50%。

三是检验检疫服务平台。2012年，经国家质检总局批准，潍坊综合保税区获批进口棉花等植物产品检验检疫权。2015年7月，国家质检总局批准设立潍坊综合保税区进口肉类和冰鲜水产品两个指定口岸。2015年8月，国家级进口澳大利亚活体肉牛口岸获批建设。

四是功能创新服务平台。复制落实13项自贸区政策，数量居济南关区首位，被济南海关确定为改革创新先行区、示范区。在全省率先推行企业集群注册新模式，2017年全区新注册企业874家，同比增长134%。

五是外贸综合服务平台。加快推进智慧保税区建设，通过云计算、物联网等手段，逐步建立多维化大数据平台，推动服务贸易模式创新，提供报关、报检、退税、结汇等“一站式”服务。

五、打造“六个百亿级产业链”

建区以来，潍坊综合保税区牢固树立“项目立区”发展理念，不忘初心、牢记使命，勇于创新、担当实干，大力实施网内网外、网上网下、国际国内和产业配套发展“四个一体化”，初步形成了电子信息、冷链物流、棉花加工、新能源、新材料、国际贸易等“六个百亿级产业链”的发展框架。

一是电子信息产业。引进总投资30亿元的歌尔电子产业园，主要研发生产智能穿戴、虚拟现实、机器人与无人机等电子产品，为苹果、Facebook、三星、谷歌、微软、华为等国际知名厂商提供配套服务。2016年，歌尔新上虚拟现实智能头盔和无人机两个项目，至2017年底已累计实现产值130亿元。在此基础上，规划建设占地1万亩的歌尔智能硬件产业园，其中网内工业用地1000亩、网外工业用地6000亩、商务生活配套区3000亩，集中布局虚拟现实制造产业。

二是国际冷链物流产业。引进习近平总书记出访俄罗斯期间签署的中俄冷链物流项目，总投资6亿元，总建筑面积10万平方米，建设欧洲标准全自动化低温冷库、高温冷库、常温库和智能化控制中心，其具有10万吨库存规模和年200万吨的冷藏周转能力，由世界500强企业嘉里大通管理运营，预计3年内年出口农副产品36万吨，年进出口额10亿～15亿美元。项目与国家批复的“潍坊进口肉类和冰鲜水产品指定口岸”一体化建设，着力打造高端农副产品保税仓储、冷链物流、精深加工和进出口于一体的国际冷链物流产业园。

三是新能源产业。引进总投资6亿元的美国控股的佩特来新能源汽车电机驱动项目、年产7万辆陆地方舟新能源电动汽车、全国第一的天津力神动力电池、总投资3亿元的深圳LED照明项目等,初步形成新能源产业链,努力打造百亿级新能源产业集群。

四是棉花物流加工产业。引进华奇棉花物流加工项目,在澳大利亚购买棉田500万亩,种植的棉花全部运回潍坊保税区加工出售。项目总投资10亿元,建设10条生产线,年进出口额10亿美元、税收5亿元。2017年4月,一期2条生产线建成运营,实现全国首单籽棉进口业务,到2020年有望实现进口棉花100万吨、进出口额15亿美元,建成闻名全国的棉花及棉产品进出口物流交易基地。

五是新材料产业。引进投资10亿元的圣和塑胶新材料项目,深化与世界500强企业宝钢集团的合作,再建高档热缩新材料生产线5条,建成后年产值接近20亿元,并建成高科技、绿色新型包装材料生产基地。以此为龙头,聚集了华潍新材料、利可生生物、正信科技、康裕医药等一批企业项目,着力打造百亿元级新材料产业集群。

六是国际贸易和跨境电商产业。建成3万平方米长江以北最大的进口商品直营中心,开工3万平方米的进口商品物流批发中心,整合利用全区30万平方米保税仓库,做大做强国际贸易,吸引电商企业和人才在保税区聚集发展,打造集进口、储存、分装、配送、结算于一体的江北进口商品集散批发交易基地。

六、改善社会民生

建区以来,潍坊综合保税区始终注重民生建设。辖区23个村历经坊子区、高新区、保税区等多次区划调整,经济落后,基础薄弱。综合保税区坚持让群众发展成果的理念,不断加大民生投入,加大教育投入,财政和社会投资累计2亿多元,建成潍坊行知高中和"九年一贯制"的保税区实验学校,正在规划建设普惠制幼儿园和民办九年一贯制国际学校,形成从幼儿园到高中的教育链条。完善道路交通,投资8000余万元建设宝通街东延伸工程,投资5000余万元扩建8条区内道路,全面整修农村断头路、村内路,规划建设公交枢纽站,增设公交线路和自行车站点,方便群众出行。改善村居环境,投资1600余万元,分两批实施16个村的乡村连片治理工程,全区村庄治理率达70%。投资800多万元建设垃圾处理站,城乡环卫一体化村居覆盖率达100%,农村环境更加宜居。提升社会保障,投资3000多万元,提升社会保险、社会救济、社会福利、优抚安置水平，社会保障标准居全市前列。在全市率先完成脱贫任务，精准识别贫困户 134 户、178 人，通过低保托底方式一次性实现脱贫。在全市率先开展被征地农民养老保险工作，为失地农民提供生活保障。

威海综合保税区改革发展历程*

威海综合保税区是由威海出口加工区转型升级、异地扩区合并而来的。2000年4月27日，国办函〔2000〕37号文批准威海出口加工区成为全国首批15个出口加工区试点单位之一。2011年，威海市政府启动威海出口加工区转型升级为综合保税区申报工程。2016年5月31日，国函〔2016〕92号文正式批复威海出口加工区整合优化为威海综合保税区。2018年9月20日，威海综保区正式通过了国家验收。规划面积2.25平方公里，分为南北两区，北区位于威海经济技术开发区，为原威海出口加工区已封关区域，规划面积0.88平方公里；南区位于威海国际机场附近，为新设区域，封关区面积1.37平方公里。

回顾改革历史，威海出口加工区凭借国家的政策优势、区位优势、环境优势、服务优势和人才优势，实现了从小到大、从弱到强的嬗变。截至目前，区内已引进韩国、日本、法国、香港、台湾等国家和地区的41家企业，其中投资规模超过1000万美元的项目13个，集聚了电子信息、汽车零部件、保税物流等重点骨干企业。截至2017年底，区内累计实现产值368亿元，年均增长26%；累计完成进出口总值812亿元，年均增长30%；主要经济指标持续向好，已成为拉动区域经济增长的重要力量。

从威海出口加工区的设立，到威海综合保税区的获批，得益于国家深化改革、扩大开放和科学发展政策的利好，也彰显威海人勇于进取、敢于担当、不懈追求的精神。威海综合保税区人将以封关运作为契机，以创新进取姿态踏上新征程、奉献新时代、谋求新跨越。

---

* 威海综合保税区供稿。

一、精心运作，抢得先机，威海乘上出口加工区首班车

20 世纪 90 年代，国务院将设立首批出口加工区的消息一出，有关同志即敏锐地意识到，抓住出口加工区的首班车，就为威海赢得了新一轮扩大开放的先机。主要领导牵头抓总，分管领导靠前指挥，市政部门负责组织围挡网施工，街道办事处负责做好群众的思想工作，各职能部门共同配合，三天三夜，一期封关区域的围网全部围起来了，路网大框架也拉起来了。2001 年 1 月 8 日，海关等八部委联合验收组实地察看后，震惊于围网及相关设施建设的速度。这就是威海速度，这就是威海的魄力，这就是威海大改革、大开放、大干快上的冲劲。

批文下达后，工委管委决策者深知，作为威海开放的前沿和发展外向型经济的主要窗口，招商引资是开发区的首要任务，也是市委、市政府和全市人民赋予开发区的使命和责任。要实现出口加工区招商引资起好步、开好局，必须坚持“软环境和硬环境同时并举、规范管理和高效服务同时并举、经济总量和发展质量同时并举”的理念，全力打好环境牌、服务牌和管理牌，实现服务招商、以商招商的良性循环。立足区域优势，紧盯日本、韩国产业转移新趋势，大力实施“借韩兴区”战略，集中精力引进投资规模大、产出效益高、市场前景好、带动作用强的大项目和好项目。2001 年 4 月，韩国世一物产株式会社潘载煌代理代表元宇源理事与加工区管委签订了总投资 1000 万美元、注册资本 500 万美元，设立威海世一电子有限公司的协议，并洽谈了进一步投资事宜。6 月 26 日，新加坡国际良木集团成员董事经理郑华强来出口加工区考察投资事宜。当年，出口加工区新引进外资项目 8 个，总投资 21476 万美元，实际到位资金 1933 万美元；完成产值 13745 万元，实现进出口总值 2756 万美元。

二、优化环境，提升服务，出口加工区进入外企聚集期

在园区管理和服务上，坚持“高点定位、精简高效”的原则，威海经济技术开发区与威海出口加工区实行“党政合一、两区合一，两块牌子、一班人马”的管理体制，原威海出口加工区管理委员会更名为威海出口加工区管理局，挂牌成立伊始，全员广泛深入地开展了“学外语、学外贸、学管理、提服务”系列活动，全力打造“人人都是招商窗口、人人都是招商能手”的服务型、效率型机关，大力推动“一站式服务”“保姆式服务”模式。建设同时，设立了海关办事处、商检、金融保险等服务机构，建成了加工区综合服务大楼。综

合服务大楼无偿为进区投资者提供从项目洽谈、材料整理、项目审批、注册登记、税务登记、银行开户、海关登记备案、商检、设备进口等一条龙服务。心贴心的服务，让外商投资者工作安心、生活舒心，让每个投资者都成为招商窗口，取得了“以商招商”的效果。

优越的投资环境、便捷高效的行政服务带来了投资回报率。短短5年时间，加工区内外资企业迅猛增长，成为威海加工贸易的聚集区。2005年，引进新项目6个，新投产项目5个，新增外商合同投资额2779万美元，实际利用外资6358万美元。前5年，加工区累计批准外资企业54个，总投资32901万美元，合同利用外资26987万美元，实际使用外资26429万美元。加工贸易大幅增长，加工区成为威海市进出口贸易的领头雁。仅2005年审批加工贸易业务886笔，实现进出口总额4.8亿美元。其中，进口2.5亿美元，同比增长46%；出口2.3亿美元，同比增长60%。

按照“产业招商”的总体思路，集中力量引进产业关联度高、带动作用大的好项目，着力培育电子信息、精密机械、生物医药、新型材料及食品加工五大产业集群。到2005年，加工区内已了聚集世一电子、友石半导体等18家电子企业。当年，电子企业实现进出口总值2.8亿美元，占全区进出口总额的58.7%，产业集群效益明显，成为拉动区域经济增长的重要引擎。同时，汽车配件制造业也初具规模，先后引进的侑昵机电、久映汽车、艾迪姆汽车配件和新韩精工等4个汽车配件制造企业，总投资近5000万美元，刚步入生产期的3家企业当年完成进出口总额2698万美元。加工区辐射带动作用日益显现，有力带动了区域经济快速发展。截至2005年底，区外配套企业发展到50多家，每年向加工区出口货物价值近5000万美元，为周边地区增加了近10000个就业岗位。

三、科学应对，化危为机，加工区企业进入成长期

区内企业经营刚刚步入稳健发展期，2008年一场全球性的金融危机突然袭来，出口加工区的发展面临着空前危机。出口加工区管理局领导在深入企业了解情况的同时，多次组织召开外企管理者座谈会，引导企业双管齐下，科学化解危机。在对外方面，积极开拓新市场，加快出口市场多元化进程。鼓励企业积极提高产品内销比例，抢占中国市场。在企业内部，鼓励劳资双方同心协力、并肩携手共渡难关。同时，加工区管理局协调海关、税务、水务、规划、环保、质检、消防和热电等部门帮助企业排忧解难，当年为企业解决实际困难和问题50多件，为区内5000多名职工解决了住宿问题，妥善解决了两起劳资争议。日月光半导体、仁昌电子、广濑电机等多家企业提出

了“不裁员、不降薪”的郑重承诺。世一电子工会组织员工完成创新项5000余件，为公司创效6500万元。

金融危机面前，政企联手，和衷共济，共渡难关，企业发展坚挺，没有出现企业经济效益大幅下滑的局面，同时保持了职工队伍的相对稳定，创造了科学应对金融危机的“威海加工区”模式。2010年，出口加工区完成工业产值36亿元，同比增长45.4%，比2008年增长56.1%；实现利润1.28亿元，同比增长303.2%，比2008年增长256.1%；完成税收4504万元，同比增长60.6%，比2008年增长123.6%；完成进出口总值10.1亿美元，同比增长49.2%，比2008年增长42.7%。

四、完善功能，全力推进，加工区企业进入稳健期

虽然取得了长足发展，但决策层并没有自我满足，反而选择把坚持创新作为万事之先。主动对标青岛出口加工区，确定了优化产业结构、提升创新能力、扩大招商引资、加快物流业发展和推进规范化管理五大举措，努力推进企业由大到强、由好向优转变。在优化产业结构方面，围绕主导产业，培植骨干龙头企业，以世一电子、日月光半导体、广濑电机为依托，推动电子信息产业由一般加工制造向高端产品研发和高端产品制造转变，电子信息产业集群效益明显。

2015年，电子信息产业完成产值149822万元、占园区总产值的69.6%，完成进出口总值72491万美元，占园区进出口总量74.6%。以久映汽车配件、艾迪姆汽车和新韩精工为依托，扩大产能、丰富汽车配件种类，提高市场竞争力。以东源食品、金海食品、世比亚食品为依托，进一步扩大食品精加工、深加工能力，提高国际市场占有率。

五、登高望远，奋力前行，改革开放再出发

为适应新时代发展的新要求，全力打造新一轮全面开放新高地和服务国家“一带一路”建设的新高地，力促威海在更宽领域、更高层次、更高水平上扩大开放，在全面审视威海优势、深刻总结威海改革开放成功经验、积极借鉴上海自贸区等先进地区好做法的基础上，威海市委、市政府果断提出加快建设威海综合保税区的战略设想。2011年10月11日，威海市政府正式向山东省政府提出了设立威海综合保税区的设想。2016年5月31日，国务院正式批复，同意威海出口加工区整合优化为威海综合保税区。

威海综合保税区坚持“两轮驱动、两翼齐飞”的原则，即“新区抓开发、老区抓提升”的思路，统筹推进“一区两片”的硬环境建设。北区，加快实施升

级改造工程，完成了道路修复改造、卡口门头翻修、巡关路及围网改建、配套用房建设等10大项升级改造任务，对园区内的基础设施、公共服务设施进行全面改造；南区，坚持高标准规划、高质量建设、高速度推进，确定了18.75平方公里中长期规划范围和5.6平方公里的起步区。遵循积极融入"一带一路"倡议，按照打造中韩地方合作示范性新高地、新旧动能转换新载体、更高层次开放型经济新支点的总体要求，紧扣"四三二一"的发展定位，大力培育国际贸易、现代物流、跨境电商和保税服务等四大业态，加快发展医疗器械、电子信息和新材料三大产业，全力搭建外贸综合服务、金融服务两大平台，集中力量打造服务全市、辐射胶东、面向全国的国际商品集散交易中心。2017年，园区产值实现29.8亿元，同比增长20.8%；销售收入29.7亿元，同比增长21.2%；进出口73.7亿元，同比增长16.2%；税收5802万元，同比增长29.3%；到位外资4010万美元。

"雄关漫道真如铁，而今迈步从头越。"作为威海对外开放的最前沿和对外开放新高地的"中心隆起"带，威海综合保税区人将按照习近平总书记"以庆祝改革开放40周年为契机，逢山开路，遇水架桥，将改革进行到底"的战略部署，全面融合区位优势、交通优势、环境优势和人才优势，持续放大中韩自贸区地方经济合作示范区、国家服务贸易创新发展试点城市、国家跨境电商综合试验区政策的叠加效应，以全新的姿态站在改革开放新起点，以勇立潮头的气魄勇担深化改革新使命，以矢志不渝的精神追逐持续发展新高度，在服务威海经济社会发展的大潮中乘风破浪、扬帆远航、成就梦想，为深化改革、扩大开放、接轨国际进行积极有益的探索和实践，为实现威海经济走在全省前列和"两个一百年"的宏伟目标贡献智慧和力量。

山东青岛出口加工区：内强外联，多元发展*

青岛出口加工区位于青岛环胶州湾产业带中间位置，是 2003 年 3 月 10 日获国务院批准设立的第三批出口加工区之一，同年 12 月 8 日通过国家八部委联合验收，规划面积 2.8 平方公里，其中一期 1.7 平方公里于 2004 年 8 月正式封关运作。建区以来，青岛出口加工区紧紧围绕建设一流出口加工区的目标，以业务创新、招商引资、项目建设为重点，以打造和谐园区为目标，不断解放思想、自我加压，各项工作均取得较大成绩。

一、建设发展的主要情况和成就

（一）园区开发建设主要情况

1. 基础设施日趋完善

目前，已累计在封闭围网区内和周边原配套产业区总投资 34 亿元，基础设施达到“九通一平”，园区智能卡口管理平台及信息化应用系统建设、海关监管设施等都居于国内较高水准，能够在现有政策框架下满足企业的运行要求。园区内建成各种类型厂房约 45 万平方米，保税仓库约 2.8 万平方米，办公及公用设施约 2.3 万平方米。青岛出口加工区及周边配套基础设施日趋完善，随着青岛胶州国际机场和 M8、M10、R2 等轨道落户，公共交通和物流体系更加便捷；青岛市人民医院、北部健身中心、会展中心、奥体中心、青岛中学等市级公共设施逐步建成，公共服务水平得到极大提升；大沽河流域生态湿地公园的开发，园区产业生态和人居环境都有了很大的改善。

2. 招商引资成效明显

园区始终把招商引资作为全部工作的重中之重，累计批准设立各种类

---

* 青岛出口加工区供稿。

型项目126个，其中外商投资项目60个(过千万美元项目25个)，涉及美国、德国、日本、韩国等10余个国家和地区，投资总额约10.4亿美元，实际利用外资约4.91亿美元；境内投资项目66个(过亿元项目9个)，总投资约16.3亿元。聚集了一批投资规模比较大、技术含量相对较高的生产型项目和国际知名企业入驻。如世界同行业最大品牌商德国斯蒂尔集团投资8347万美元设立的安德烈斯蒂尔动力工具(青岛)有限公司、投资5000万美元的世界500强企业泰科电子(青岛)有限公司、日本洋马株式会社投资2亿美元设立的洋马发动机(山东)有限公司等。

3.产业集群初步形成

经过10多年的艰苦奋斗和精心培育，园区目前已经初步形成了电子信息、装备制造、新型材料、保税物流四大优势产业。其中装备制造企业21家，总投资4.8亿美元，占园区企业投资总约38.7%；电子信息企业13家，总投资3.8亿美元，占园区企业总投资30.6%；产品基本覆盖了电子产品配件大部分领域，保税物流产业初步形成了集群发展的态势。

4.社会效益逐步提升

由于出口加工区近年来不断加大开发建设力度，核心功能区和原配套产业区的产业经济初步形成规模，辐射周边和服务区域发展的社会效益得到较大提升。截至2018年10月底止，投产企业70家，加工制造企业62家，其中规模以上工业企业有11家，累计完成工业总产值520亿元，实现外贸进出口总额74亿美元。与此同时，区内加工制造企业用工人数约7700余人，对拉动周边第三产业起到积极的促进作用。由于物流企业的入驻和仓储设施的社会服务功能正在发挥作用，2018年1～10月，周边企业通过加工区开展保税仓储、“一日游”等业务实现进出区货值达到24.4亿美元。

(二)建设发展的主要成就

1.探索联动发展，建设经验全国特殊区域复制推广

青岛出口加工区是国内为数不多的设立在开发区之外的出口加工区，缺乏财力和产业支撑。为实现可持续发展，青岛出口加工区在区外规划了45平方公里配套产业区，探索出了一条区内外联动发展模式，即通过出口加工区2.8平方公里核心区的发展，拉动周边配套产业区开发建设，同时以配套产业区的发展反哺核心区，为核心区提供产业配套和财力支持，形成核心区与配套产业区互动发展的局面，构筑起一个大出口加工区的框架。虽经多次区划调整，配套产业区最终被取消，但青岛出口加工区探索开创的核心区与配套产业区相辅相成、联动互补、共同发展的独特模式被海关总署高度

认可，并在国内其他海关特殊监管区广泛推广，并取得了良好的实践效果，提升了青岛出口加工区在全国海关特殊监管区范围内的影响力。

2. 坚持实体立区，实体经济发展在国内同类区域名列前茅

青岛出口加工区始终坚持"实体兴区"，将大力引进加工制造业实体经济作为园区发展的生命线。目前，园区投产运营的加工制造企业有62家，装备制造、电子信息产业逐渐成为支柱产业，工业产值和进出口贸易额逐年稳步增长，青岛出口加工区实体经济发展在全省海关特殊监管区内首屈一指，甚至在全国海关特殊监管范围内也是成效显著。根据国家两区协会统计数据显示：2017 年，青岛出口加工区经营总收入 49.5 亿元，在全国出口加工区中排名第 13 位；工业总产值 50.6 亿元，在全国出口加工区中排名第 13 位；实际利用外资 1586 万美元，在全国出口加工区中排名第 6 位；外贸进出口 8.87 亿美元，在全国出口加工区中排名第 8 位；税收总额 3.65 亿元，在全国出口加工区中排名第 8 位。

3. 推进业务创新，打造园区产业升级发展平台

青岛出口加工区坚持尝试业务创新，出口加工区拓展保税物流功能后，大力发展保税物流业，吸引了德尔达、巴龙等国内知名物流平台企业落户发展，为园区发展保税物流业务打下良好的基础。特别是在山东省政府批准《中国（青岛）跨境电子商务综合试验区建设实施方案》后，青岛出口加工区抓住这一难得的历史机遇，积极打造具有青岛特色的跨境电商平台。开通了跨境电商保税进口业务，成为青岛市首批跨境电商产业园区。2016 年 6 月 3 日，完成首单业务通关运行并吸引了一批跨境电商企业到园区集聚发展。

4. 发挥功能优势，拉动区域加工贸易发展

青岛出口加工区作为青岛北部区域唯一的海关特殊监管区和保税功能区，充分发挥保税加工、保税物流等政策功能优势，为青岛市北部区域加工贸易企业发展提供了政策功能支撑。近年来，随着园区政策功能的不断完善，周边区域越来越多的加工贸易企业选择在出口加工区建设、租用保税仓库，成立配送分销中心，开展保税物流、保税维修、保税仓储、保税分拨、"一日游"等进出境业务。2016 年，青岛出口加工区保税仓储、保税分拨、"一日游"等业务实现进出口货值 18.9 亿美元，同比增长 120%，为北部区域经济发展做出巨大贡献。

5. 优化营商环境，贸易便利化水平不断提高

一是加强园区"公共服务平台"建设。建立了驻区部门联席会议制度、驻区部门与企业见面会议制度、项目协调促进领导小组会议制度等监管部门协调机制，会同海关、国检等驻区部门，致力于优化通关通检流程、创新监

管模式、提高通关通检效率,不断提升园区贸易便利化水平。

二是优化园区通关环境和政策环境。近年来,国家加工贸易改革创新试点工作和上海海关监管新政在全国海关特殊监管区复制推广工作正在加快进行,青岛出口加工区抓住契机,加快相关政策复制推广落实和业务创新工作。一方面投资700万元,进行园区智能卡口管理平台及信息化应用系统建设,完善相关软硬件设施,为推广实施海关监管新政、开展业务创新提供基础条件;另一方面加快新政推广落实,目前,“境内外维修”“委内加工”“批次进出,集中申报”“集中汇总纳税”“简化报关单证”等多项海关监管新政,“进口货物预检验制度”“检验检疫分线监管模式”等检验检疫新制度在出口加工区复制推广实施。这些新政的实施进一步简化了通关审批手续和通关通检流程,提高了通关通检效率,营造了高效、快速、顺畅的营商环境。

二、重点企业情况

经过多年的招商运作和精心培育,聚集了一批投资规模比较大、技术含量相对较高的生产型项目和国际知名企业入驻。如世界同行业最大品牌商德国斯蒂尔集团投资8347万美元设立的安德烈斯蒂尔动力工具(青岛)有限公司、投资5000万美元的世界500强企业泰科电子(青岛)有限公司、日本洋马株式会社投资2亿美元设立的洋马发动机(山东)有限公司等。

(一)安德烈斯蒂尔动力工具(青岛)有限公司

该公司是德国斯蒂尔集团(成立于1926年,是世界上最大的园艺机械生产商,目前拥有29家销售公司,在160个国家拥有35000个专业代理商)在亚洲投资设立的最大的生产基地,投资总额6418.5万欧元,合同外资3168.5万欧元,主要从事割草机、绿篱剪等园林机械的生产制造。公司占地面积199亩,总建筑面积3.8万平方米,2006年9月正式投产,2017年实现年产值17.3亿元,外贸进出口3.57亿美元。以安德烈斯蒂尔动力工具(青岛)有限公司为龙头的装备制造产业,产值占园区企业工业总产值的50%左右。

(二)泰科电子(青岛)有限公司

由世界500强企业泰科国际集团投资设立的,该公司占地97亩,总建筑面积6.8万平方米,主要生产多种电子产品,特别以电子连接器为主,属于泰科国际集团的三大主导产品之一。项目一期总投资2000万美元,注册资本800万美元。2006年2月份投产,2017年实现年产值10.4亿元,外贸进出口8899万美元。以泰科电子为龙头的电子信息产业,产值占园区企业工业总产值的35%左右。

(三)洋马发动机(山东)有限公司

该公司是由日本洋马株式会社投资设立的独资企业。洋马株式会社是具有百年历史的世界著名跨国企业集团，是世界小型单缸柴油发动机的创始企业。洋马发动机(山东)有限公司投资总额2亿美元，注册资本7500万美元，是青岛出口加工区投资额最大的外资项目。公司占地75.3亩，建筑面积3万平方米，主要生产小型柴油发动机、立式水冷多缸发动机及小型挖掘机。2009年投产，2017年实现年产值6亿元，外贸进出口5389万美元。全部达产后，预计可年产单缸发动机5万台，多缸发动机6万台，实现年销售收入30亿元，实现利税2.7亿元。

三、下步发展思路

为进一步加快转型升级步伐，提升园区承载力水平，根据国务院《关于促进海关特殊监管区域科学发展的指导意见》(国发〔2012〕58号)文件精神，青岛出口加工区正在全力推进转型升级综合保税区工作，打造全新的对外开放和产业创新发展新平台。

今后一段时期，青岛出口加工区将全面实施“四四三”发展战略，即努力打造仓储物流、展示交易、高端商务、信息智能化四大服务平台，全力推进跨境电商、融资租赁、展示交易、保税维修四大新型业务，努力实现保税加工、保税物流、保税服务三大产业全面发展。依据“四四三”发展战略，按照青岛市委、市政府统一部署和前湾保税港区优势互补联动发展总体规划，围绕“实体立区、贸易兴区、物流强区、平台聚合、创新驱动”发展思路，充分发挥邻近青岛胶东国际新机场的空港优势和作为青岛北部新城唯一的海关特殊监管区所具有的保税加工、保税物流、保税服务等政策功能优势，紧紧抓住转型升级综合保税区的历史机遇期，以功能产业转型升级、业态创新为抓手，实现园区由单一保税功能向“保税＋口岸”的复合功能转换，搭建好动能转换促进产业升级发展的功能政策平台；紧紧把握“一般纳税人资格”试点的先行先试政策机遇期，及时把园区产业由单一加工贸易调整为“高端加工制造业＋服务贸易业”，聚合形成业态多元双轮驱动产业升级的创新发展的新动力。把青岛出口加工区建设成为青岛市实施自由贸易区战略的重要抓手、青岛市发展保税服务贸易业的重要口岸、山东省保税加工制造业的重要基地、山东省海关特殊监管区域业态多元化创新发展先行先试的重要平台，形成特色鲜明的山东半岛产业与政策创新示范区和高端产业聚集区。

蓄力新动能　打造对外开放新高地*

2006年5月，青岛西海岸出口加工区由国务院批准成立；2007年7月18日，开始封关运营。园区规划面积2平方公里，主要实行“境内关外、进口免税、进料保税、入区退税”的优惠政策，可全方位开展保税加工、保税仓储、物流配送、研发、检测、维修及新兴现代服务业等业务。

园区北临青岛胶东国际机场、南靠前湾港、西接胶州多式联运—中铁联集青岛中心站、东连胶州湾大桥，海、陆、空三位一体，交通十分便利；面对西海岸新区日新月异的发展环境，渐渐成为青岛转型的新引擎。

一、整合优化趟出新路

2013年2月，西海岸出口加工区正式整建制划转至青岛前湾保税港区管理，跃升转型升级的新征途。

政策叠加效应为企业提供新思路。除一般出口加工区享有的“四不、四免、一保、二退”等政策，西海岸出口加工区积极先行先试，为企业争取多项创新政策。如率先实行的“批次进出、集中申报”政策，满足了区内企业根据需要将货物分批次进出区、集中报关的需求，进口商品企业可根据订单数量分批提货的需求，按月集中报关、缴纳关税，有效缓解了资金压力、节省报关费用；同时还给零售商带来了福音，客商无需备货，直接从加工区提货，实现了进口商品零售业务的“零库存”；通关时间由原来的两三天，缩短到当天即报即出，实现了批发零售业务的“零等待”。与此同时，加工区还将积极复制推广“仓储货物按状态分类监管”“委内加工”等多项自贸区政策。

规划协同效应促进园区新发展。划转青岛保税港区管理以来，港、区整合、产业互补使园区迸发出新的发展活力。划转之后，加工区根据保税港区

* 青岛西海岸出口加工区供稿。

整体发展思路，重新调整修订了控制性详细规划和产业发展规划。在规划中，既有高端棉纺织等传统优势产业，也有精密电子、高端物流等高速发展产业，更有跨境电商、通用航空等潜力巨大的新兴产业，体现出多位一体、参差发力的新型发展思路，形成了包括装备制造产业区、物流产业区、产业综合服务区、电子纺织产业区、配套生活服务区和行政办公管理中心的“五区一中心”的空间发展格局。

整合优化的显著成效，使园区经济实现了前所未有的发展速度，工业总产值、外贸进出口额、财税收入、到账外资分别达到划转前5年总和的4倍、6倍、11倍和2倍。2018年，园区实现工业总产值96348万元；实现财政总收入65877万元，同比增长32.92%，其中海关税收61838元，同比增长43.47%；实现外贸进出口104403万美元，同比增长9.47%。

二、优势产业逐步聚集

截至2018年12月，园区已吸引来自日本、韩国、美国、香港等国家和地区的130余个项目落户，累计投资总额13.42亿美元。目前，园区初步形成精密电子、保税物流、机械装备和高端棉纺织产业四大主导产业，同时充分利用出口加工的核心功能，重点发展电子信息、新材料、现代机械、汽车零部件、航空产业，形成高层次、高科技产业集群。

西海岸出口加工内的现代制造业的成长有目共睹。区内三美电子公司向车载设备、运动健康电子产品升级，由劳动密集型向机器人全自动化生产转型。北海石油公司不断拓宽业务范围，从简单的工业开口箱拓展到在哈萨克斯坦已注册资本3500万美元建设环保产业园，并竞得哈萨克斯坦8400万美元的环保设备项目和1.88亿美元的海水淡化装备项目，成为“一带一路”倡议的真正受益者。北海在哈合资建设环保产业园计划2019年投入运营。

进口商品和高端物流产业的发展也初具规模进口商品产业代表公司绿辰公司创新进口商品业务模式，打造从物流到销售“一站式”的供应链服务，已吸引了来自国内外的300多家客商的入驻，开业和签约的直营超市达到31家，进口商品种类涵盖3万多个单品，包括葡萄酒、啤酒、橄榄油、乳制品、休闲食品、日用品、洗护用品、母婴用品等，进口商品总量连续3年全省排名第一。

三、产业转型步伐坚定

随着时代的发展，西海岸出口加工区也开始深耕转型升级，在培育经济新动能上下功夫。立足于青岛自由贸易港区建设发展战略，为加快产业转型升级，在四大主导产业的基础上，重点推进通用航空和跨境电商产业发展，致力于打造海关特殊监管区域“升级版”。

通用航空业打造“一个基地、四个中心”（青少年航空科普教育基地，航空器保税展示交易中心、模拟机培训中心、航空器制造及维修中心、航材保税物流中心）的发展格局。争取到2020年，初步建成以教育培训、保税物流和保障服务为特色的通用航空运营和服务保障基地，填补青岛市通用航空业的空白。园区采取多种措施促进通用航空业的发展。制定了《青岛前湾保税港区支持航空产业发展的实施意见》，为航空项目引进、培育提供政策支持；利用国有公司平台整体租赁区内厂房为落户项目提供低成本、高质量的运营载体。目前已有昊海、雄飞、飞圣、金瑞翔4家通航企业注册落户，其中昊海已取得通用航空经营许可证并通过局方飞行验证，2架空客EC120、AS350直升机和1架罗宾逊R442L型直升机已入区开展业务。

面对中国（青岛）跨境电子商务综合试验区建设的历史机遇，西海岸出口加工区通过各项举措助推跨境电商产业发展。已建设完成跨境电商通关监管中心，安装了省内首条跨境电商物流自动分拣线，配置了一站式在线查验和监管系统；保税备货和跨境直购业务试点顺利通过测试，为跨境电商全模式、全业务发展扫清了障碍。2018年1月，首票“1210”跨境电商货物通关走货，实现了山东省跨境电商业务的历史性突破。目前园区共注册裕贸通供应链、海诚一家电子商务等20余家电商企业，同时储备了货之家等重点电商企业10余家，初步形成跨境电商集聚效应。区内绿辰、巴龙等已入驻企业，全面拓展省内外市场销售渠道，线上线下相结合，建设融保税物流配送、商品展示、交易中心、跨境电子商务、冷链服务于一体的进口商品综合体。

四、园区升级再迎机遇

2018年11月19日，国务院正式批复青岛西海岸出口加工区整合优化为青岛西海岸综合保税区，为青岛开放型经济发展，再添一张对外开放的闪亮名片。

综合保税区是经国务院批准设立的海关特殊监管区域，集保税区、出口加工区、保税物流区、港口的功能于一身，是我国目前政策最优惠、功能最完善的海关特殊监管区域，是国家开放金融、贸易、投资、服务、运输等领域的试验区和先行区。相比出口加工区，综合保税区增加了国际转口贸易，国际采购、分销和配送，国际中转，商品展示和港口作业等多项新功能，有力推动园区向保税加工、保税物流、保税服务等多元化方向发展，更好地满足企业业务发展需求，能够吸引更多新兴业态入驻，促进园区产业转型升级，实现新旧动能转换。

青岛西海岸综合保税区的获批进一步丰富和提升了青岛市“以保税港区为主体，两个出口加工区为两翼”的“一体两翼”海关特殊监管区域整合优化布局的政策内涵和开放水平，有利于在更高层面、更高质量上承接国际产业转移和参与国际分工，更好地发挥海关特殊监管区域连接国际国内两个市场两种资源的作用，对青岛进一步扩大对外开放、落实海洋强国战略、加快建设国际海洋名城具有重要意义。

下一步，西海岸综合保税区将尽快完成封关验收，利用新的政策功能优势加大招商引资力度，充分发挥辐射带动作用，积极对接上合组织地方经贸合作示范区建设，打造青岛开放型经济发展新的增长极。正值改革开放40周年之际获批的青岛西海岸综合保税区，将以改革开放最前沿的崭新姿态，驶向更加灿烂辉煌的明天。

企业篇

山东开放40年 不忘初心再出发

SHAN DONG KAI FANG 40 NIAN
BU WANG CHU XIN ZAI CHU FA

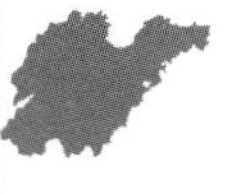

践行国家“一带一路”倡议　打造数字丝绸之路*

浪潮是中国领先的云计算、大数据服务商，拥有浪潮信息、浪潮软件、浪潮国际、华光光电四家上市公司，2017 年实现营业收入 803 亿元。浪潮服务器销量位居中国第一、全球前三，浪潮云服务器市场份额全球第一，中国政务云市场占有率第一，目前全球业务已拓展至 117 个国家和地区，在海外 26 个国家和地区设立了分公司和展示中心，在美国、日本、台湾、香港等国家和地区设立了研发中心，在美国等国设立了工厂，在印度设立了全球呼叫中心。

2018 年 6 月 14 日，习近平总书记到浪潮视察，详细地了解了浪潮自主研发的高端服务器和大数据、政务云、智慧城市等信息化平台，并勉励浪潮再接再厉，继续走在前列，勇立潮头！

国家“一带一路”倡议提出之初，浪潮集团董事长兼 CEO 孙丕恕便提出了“践行‘一带一路’倡议，打造数字丝绸之路”的战略构想。五年多来，浪潮集团积极响应习总书记提出的世界经济发展“中国方案”，充分发挥作为国内 IT 领军企业的核心带头作用，依托国际一流的云数据中心产品线和整体解决方案能力，着力推进“一带一路”的信息流、数据流的互联互通，将中国的信息化建设经验和互联网经济发展模式输出共享，打造数字丝绸之路，带动了沿线国家数字经济的发展。

目前，浪潮信息化业务覆盖越南、泰国、尼日利亚、埃塞俄比亚、坦桑尼亚、莫桑比克、印度等“一带一路”沿线国家，涉及智慧城市、税务信息化、数字媒体、智慧家庭、智慧教育等行业和领域，树立了一批标杆项目，为“一带一路”沿线国家的信息化建设做出了重大贡献。越南的数字媒体项目、泰国的教育云项目、巴基斯坦的数字媒体和安全城市项目等在当地均取得了巨

* 浪潮集团供稿。

大成功，提升了当地的信息化建设水平，带动了当地的就业和经济发展。

依托自主研发，浪潮不仅研发出中国第一台服务器 SMP2000，还相继推出天梭 K1、M13 等关键应用主机。2015 年获得国家科技进步一等奖的天梭 K1 已跃居 Unix 服务器市场前两位，浪潮整机柜服务器 SR 系列在互联网市场占有率高达 70%。新发布的天梭 M13 是中国自主研制的在线交易处理性能最强的单机服务器系统，使中国成为美国之后，全球第二个掌握最高端主机核心技术的国家，目前只有浪潮、IBM 具备最高端关键应用主机研制能力。

基于数十年政府、行业、企业信息化实践经验，浪潮已经掌握了全球领先的 IT 技术，形成了成熟的建设模式，并总结出“业务上云—数据整合—应用创新”云计算、大数据三部曲，形成了成熟的“中国方案”。目前浪潮在全国建成北京、济南、重庆、上海、昆明、广州 6 个核心云数据中心和 47 个地市云数据中心，为 140 多个省、市客户和国家部委提供政务云服务，并成功助力全国 60 多个省市政府建立了大数据平台。这些行之有效的实践经验和成果都可以通过“一带一路”倡议让全世界借鉴共享，共同发展。

一、浪潮的国际化和全球化坚持“三步走”战略

（一）“引进来”

与微软、爱立信、Intel、LG、SAP 等世界 500 强企业和跨国公司始终保持着密切的合资合作。2016 年以来，浪潮与思科、迪堡多富、IBM 的合资公司相继成立运营，拥有了世界一流的服务器、存储、网络、操作系统、云安全全线产品和云数据中心建设整体解决方案。2018 年 11 月 6 日，中国国际进口博览会期间，浪潮与爱立信联合发布“全媒体云平台”，共同打造端到端全套产业链服务及互动电视生态系统，并面向全球开展商业运营，意图撬动亿万级媒体消费市场。

（二）“走出去”

1. 产品输出

对发达国家，聚焦 TOP 客户和标杆客户，针对客户需求提供定制化产品和方案，成立本地化公司，设立本地工厂和研发中心。目前浪潮在美国西雅图建立了研发中心，在硅谷设立了服务器工厂，浪潮服务器已在微软、Turn 等世界顶级互联网公司批量使用，成功突破美国市场。对发展中国家和“一带一路”沿线国家，输出服务器、存储、机顶盒等软硬件产品，教育云、

税务云、智慧城市等信息化解决方案在多个国家落地，促进了当地信息产业和信息经济的发展。

2. 技术输出

聚焦技术合作，引领行业发展。技术入股，合资设立工厂。加入国际权威标准组织，成为行业引领者和标准制定者。浪潮先后成为全球 ODCC、OCP、OPEN19 等三大技术标准的核心成员和标准倡导者，成为 OpenStack 基金会金牌会员。通过积极参与国际权威组织和相关规则制定，打造一流的技术合作平台，提升自主创新能力，提升中国企业的国际话语权和影响力，引领行业发展。

3. 理念输出

通过培训、宣讲、“拉来看”等多种方式，输出浪潮在中国的成功实践和经验。近年来，浪潮积极组织和参与发展中国家间的 IT 培训和交流。在国内举办了云计算与大数据、税务信息化、网络建设等 14 期国际官员研修和培训班，接待了数十次国际官员研修和培训班来访，在海外举办了 500 多场技术培训和宣讲活动，为发展中国家和“一带一路”沿线国家培训 1 万余名技术专家和官员。通过理念的互学互鉴，宣传推广了浪潮先进的技术和信息化理念。

（三）“全球化”

全球化运营，打造全球领先品牌，是浪潮国际化的最终目标。浪潮 2020 年全球化发展目标是：设立美国、泰国、沙特和德国等 100 余家分支机构，设立中国、美国、波兰等 5 大生产基地，设立中国、美国、印度和德国等 5 大研发中心，设立中国、美国、波兰和南非等 4 大物流基地，设立美国、德国和泰国等 50 个云计算中心。主营业务收入达千亿元以上，海外营业收入占比达到 40%。

下一步浪潮集团将继续深入践行国家“一带一路”倡议，打造数字丝绸之路，为“一带一路”沿线国家提供定制化的整体解决方案：

一是“数据中心＋云服务”。从政府层面推动建设国家级数据中心，形成可以富集数据资源的蓄水池。以硬件支撑为基础，提供数据中心运维、服务、技术支持、培训等全方位的服务。结合所在国国情，有针对性地开发一系列软件应用，服务于政府、行业、企业乃至个人。通过“数据中心＋云服务”的建设模式来进行统一运营和管理，而非分阶段、分部门、分批次地进行“割裂”式的信息化建设，这既能有效减少近 50%的硬件资源浪费，又便于数据资源的收集分配。同时，以整体运营服务改变现阶段只建设不维护的局面，这不仅能盘活当地现有信息化资源，还将助推“一带一路”沿线国家人员、技术等“软实力”的提升。这是打造数字丝绸之路的基础所在。

二是推进智慧税务应用。助力“一带一路”沿线国家税务信息化建设，为“一带一路”沿线国家增加财政收入，提升国力提供支撑。目前浪潮已在莫桑比克、赞比亚等多个国家成功推广智慧税务应用。非洲的第一张税务机打发票“浪潮造”。浪潮智慧税务已成为中国在非洲及“一带一路”沿线国家极具影响力的名片，有力促进了有效控税。

三是推进智慧农业应用。通过信息化建设应用提升“一带一路”沿线国家气象研究水平，解决农业靠天吃饭的问题。通过智慧粮仓解决方案，将物联网、大数据等新科技融入粮食业务，解决粮食存储的问题。浪潮智慧粮仓解决方案已在国内成功应用，服务中储粮等全国近万家粮食客户，引领着中国粮食行业的信息化，其成功经验可以在“一带一路”沿线国家复制推广。

2018年4月26日，浪潮“一带一路”国家云服务运营中心在威海正式启动。运营中心将按照“数据中心＋云服务”的建设运营模式和思路，在“一带一路”沿线国家推动建设国家级数据中心，为“一带一路”沿线国家提供智慧税务、智慧教育、智慧农业、智慧金融、智慧家庭、智慧城市等全球领先的整体技术解决方案和应用，以硬件支撑为基础，提供数据中心运维、服务、技术支持、培训等全方位的服务。在2018年4月3日商务部召开的2018年全国服务贸易和商贸服务业工作会议上，浪潮云服务作为商务部数字服务出口典型案例在全国进行推广，也是全国唯一一家云服务出口案例。

为更扎实稳固地推动“一带一路”沿线国家的信息化建设，解决“技术＋方案＋资金”的后顾之忧，2017年11月2日浪潮发起，联合思科、IBM、迪堡多富、爱立信等4家国际跨国公司成立了“一带一路”数字化经济战略联盟，这是全球科技巨头联合发起成立的首个“一带一路”融合式平台。联盟成立也得到了中国进出口银行、中国国家开发银行、中国出口信用保险公司、中非发展基金等4家国家政策性金融机构的积极响应，将为联盟提供强有力的金融资金支持，进而形成了联盟“1＋4＋4”合作模式。联盟将创新性地整合全球科技和金融资源，为“一带一路”沿线国家和发展中国家信息化建设打造全球领先的整体技术解决方案和资金解决方案。

发起成立“一带一路”数字化经济战略联盟，是浪潮践行“一带一路”国家倡议，发展数字丝绸之路的具体探索和实践。浪潮希望联合国际IT行业巨头和金融机构，共同打造数字丝绸之路市场拓展平台，实现全球IT行业巨头引领、金融资本支持、合力打造数字丝绸之路的愿景和蓝图。同时联盟也将充分发挥引领和集聚作用，吸引国内更多的企业和合作伙伴参与到“一带一路”信息化建设中来，对于利用信息技术加快新旧动能转换，促进科技创新进步有着重要的意义，也将为国内企业“走出去”拓展海外市场提供强有力的支撑和更多的市场机会。

目前，五家成员企业已成立专门的联盟机构和融合方案联合团队，搭建产品方案平台，现阶段重点为“一带一路”沿线国家打造全球一流、定制化的“数据中心＋云服务”、智慧金融、智慧城市、智慧税务、智慧教育、智慧农业、智慧家庭等整体技术解决方案，并率先在俄罗斯、尼日利亚、埃塞俄比亚、突尼斯、坦桑尼亚、赞比亚、肯尼亚、库拉索、哥伦比亚等国家开展项目。通过打造系列样板工程，在“一带一路”沿线国家进行全面复制推广，让“中国方案”变成“世界方案”，着力推进“一带一路”沿线国家的信息化建设，构建数字丝绸之路，打造惠及全球的数字经济生态圈。

电建铁军创业逐梦“情未了”

——改革开放40周年发展成就综述*

中国改革开放40周年，恰逢被行业内誉为“电建铁军”的中国电建集团核电工程有限公司成立66周年。2018年正以这样一个特殊的年份，让砥砺前行的电建人重温那段历史。公司建成全国首台国外“双引进”30万千瓦机组“石横电厂工程”；参与我国首座自行设计、建设的大亚湾核电站建设；建成全国首批百万千瓦循环经济示范工程“天津北疆电厂工程”；建成全国首座百万千瓦智能化生态电厂“莱州电厂工程”；建成全国单机容量最大的新疆农六师110万千瓦机组，带动火电技术和工程建设进步升级；在我国装机容量最大的广东阳江核电站开拓出建安一体化模式，创新核电工程建设新途径……

从屡建奇功到行业翘楚

岁月不惑，春秋正隆。

1978年6月，由中电建核电公司承建的山东省十里泉发电厂125兆瓦机组工程开工建设，正式吹响了紧跟国家改革开放步伐的嘹亮号角。

面对建厂以来单机容量最大的项目工程，面对设计设备缺陷多、工程技术难度大、机械人员力量不足等各方面困难，中电建核电公司硬是凭着“电建铁军”的那份坚韧与拼搏，实现了连续5年安装5台125兆瓦机组的成绩，3、4号机组还是山东省内首次斩获“国家优质工程银质奖”，彰显了企业的深厚功底。

2016年11月，2016年亚洲电力奖颁奖典礼在韩国首尔隆重举行，在被誉为“电力行业奥斯卡”盛典上，中电建核电公司承建的山东聊城在平信源

---

* 中国电建集团核电工程有限公司供稿。

电厂 6×660 兆瓦机组工程荣获年度最快投产“亚洲电力奖”。

信源电厂项目自 2015 年 4 月 12 日首台机组移交生产，到 2016 年 3 月 7 日最后一台机组完成 168 小时试运投入运营，实现了“一年六投”，创造了电建史上的新奇迹，这是该公司超前策划、科学管理、拼搏大干的结果，被业主和当地政府誉为“安全可靠的超音速施工”。而信源项目只是中电建核电公司展现强大履约能力的一个缩影。

2017 年度，该公司在获评“中国吊装十强企业”“全国优秀施工企业”称号的同时，先后取得电力工程施工总承包特级、电力行业工程设计甲级资质及国家民用核安全设备安装许可证，成功跻身于目前全国仅有的 3 家同时拥有核资质和电力特级资质的电力工程企业行列，充分体现了该公司的核心竞争力和特色优势，行业翘楚地位进一步凸显。

四十而不惑，不惑而心定。今天的中电建核电公司，不仅继承了往昔闻名全国电力的“华鲁精神”，更让“电建铁军”的品牌响彻行业内外。

从寻求突破到国际视野

历史的巨轮滚滚而来，越转越快，只有抓住机遇，才能跟上时代的潮流。

1984 年，中电建核电公司承建了“技术和设备国外双引进”的山东石横发电厂一期两台 30 万千瓦机组工程。该工程属国家“更新换代”项目，具有 20 世纪 80 年代初国际先进水平。从 12.5 万到 30 万，机组容量上了大台阶，质量水平能否同时上台阶？中电建核电公司卧薪尝胆，极力寻求突破。

该公司大胆借鉴吸收国内外施工经验，从 QC 到 QA，由传统的质量管理向推行全面质量管理过渡，逐步摸索出一套适合企业实际的质量管理模式。几经耕耘苦战，该工程一举夺得了国家优质工程“银质奖”“国务院重大技术装备项目奖”“国家七五科技攻关特等奖”，一期工程还获得了全国建筑业质量最高奖——鲁班奖。

如果说 40 年前我们的电力工程企业还在为“国外引进”项目双眉颦蹙时，那么 40 年后，它们已华丽蜕变，频频活跃在“一带一路”沿线国家。

2018 年 4 月，由中电建核电公司以“F(融资)+EPC”模式总承包建设的巴基斯坦萨希瓦尔燃煤电站项目，荣获巴基斯坦总理阿巴西亲自签发的“杰出成就奖”的至高荣誉，再次彰显了中国电建企业一流的建设实力和品牌形象，提升了中国电建在“一带一路”建设领域的知名度和美誉度。

同年 6 月，萨希瓦尔工程还与该公司其他五项工程同获 2018 年度“中国电力优质工程奖”，该公司党委书记、董事长张仕涛同志同时荣获了中国施工企业管理协会颁发的“2017 年度全国优秀施工企业家”称号。

包容互鉴，和谐共生。40 年来，中电建核电公司在核心竞争力不断增强、钻石文化品牌日趋成熟的同时，国际思维与国际视野更是得到了前所未有的拓展。

从“吃饱穿暖”到惠及民生

“我们要赶上时代，这是改革要达到的目的”，国家改革开放的总设计师邓小平当年如此期许。

改革开放之初，中电建核电公司就曾经历过生产任务不足、“找米下锅”的窘境。当时电力基建行业还基本处于国家计划经济的“襁褓”之中。如果一年能有一台 12.5 万千瓦的机组拿来干就很不错了，整个公司的全部职工加上党政机关，都挤在一个项目上。

到 1984 年，中电建核电公司建成大中小电厂 9 座，装机 25 台，装机容量 141 万千瓦，且施工范围只有单纯的火电一种，企业规模、业务范围、赢利水平等综合实力亟待提高。

面对发展困境，中电建核电公司没有“等、靠、要”，没有在市场体制的屋檐下等待阳光，而是以求真务实的笃行、敢于创新的勇毅，跨出了走向市场的坚实一步。正是那一步的坚韧与笃定，才铸就了中电建核电公司引领行业的荣光与辉煌。

特别是近 5 年来，公司发展一步一个台阶。企业成功获得更名，总部办公大楼搬迁新址，连续三年实现“双百亿”经营目标，“国际优先、核电领先、传统巩固、相关多元”发展战略有效推进，2018 年度投产发电机组容量将历史性突破 1000 万千瓦……

胸怀天下，立己达人。萨希瓦尔工程的投产运营，填补了巴基斯坦约 1/4的用电缺口，对缓解当地电力紧缺局面，改善当地民生将发挥重要作用。沙特吉赞项目积极实施属地化管理，履行社会职责，在当地招聘了 2000 余名外籍员工，促进了当地民众就业。

为实践“绿水青山就是金山银山”科学理念，该公司自 2006 年涉足清洁能源领域以来，已建设完成风电场 101 座、光伏电站 21 座，总装机容量 7015 兆瓦。

拿一个 49.8 兆瓦风电项目举例，每年可向当地提供近 1 亿千瓦时的绿色电能，与同容量燃煤火电机组相比，每年可节约标煤 3.17 万吨，减少二氧化硫排放 131 吨、烟尘排放量 84.9 吨，在以清洁能源支撑当地经济绿色发展的同时，努力守住青山绿水。

40 年物换星移，岁月如歌。站在时代的新起点，中电建核电公司正以全新的姿态向前迈进，相信他们新征程的画卷会更加绚丽多彩！

借改革开放大势　谱圣泉华丽篇章*

在地理坐标“瑞蚨祥”创始人孟洛川的故里济南市章丘区刁镇，有一家“很特别”的企业，它与改革开放同龄，一心做农作物下脚料玉米芯的大文章。

它曾在成立之初的五六年间累计亏损近300万元，成了远近知名的“烂摊子”，却在“当家人”入主的第一年即实现扭亏为盈的“小奇迹”，从此开启了他与它30余年的“不解之缘”。

今天的它，是“神舟”系列飞船返回舱保温原材料制造商，世界五大铸造辅助材料供应商之一，打破国外垄断的新材料产品数不胜数；它被评为“国家技术创新示范企业”“农业产业化国家重点龙头企业”以及首批国家级“绿色工厂”……

它的名字，就是济南圣泉集团股份有限公司。

敢想好学，铸就圣泉发展之基

“不被人嘲笑的梦想，没有去实现的价值。”这句话饱含的艰辛外人难以体会。

1979年，改革开放的大潮刚刚开始涌动。这一年，济南轻工化学厂将糠醛产品扩散至章丘县（现济南市章丘区）建立专业化生产厂，刁镇糠醛厂（济南圣泉集团股份有限公司前身）成立。但一直到1985年，糠醛厂一直处于亏损状态，背负数百万元债务，濒临破产。1985年底，唐一林就任刁镇糠醛厂厂长。那时候，谁也想不到破败的糠醛厂会发展到今天的模样。

1985年，唐一林就任刁镇糠醛厂厂长后，经全国考察、多方调研，确认糠醛市场没问题，问题在于原材料——玉米芯供应不足。通过提高收购价格、

---

* 济南圣泉集团股份有限公司供稿。

组织人走村串户收购玉米芯,问题迎刃而解,糠醛厂当年扭亏为盈。但单一生产糠醛,市场竞争激烈、产品附加值低。如何打造自己的竞争优势,提高经济效益?答案是向下游产品攻关!在科研院所的帮助下,仅用一年时间便研发出国际先进的86-A型呋喃树脂,并获得国家"七五"星火计划成果博览会金奖。此后,又开发出聚四氢呋喃,结束了该产品完全依靠进口的历史;还开发出新一代环保低醛型铸造用自硬呋喃树脂,解决了甲醛含量高的难题。

"敢想、好学"是圣泉集团核心价值观,更是唐一林的真实写照。20世纪90年代,唐一林在英国参观时发现一种之前从没见过的产品——过滤钢水用的陶瓷过滤器,能承受瞬间温度可达1400～1700℃的高温,每平方厘米要承受几万公斤重的钢水的冲击。他想参观整个生产过程,但被婉拒,最后只索要到一小块样品。他不服气,回国后便开始了马拉松式的泡沫陶瓷过滤器攻关研究。与洛阳耐火材料研究院联合攻关,向全国科研院校寻求科技支持,从烧结、冷却、涂挂、烘干、裁剪(切割),一个环节一个环节地过技术关,产品出来了,但质量不能达到世界先进水平。从2001年起又先后从台湾、韩国引进专家,并以百万年薪聘请了英国专家进行指导。2005年底,该产品各项指标达到了世界领先水平,被科技部认定为国家火炬计划重点高新技术项目,时间整整用了8年。

为了进一步拓展产业版图,1992年,公司着手酚醛树脂的研发生产,但由于生产装备、技术落后,经历了许多挫折,仍不能做出好的产品。1997年,经过严谨甄选,多轮谈判,圣泉最终与英国海沃斯矿物及化学品有限公司达成了合作,引进了最先进的酚醛树脂生产技术。公司不满足于普通酚醛树脂的生产,积极研发酚醛树脂的高端应用。2011年开始,圣泉酚醛空心微球连续应用于"神舟"系列飞船返回舱上,打破了返回舱保温原材料对国外的依赖,迄今已连续四次助力中国航天事业。利用酚醛树脂与增强纤维研发出的圣泉轻芯钢,应用于以"复兴号"高铁为代表的轨道交通领域,打破了欧洲企业的垄断。研发出光刻胶用线性酚醛树脂,是制造芯片的关键材料,为芯片国产化进程提供了有力保障……今天圣泉酚醛树脂生产规模,亚洲第一,世界前三。

在敢想好学的精神下,圣泉实现了植物秸秆100%高值化利用,解决了农作物秸秆难以高效利用的全球性难题,走出了一条对全球有示范意义的成功道路。生物质石墨烯、石墨烯改性纤维、木质素染料分散剂、超级电容及动力电池等一大批国际首创或打破国外垄断的新材料、新产品应运而生。

创新为王,塑造圣泉发展之魂

创新,是圣泉发展的灵魂和基因,是每个圣泉人的信仰。

20世纪90年代,“创新”还未风靡,市场火爆,模仿盛行。1992年,圣泉聘请专家、学者担任顾问,选聘技术人员,成立了以呋喃化工开发为主的厂办科研所——山东省章丘化工研究所。正是因此,圣泉呋喃树脂、铸造辅助材料得以不断推出新产品,保持了行业领先地位。

如今,公司旗下拥有六家高新技术企业,一家国家级企业技术中心,下设10个专业研究所、2个研究院,拥有科研人员近400名;引进国家博士后科研工作站和山东省院士工作站;与中科院、山东大学、黑龙江大学等10余家高校院所建立长期合作关系;组建了拥有近30位世界级专家的国际团队;配备了上亿元的实验装备,每年投入巨额研发经费促进科研创新,用创新带动发展,2017年研发经费超过2亿元。在创新驱动下,公司承担了国家工信部“工业强基工程”等国家级重点项目10余项、省级重点项目30余项;累计申报国际、国家专利800余项;主持起草标准70项,创新成果显著。

创新是一件说起来容易做起来难的事。如何激发员工的创新热情?2005年,唐一林每个月基本都要主持开一次关于市场前沿及创新的会议,力求打破思想框架。整整坚持了一年,创新文化氛围逐渐积聚。2007年底,圣泉推出关键人才利润分享机制和5年千万元创新大奖制度,前者是每年拿出公司10%～15%利润作为绩效奖金以激发关键岗位、关键人才的积极性,后者是奖励那些在科研、市场、生产与管理各方面工作创新中做出突出贡献的员工和管理者,彻底点燃了全体员工的创新热情。为了推动研发创新,推出“科研成果赎买制”,研发项目前期所需费用全部从公司支取,单独记账,等项目研发成功、投入市场,科研团队可以提取5%～15%的收益,持续数年,结完开支后多余部分奖励给研发人员。今天,圣泉设有创新再创业活动奖、创新合理化建议奖、问题发现奖等多种创新奖励,奖金从几百元到100万元,创新已经成为圣泉人的自觉行为。

圣泉集团总裁唐地源说:“创新是找死,不创新是必死,圣泉一直走在死中求活的路上。”创新,往往不是一帆风顺的,更多的是头破血流。员工敢不敢创新,在于公司对创新失败的态度上,包容失败,才敢创新。圣泉集团成功研发出利用植物秸秆纤维素生产燃料乙醇技术后,2012年投入5亿多元建设非粮燃料乙醇项目,然而等建成投产,相关政策及市场却发生变化,项目只能终止。面对巨大损失,公司没有处罚任何人。正是对失败的包容,正是敢于承担失败的必要成本,才让员工敢创新,才让员工看到,在圣泉创新不是口号。

革故鼎新，织就圣泉发展之“锦”

圣泉的发展，在于对现代企业制度、管理思想的追逐。乡镇企业，在组织架构、经营决策、效率等方面存在明显的不足，限制了公司的发展。1992年，公司在著名经济学专家厉以宁、吴敬琏的指导下开始进行股份制改造，1993年完成改制，成为济南市第一家进行改制的乡镇企业。1994年，济南圣泉集团股份有限公司正式登记成立。2014年7月，济南圣泉集团股份有限公司在全国中小企业股份转让系统（新三板）挂牌并交易，企业管理制度更加规范。

2012年，年轻的唐地源担任圣泉集团执行总裁。在继承公司创新发展的优良传统基础上，他以年轻人的魄力，开始了圣泉新一轮现代化建设。

唐地源认识到，随着公司规模扩大、人员增多、业务繁杂，传统办公方式已无法满足公司发展需要。2013年，公司全面启动SAP-ERP信息化项目，将现代化信息技术与科学管理方法、企业系统建设结合起来，以提高公司整体产、供、销的运作速度和响应速度，实现从粗放到精细化管理的转变，构筑集成的高端管理平台，从而推进公司的科学化、规范化和标准化管理。

唐地源高度重视年轻人才队伍建设，他坚信，圣泉的未来掌握在年轻人手中。经过近40年的发展，创业期的人才普遍面临年龄瓶颈，为保证企业持续健康的发展，圣泉适时推出了“让贤行动计划”，规定凡是男满50周岁、女满45周岁的普通管理类的领导干部全部进入内退让贤范围。通过该项行动计划，公司共计有30余位年轻人才脱颖而出，走上一线领导岗位。同时，公司出台“接班人制度”，每个部门负责人要利用3～5年的时间培养出合格的接班人，保证了管理的延续性。

2017年，唐地源正式就任圣泉集团总裁。他上任之后，大力推进管理改革。他提出“谁花钱谁说了算，给基层人员更大自主权和支配权”的管理思想，为此成立“预算及风控管理委员会”，负责全面预算管理、流程改造、风险管控、后续监督等事务，为员工最大化放权，让员工自己做主、自己负责，充分激发员工能动性。

在生产系统试行推广“师徒制”管理，以做好新员工入职引导和教育，促进新员工更好更快地融入公司文化，适应公司管理，提高员工素质。新员工试工合格进入车间后，车间主任必须在当天按“一对一”搭配标准，给每位新员工指定一名熟悉公司文化及各项管理制度、熟练掌握本岗位各项操作技能及管理要求的老员工师傅，切实带动新员工快速成长。

制定了《领导干部重大工作失误或失职行为责任追究制度》，明确对因工作失误、管理不到位等主观原因给公司造成较大损失、恶劣影响或其他严重后果的重大工作失误或失职行为的责任追究和经济处罚标准，提高领导干部的责任感和使命感，防止出现工作重大过失行为，减少损失，保证公司各项工作顺利开展。

现代企业管理制度、与时俱进的管理思想，为圣泉健康发展保驾护航。圣泉的管理革新，始终在路上。

圣泉集团伴随着40年改革开放一路走来。40载，于人而言，已是不惑之年，于圣泉而言，亦有同感。经过40年风雨磨砺，圣泉已经变得成熟稳重，更加开放、包容，但是依然锐气不改，坚持寻求创新突破。圣泉人，也将永远牢记“立百年圣泉，为人类造福”的伟大愿景，不忘初心，砥砺前行，为壮大民族制造业力量、为民族品牌发扬光大而努力奋斗！

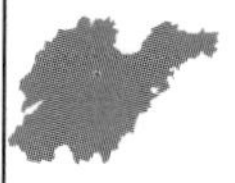

从铁匠铺到创世界纪录

——山东伊莱特股份有限公司发展纪实*

山东伊莱特股份有限公司是一家以“锻造”为主业进行多元产品经营的制造业企业，我们的主要产品包括盘类、环类、简体、模块、管板及异形锻件，耐磨钢球、钢棒及衬板，高端五轴数控机床及其他专机设备，主要应用于石化、海工、风电、核电、采矿、机械制造等领域。

我们的诸多产品在中国乃至全球占有重要市场地位。在风电法兰领域，中国每新增三台风机就有超过一台使用了我们的产品，参与国家能源局《风力发电机组—环形锻件》国家标准的起草工作；在锻造耐钢球、碳钢管道法兰领域，我们的出口位居中国前十；2018 年投产的大锻件项目装备有 1.35 万吨压机以及全球首台轧制直径 16 米、高度 3 米的超级轧环乳筒机。目前公司已取得包括武器装备质量管理体系、民用核安全设备制造许可证在内的 30 余项国内外认证及 60 余项专利证书，有超过 30 家全球 500 强企业在采购我们的各类产品。

伊莱特的历史可追溯至 1975 年，现有 1 个销售公司、6 个管理中心、8 个事业部。作为一家装备基础锻件制造商，40 年来伊莱特始终扎根于锻造行业心无旁骛，从大西洋沿岸的海上风机，到中东沙漠深处的油田，再到秘鲁崇山峻岭中的矿山，都能见到我们产品的身影。秉承“诚实、谦逊、坚韧、职业”的价值观，伊莱特致力于通过更加智慧和绿色的方式向全球用户提供各类高性能产品，并与全球客户一道，为人类创造更加安全、绿色与智慧的未来工业。

从一个铁匠铺到占地 600 余亩、总资产 14 亿元的非公企业，从打锄、打镢、打铁耙等农具到负责起草《风力发电机组环形锻件》行业标准，再到和中

* 山东伊莱特股份有限公司供稿。

科院院士合作创造世界纪录将200吨铁块一次性碾成直径16米的环。厂区不断扩大，技术不断革新，这是山东伊莱特重工股份有限公司及其前身43年来的发展轨迹，这也是“章丘铁匠”的坚守。

如今正逢转型时代，我们也紧随时代步伐，完成了从打造铁器到进军核电工程、航空航天项目的转型。尤其是2016年投资5.5亿元建设的高合金钢及有色金属大锻件项目是典型的“中国制造2025”工业强基项目，能够支撑我国未来核电、重型载人航天、特大型海上风电、大型成套装备的研发制造。

伴随着改革开放的东风，1986年厂里引进一台二手的空气锤，生产能力显著提高。1993年，外贸体制改革，自营进出口权放开，牛余刚率先办下自营出口权证书，每年出口创汇近200万美元，伊莱特正式进军国际市场。1995年，牛余刚引进台资成立济南鲁阳锻造有限公司，迈出了走向世界的第一步。2006年，经过多次谈判，公司与西班牙客户联手成立合资公司伊莱特重工，开始涉足风电领域，企业迎来了快速发展的黄金期。通过引用国外先进的风电法兰铸造技术，伊莱特重工生产的巨型法兰远销欧美等发达国家。

2008年后，国际金融危机爆发，国外风力发电市场急剧下滑，国内市场却风起云涌，大力发展风力发电已成国家倡导的方向，伊莱特的市场战略开始“由外转内”，一时成为国内风电法兰的龙头型企业。2010年，已经在国内风电市场小有名气的伊莱特，又与西班牙知名工业集团海斯坦普集团合资投建了新分厂，这是亚洲规模最大的风电法兰制造基地，从此伊莱特在国内外的风电市场突飞猛进，成为西门子、GE、维斯塔斯等世界知名企业的合作伙伴。掌握了绝对话语权，伊莱特担纲起草了《风力发电机组—环形锻件》国家标准。

近年来，山东伊莱特重工持续加大技术消化吸收再创新的力度，企业研发能力得到质的提高。2018年5月30日，全球最大的径轴向轧环轧筒项目在济南市章丘区的山东伊莱特重工有限公司正式投产，该项目使用了包括1.35万吨压机、内径17.5米热处理炉、直径16米立式数控车床等目前国内最为先进的各类锻造、热处理、机加工设备以及径向轧制力2500吨、轴向轧制力1250吨的全球最大轧环轧筒机，能够提供外径16米、高度3米、单重200吨内的各类盘类、环类、筒体等锻件，并打破了之前世界最大整体锻环外径12米的制造纪录。

径轴向轧制技术是一种先进的近净成型技术，在节省原材料、节省能源的同时能有效提高交付速度和锻件内部质量，是目前国际公认的绿色锻造技术。此前，这一技术主要由欧美企业掌握，该项目的落成一举将我国超大型环、筒类锻件制造能力提高到世界先进水平。

未来几个月，公司着力开展蒙古建厂、巴西建厂的规划实施工作，全力布局好国内、国际两大市场，到 2020 年实现 30 个亿的产值。目前，公司正在做“新三板”的摘牌工作，下一步公司将全力推进在上海 IPO 主板上市工作。上市后，立足章丘大本营，进入全球布局战略，把伊莱特打造成管理模式孵化器、技术创新孵化器、人才梯队培养孵化器，利用互联网对实体经济传统的组织、运作、服务和商业模式带来的巨大冲击，积极发挥互联网第一创新要素作用，大力推进互联网和实体经济融合，使实体经济真正步入“互联网＋”转型发展的高速发展机遇期。

面对世界经济的诸多不确定性因素，企业的未来发展伴随着机遇的同时会更具挑战性，我们一定会紧紧围绕“市场需求”，谋划好发展战略，心无旁骛地坚守实业，融合奋进，打造一个安全环保、有创新力、有竞争力、肩负社会责任的世界一流的锻造企业。坚信在我们大家的一起努力下，一个崛起的章丘、奋进的章丘、崭新的章丘、充满生机与活力的章丘，将展现在我们面前。而我们公司也会乘着发展的东风，为加快建设“大强美富通”的现代化国际大都市及建设美好的济南东部新区做出应有的贡献！

青岛啤酒:再定义世界级“中国名片”*

回眸改革开放40年,众多博观约取、厚积薄发的中国品牌已然站在了全球经济浪潮的中心,经历了人口红利、资源红利、规模红利后,迎来品牌红利的黄金时代。在具有5000年历史起源的西方传统行业——啤酒业,青岛啤酒踏准改革开放的时代节拍,以一瓶啤酒,连接世界,成为民族品牌崛起中的一抹亮色。

1978年,与改革开放初相遇时,青岛啤酒已是75岁的高龄。40年间,青岛啤酒产品从1种,衍生到20多个品类、1500多个规格品种;产量从3.747万吨增至797万千升,增长214倍;税金从624万元增至53亿元,增长了855倍;总产值从0.157亿元增至营业收入262.77亿元;出口国从1993年的32个增至100多个……从青岛一隅的国有企业,成长为誉满全球的国际化品牌,其间始终担当着中国啤酒业“引领者”的角色。

根据世界品牌实验室发布的2018年《中国500最具价值品牌》排行榜,作为唯一入选的“世界级”啤酒品牌,青岛啤酒以1455.75亿元的品牌价值连续15年蝉联中国啤酒行业首位,提升了中国品牌的全球市场竞争力。

千锤百炼:匠心酿造“中国味道”

作为“国货精品”,青岛啤酒一直将“好人酿好酒”作为百年世训,以“慢、专、精”的工匠精神,将一瓶啤酒做到极致。

在生产质量方面,青岛啤酒一直坚持国际标准:一个酒瓶要洗30分钟才算合格;输酒管道用水洗净后还要再用1吨多的啤酒冲掉残留水分;生产现场酿造水必须每隔两小时就品尝一次;生产所用的压缩空气必须进行细菌检测;坚持使用“最长低温发酵工艺”……每一滴青岛啤酒在出厂前,都要经

* 青岛啤酒股份有限公司供稿。

历1800道关键质量控制点的“千锤百炼”。

早在1906年，建厂仅3年的青岛啤酒就在慕尼黑啤酒博览会上荣获金奖，这是中国啤酒行业获得的第一项国际大奖。此后的百年间，青岛啤酒多次站在国际舞台上，华盛顿国际品酒会冠军、蒙顿国际评比大赛金质奖等，充分展示了青岛啤酒酿造啤酒的“中国功夫”。

2018年，青岛啤酒捷报频传。在世界啤酒锦标赛中，青岛黑啤以出色的口味与品质征服评委味蕾，一路“过关斩将”夺得金奖。在2018欧洲啤酒之星大赛中，青岛啤酒皮尔森从来自全球51个国家、2344款啤酒产品中脱颖而出，摘得“欧洲啤酒之星”。

一次又一次，青岛啤酒代表中国啤酒行业站上了世界领奖台，是全球消费者和专业评委，对中国啤酒行业品质化、品牌化的认可，更是对行业创新性、引领性的褒奖，凭借高品质全球“实力圈粉”。

江轮入海:国际化版图持续扩张

一年生产180亿瓶啤酒，连接起来能绕地球119圈。回溯青岛啤酒的国际化之路，起始于改革开放的“江轮入海”。

改革开放前，由于没有外贸经营权，青岛啤酒主要向山东省外贸公司提供货源，自营外贸额为零。作为事实上的“国啤”，1978年青岛啤酒开始肩负起出口创汇的重任。虽然这一阶段也是现在的订单式生产，但并不知道订单的另一端是谁，青岛啤酒与海外经销商、消费者之间隔着“数重墙”。

1987年4月，青岛啤酒成为国内同行业第一家拥有进出口权的生产经营外向型企业，悄然改变了这一模式。至此，从计划经济这条“江”驶入国际市场这片“汪洋大海”，青岛啤酒正式开启了它的入海之旅。

1992年，青岛啤酒在意大利成立欧洲办事处，率先勾勒了中国啤酒行业的世界版图。经数年耕耘，在国际市场上，青岛啤酒一直是以“高品质、高价格、高可见度”的形象呈现出来的。在欧美发达国家，青岛啤酒已进入了几乎所有主流连锁超市，其售价是啤酒产品金字塔最顶端的部分。目前，青岛啤酒已进入超过100个国家和地区的市场，更重要的是，其已然成就了全球最好啤酒之一的口碑。

在啤酒种类超过5000种，鲜酿啤酒厂遍布每个小镇的“啤酒之乡”德国，当地每瓶啤酒售价在0.8～1欧元，而每瓶青岛啤酒的售价却在3欧元左右。在美国市场，青岛啤酒的售价是当地啤酒的近2倍。在哈萨克斯坦市场，青岛啤酒的售价是当地啤酒的4倍。

2018年，青啤海外市场逆势增长，亚太市场销量同比增长4.5%、西欧市场增长5.2%、非洲中东东欧市场增长23%。其中，英国、意大利、加拿大等14个国家增幅超过10%，俄罗斯、菲律宾、波兰等11个市场增幅超过50%，巴西、刚果金、希腊等5个市场销量实现翻番。

文化远航：担当“舌尖上的外交官”

青岛啤酒自1948年开始大批量出口至新加坡，开启国际化进程，至今已有70年。近年来，青岛啤酒更香飘“一带一路”，沿线都是青岛啤酒的身影，俨然成为“舌尖上的外交官”。

印度新德里的酒吧，侍者用三根手指，托着5瓶青岛啤酒，稳稳走来，放下酒，娴熟的动作让人叹为观止；古老的尼泊尔婚宴要大摆4天，青岛啤酒成为婚宴的“新标配”；“吃中国菜、喝青岛啤酒”在哈萨克斯坦成为新流行；在斯里兰卡的青岛啤酒之夜，中国传统的大红灯笼挂起来，喜庆金龙舞起来，斯里兰卡的粉丝用中国风情的大红花轿“迎娶”青岛啤酒。

2018年，在备受世界瞩目的上海合作组织峰会宴会桌上，齐齐亮相的是原浆、经典1903、纯生、奥古特等青岛啤酒多款产品。这样的惊艳，还频频出现在APEC、金砖峰会、G20峰会等重大活动中，青岛啤酒正在成为中外交流场景中的一张世界级“中国名片”。

凡是过往，皆为序章。因改革而强的青岛啤酒，正向未来而行！

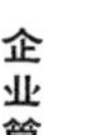

迎着改革的春风做大做强*

1993年,随着改革开放的逐渐深入,中国的体制改革也开始步入正轨,在当时改革开放的大环境的影响下,青岛金王集团以2万元资金创业,从5个员工开始制造一种普通的小商品——蜡烛,如今已发展到业务范围涵盖蜡烛和香薰及其制品、化妆品、页岩油气开采、黄金等有色金属开采四大板块。2016年集团全球营收突破75亿。2006年,集团旗下控股的青岛金王在深交所上市。

回顾篇:两条腿走路,创自主品牌

1995年,金王在广交会上拿到了第一笔出口美国的蜡烛订单,我们高高兴兴地把商品都贴上了金王的商标,发给了美国的订货商,没想到被订货商给索赔了,不仅索赔还把货给退回来了。为什么呢?首先这个客户认为金王的品牌不能给他带来增值;其次,由于有了金王这个牌子,进口商卖给百货公司的时候,百货公司就会知道是哪儿生产的,把他给甩了。那次赔掉了我们半年的利润。

当时我们特别不理解,同时也面临着选择。一种选择就是不再继续用金王的品牌,理由很简单:如果再用自己的品牌,可能企业就要面临着倒闭,没有市场,也没有客户,也没有人会认可你的品牌,那么就没有人去买你的产品;另外一部分人认为如果不去经营品牌,可能就没有未来。我们自始至终一直坚持一定要做我们自己的Kingking品牌!贴牌生产固然可以暂时渡过难关,但自主品牌才是未来长远发展的基石。

最终,金王选择了“两条腿”走路:一面做贴牌生产,赚取加工费维持和发展企业;另一面则挤出钱来做产品的科研创新,在自主创新的产品上贴上

* 青岛金王集团供稿。

"Kingking"的商标出口。

进行篇:不断创新,确保自己永远站在研发的最前沿

短短几年,Kingking 品牌终于在国际市场上打开了知名度,开始跻身国际知名品牌行列。2000 年,旗下 Kingking 品牌香薰、蜡烛出口销售只占金王产品总销售量的 10%,而如今,这一比例已经提升到 80%,凭借领先潮流的设计和差异化的产品定位进入美国、欧洲发达国家的主流市场。

公司注重自主创新,驱动公司可持续发展。公司拥有国家博士后工作站和省级研发中心,汇聚各学科人才 200 多名。公司每年对科研投入持续增长,并通过与国内外优秀的科研机构开展多方面战略合作实现企业的跨越式发展,成为引领行业发展的风向标。公司实行全面的知识产权保护,将知识产权的创造、运用、管理和保护,纳入企业技术创新和经营管理全过程,"Kingking"商标在美国、德国、英国、日本等 20 多个国家注册,在全球拥有专利 1800 多项。公司成为中国专利十强企业、中国蜡制品行业国家和行业标准的制定者以及全球香薰、蜡烛研发生产的龙头企业。国际领先的研发中心,先后被瑞典宜家家居、瑞士 SGS 授权为蜡烛产品标准检测机构,是同行业国内唯一一家省级研发中心。

公司通过构建企业核心竞争力,采取差异化的经营战略在全球市场竞争中占据一席之地,并在众多细分市场建立了领导地位。

近年来,根据中国商务部及海关总署统计,青岛金王以绝对优势位列我国蜡烛及类似品出口额榜首。入榜国家统计局全国大中型工业企业"自主创新能力行业十强"。"Kingking"品牌被国家质量监督检验检疫总局评为"中国名牌"。

展望篇:全面深化改革,数字金王拥抱新零售

2013 年,素有"蜡烛大王"之称的青岛金王,开始着手布局化妆品产业,经过几年的摸索,2018 年呈现出了井喷式爆发,在整合了全国 21 个省的渠道商之后,金王升级生态圈业态,通过投入资金、技术以及人才与线下店铺合资,借助 S2B2C 商业模式,全面提升线下十几万家 CS 门店的业绩与经管水平。

2017 年,金王从安徽省开始了众妆供应链的试点和推广。不到一年时间,百亿级别美妆新物种在全国 13 个省落地。

为此,金王引进了许多知名互联网专业人才,其中原新浪总架构师、微博创始人张晓龙担任青岛金王首席运营官,原阿里盒马鲜生的物流技术总

监张明刚等70多名优秀的技术及互联网人才加入到青岛金王的新零售专业团队。

2018年,计划在新零售项目上加大投资,用以人才引进、全球集采、智慧物流、新零售样板店、线上一体解决方案等。金王的数字化样板店既抓住了消费者的需求,又具备行业规模化和可行性。随着金王在化妆品新零售领域的加速开拓,这一新业态对于行业具有里程碑式的意义,将开创化妆品行业的新时代。

在这样一个变革的时代,只有变革才能发展,金王与青岛企业一起助力,共同创新,为青岛产业发展注入新的无限商机。

干在实处　走在前列　争当改革发展排头兵*

一个企业，可以成为一个国家的缩影，彰显一个时代的精华。

鲁泰纺织股份有限公司既是改革开放的见证者、参与者，更是践行者、受益者。改革开放40年来，鲁泰的发展翻天覆地。2017年，鲁泰集团总资产、净资产、营业收入、出口创汇、利润总额和利税分别较成立之初（1990年）增长了221倍、524倍、405倍、151倍、747倍和1117倍。从建厂初期“中国纺织界的茅台酒”，到“全球第一色织布”，再到荣获“全国质量奖”“中国工业大奖”“国家科技进步一等奖”，鲁泰享誉世界。

若以10年为一个基准，那么在鲁泰30余年的发展中，第一个10年以产品的匠心品质奠定了发展基础，第二个10年以持续不断的创新追求铸就了行业地位，第三个10年则以锐意进取的创意设计开拓出广阔天地。

改革春风里，留下发展印记

40年改革开放，40年沧桑巨变。正是改革开放给鲁泰带来了发展机遇并指明了方向，为企业发展注入了前所未有的生机与活力。

鲁泰公司的前身是淄博第七棉纺厂，1987年6月8日破土动工。成立之初，面临资金缺乏、设备落后、人员新、技术差、产品档次低、市场狭窄等困难，发展举步维艰。谁也不会知道，当时正在深圳掀起的改革浪潮，会在日后改变企业的发展轨迹。

随着改革开放蓝图的徐徐展开，国家开始允许外资进入中国。外资涌入的第二个浪潮发生在1988～1992年。淄博第七棉纺厂正是在这一时期抓住机遇，1988年与泰国合资组建了鲁泰纺织有限公司（“鲁”即代表山东，“泰”则代表泰国），迈出了发展的关键一步。在这种背景下，鲁泰得以引进

* 鲁泰纺织股份有限公司供稿。

外资，引进国外先进的设备、技术和专家，借鉴国际先进的管理经验，产品外销，赚取外汇。1990 年 3 月 30 日，鲁泰纺织有限公司正式开业，当年产品即出口到泰国，实现销售收入 2269 万元，利润 168 万元，出口创汇 448 万美元。

正是在改革开放营造的解放思想、与时俱进的良好环境下，1993 年，鲁泰进行了股份制改造：1997 年发行 B 股，2000 年发行 A 股，2008 年增发 A 股。通过不断扩大生产规模，进一步升级设备、调整产品结构。

改革开放 40 年来，鲁泰从一家不足 300 人的棉纺小厂，发展成为拥有员工近 3 万人、目前全球最具规模的高档色织面料生产商和国际一线品牌制造商。

奋斗征程中，不忘初心谋发展

新时代全行业发展正呈现新特征，产业新定位日益清晰。以党的“十九大”召开为契机，“科技、时尚、绿色”正成为行业新标签，“创新驱动的科技产业、责任导向的绿色产业、文化引领的时尚产业”正成为产业新定位。鲁泰也在为这一新的定位积极奋斗。

推进智能制造，打造创新驱动的科技企业。作为智能化、数字化纺织的全球倡导者和践行者，鲁泰智能制造提高的是劳动生产率，终极目标是实现“以人为本”。鲁泰在关键工序、重点装备和特殊岗位上实施全过程数字化、智能化，逐步实现了装备智能控制、产品在线检测、数字化纺织品设计以及供应链全流程的信息化智能管理，在实现以人为本的同时，创造了良好的经济效益。

实施品牌创意，打造文化引领的时尚企业。长期以来，鲁泰持续进行科技创新、设计创造，为引领科技与时尚潮流，实现“鲁泰制造”向“鲁泰创造”的转型升级增加了新动能。鲁泰依托国家级工业设计中心、国家色织面料流行趋势研究中心、鲁泰面料馆，通过中国纺织面料流行趋势研究与发布联盟，加强定制服务，推进自主品牌建设，引领消费趋势，提升文化自信。

开展绿色制造，打造责任导向的绿色企业。作为行业生态文明建设示范企业和 ZDHC 绿色先锋试点企业，鲁泰着力于建设绿色制造体系，建立健全绿色标准，开发绿色产品，创建绿色工厂，推动实现全产业链制造高效化、清洁化、低碳化、可持续化，同时依托信息平台，实现全生命周期管理。

实干创新，以伟大跨越迎接新时代

改革没有终点。目前鲁泰正走在新的征程上，公司提出了“未来 5～10 年实现销售收入、利润总额翻一番，成为世界一流知名企业”的发展目标，以

“盘活存量、寻找增量、做强实业、适度运作”为发展思路，大力实施“提质增效”和“全面国际化”战略，不断推动产业升级，着力打造服务型制造企业。

创新驱动的科技产业、责任导向的绿色产业和文化引领的时尚产业，这是新时代中国纺织工业的新定位。未来的鲁泰将是围绕行业定位，不断深化质量变革、效率变革、动力变革的鲁泰，将是以创新驱动、责任担当、文化引领来实现高质量发展的鲁泰，并将不断为中国经济社会发展积极贡献力量！

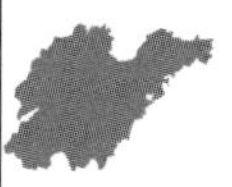

科瑞集团:树起"走出去"的一面旗帜*

一、企业基本情况

科瑞集团成立于2001年,目前已发展成为以高端油气能源装备研发制造、油气田增产解决方案与一体化服务、石油天然气工程价值链综合解决方案提供为核心,立足全球油气行业产品、技术、人才、金融、资产等优质资源整合和创新服务的综合性产业集团。

公司现有员工8000多人,建立了总占地面积3000多亩高端石油装备产业园,拥有高端智能钻完井装备、海洋油气装备、油气田专用增产作业装备等九大产品系列,拥有各种自主专利技术2000多项。公司业务遍及全球80多个国家和地区,在57个国家和地区设立了分公司,超过2/3市场位于"一带一路"沿线国家和地区,公司海外业务占比已超过70%,已连续多年获评为中国民营企业500强,连续多年在中国石油石化装备制造业位列50强榜首,是一家具备完善的全球化营销网络的高端油气能源装备生产制造和油田服务企业。

二、发展历程

十七年风雨兼程,科瑞集团经历了创业的披荆斩棘,克服了开拓国际市场的艰难困苦,建设了自己的生产基地和研发中心,专注技术装备研发制造,夯实主业;借力政策之东风,转型升级,发展外贸新业态;从一家员工不足百人、业务结构单一的企业,成长为拥有几千名员工、三大业务板块的国际化企业集团。回顾过往,科瑞集团的历史就是一部奋斗者的发展史。

---

* 科瑞集团供稿。

(一)起航——耕耘与成长

2001年,一群志同道合的创业者成立了山东恒业石油新技术应用有限公司,这便是科瑞的前身。2002年,公司厂区一期工程竣工,成为胜利工业园第一家入驻企业。2003年,成功研制出第一台氮气泡沫洗井车、国内首台套海洋平台电驱动膜分离制氮机组和海洋平台油田智能全自动注水加药工艺装置。作为科瑞最早的产品,科瑞在制氮设备领域的技术优势从此建立,到今天,科瑞在全国制氮设备市场占有率达到77%,并主持编制了制氮注氮设备的行业标准。

(二)出海——坚持国际化发展道路

2004年,山东科瑞石油装备有限公司注册成立,并在哈萨克斯坦成立了第一家海外分子公司,海外征程就此开始。科瑞自此立足行业视角,开展国际合作,开发国际市场,整合国际一流的人才、技术等资源,建设了单体规模跻身国际一流的大型生产基地,形成了贯穿从油气开发到油气增产、油气储运全产业链的产品和服务体系,产品出口、油田服务"走出去"、国际工程总承包均达到国际一流水平并占据了稳定的国际市场份额。借力政策东风,科瑞集团在"一带一路"沿线46个产油国设立了分公司办事处,业务实现了全覆盖;氮气增产服务、径向钻井服务、钻完井和钻井大包服务,在中亚、中东、拉美,特别是"一带一路"沿线国家,多次出击并斩获颇丰,实现了与客户的互利共赢。

为深入布局全球市场,科瑞积极与国际知名企业及科研机构开展多方位合作。科瑞已与世界500强企业斯伦贝谢、沙特阿美、委内瑞拉国家石油公司等建立了合资合作关系;承揽了巴西UPGN天然气处理场站、巴基斯坦天然气处理场站、俄罗斯油服、黎巴嫩UCD修井、伊拉克钻修井等数十亿美元承包工程项目;与加拿大卡尔加里大学合资在北京投资建设了卡尔加里大学(北京)非常规油气技术开发中心;与委内瑞拉、乌兹别克斯坦、俄罗斯等十几个国家的石油公司建立了战略合作关系,拥有了深层次、多维度的国际合作朋友圈。

(三)扬帆——实体化转型打造高端品牌

2009年,按欧洲标准制造的MEAT601 9000米超深井钻机成功下线并出口德国。2010年,科瑞首台(套)特种钻机——HR4000低温钻机成功下线并出口俄罗斯。发展至今,公司自主研发制造海洋高端井口设备、水下采油(气)树、超深井陆地钻机、沙漠快移钻机、大型天然气压缩机、氮气增产设备、压裂设备、连续油管车、人工智能举升采油设备等多种油气能源高端智能装备均已经具有国际领先和先进水平。

如今科瑞集团已成长为我国油气能源企业"走出去"的一面旗帜,科瑞品牌遍布全球各大油田,在国际市场享有较高知名度。目前,科瑞已拥有国内注册商标 40 件,马德里国际注册商标 28 件,商标保护覆盖了 41 个国家和地区。科瑞的国际商标注册已覆盖 80 多个国家和地区,科瑞企业品牌成为山东省推介出口名牌、山东省重点培育和发展的国际知名品牌、中国机电产品进出口商会推荐出口品牌,"科瑞"商标被评为"山东省著名商标",获得了国家工商行政管理总局和世界知识产权组织颁发的"中国商标金奖·马德里商标国际注册特别奖"。"科瑞"品牌被评为"山东省制造业百家高端品牌培育企业和品牌价值 50 强",品牌价值 136 亿元。

(四)破冰——模式变革与产业升级

自 2013 年 6 月起,国际油价开始了断崖式下跌,面对行业寒冬,科瑞重拾创业精神,锐意进取,转型升级,以"产业+互联网"思维,用高水平对外合作为产业发展搭建平台。

搭建了油气能源装备 B2B 跨境电商——易瑞跨境电商平台。平台聚焦石油天然气能源领域零配件、耗材、工具、生产材料、通用设备等品类,打造高效供应链服务平台,与各大金融机构、阿里巴巴、中外运等共同构筑起外贸生态圈,同时,依托全球海外仓分拨体系,实现对全球客户的快速货物送达,建立了信息、物流、财务平台,为中国企业解决跨境结算、跨境仓储交付问题。目前签约入驻企业 2000 多家,易瑞电商被认定为"跨境电商综合服务平台企业",在迪拜、哥伦比亚、肯尼亚、印度尼西亚、沙特等国家和地区搭建的 5 个公共海外仓被认定为"跨境电商公共海外仓"。

依托于科瑞集团产业实力和全球布局,构建了以"产业+互联网+租赁+金融"为主题的瑞基闲置油气能源设备全球互联网交易与共享服务平台。目前,平台上的设备规模已达 100 亿美元,已经为南美、亚太、俄罗斯和中国的客户提供了多个闲置设备的交易和租赁服务业务。

组建了纬科国际石油培训学院,学院是为"一带一路"沿线油气行业提供国际化专业培训、人力资源服务和工程技术服务的开放平台。与加拿大卡尔加里大学、石油大学、机电商会、阿曼国家石油公司、委内瑞拉国家石油公司等 22 个单位建立了战略合作伙伴关系,是由中国社科院牵头成立的中国丝绸之路研究院的人才培训基地和中国中外管理协会院长理事单位。

对外开放40周年，中国经济已经成为世界经济的重要动力。未来科瑞集团将紧紧把握时代发展趋势，进一步开拓国际市场，从多层次、多维度完善营销网络功能，以高水平对外合作推动产业转型升级；以“中国制造2025”为指导，推进产业升级，加强数字化、智能化在装备制造、油田工程技术服务和油田工程承包等相关业务中的应用；向产业链配套的金融、服务领域延伸，加大对外合作力度，加快培育外贸新业态主体，为促进产业转型升级发展、实现新旧动能转换贡献一份力量。

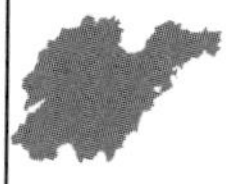

万华集团:与改革开放共成长*

1978年12月,党的十一届三中全会开启了改革开放的新时期,至今已经走过40年风雨岁月。在这40年中,我国发生了翻天覆地的变化,中国人用40年的时间走过了西方国家100多年的历程。而同样诞生于1978年的万华,恰与这样一个伟大时代步履相随。

一、历经沧桑、波澜不惊,在风雪洗礼中逐步建立高效快捷、规范有序的现代企业制度

万华的前身是烟台合成革厂。1978年,为了解决8亿中国人买皮鞋难的问题,国家决定从日本引进年产300万平方米的合成革装置,同时作为配套装置引进的还有间歇式生产的1万吨/年的MDI装置和多元醇装置。该项目被列入国家"六五"重点建设工程。1984年11月,历经6年之久的烟台合成革工程通过了国家验收,会战指挥部正式更名为烟台合成革厂。

然而,这一套MDI装置属国际20世纪60年代的技术水平,生产工艺落后,产品质量差、消耗高。由于不掌握核心技术,装置运行极其艰难,10年未达产。1987年后,改革开放给人民生活带来巨大变化,中国对MDI需求快速增长,而MDI生产技术长期被国际上少数几个跨国公司垄断封锁。为满足市场需求,国家先后批准4个引进MDI生产技术项目立项,但均因国外公司技术封锁而搁浅。万华曾试图以中国市场换技术,经过5年的艰苦谈判,跨国公司在拿到万华历尽艰辛得出的详尽的市场调研报告、看到中国市场的巨大潜力和发展空间后,决定自己在中国建设大型MDI装置,万华引进技术的希望破灭。

艰难而屈辱的技术引进经历让万华明白:真正具有市场潜力的技术是

* 万华集团供稿。

引进不到的，高技术也是买不来的！

1992年，万华被迫走上自主创新的道路，联合国内高校进行技术攻关，初步掌握了MDI生产技术。但20世纪90年代中期，由于合成革技术被南方的民营企业所掌握，国外大量质优价廉的MDI产品进入中国市场，万华的经营日益艰难。到1998年，职工工资连续3年发放70%。同一年，万华迎来第二个命运转折点——证监会同意万华改制上市，但要求先按现代企业制度进行改革，取得成果后再上市。

于是，1998年底，万华集团以MDI分厂为主成立烟台万华聚氨酯股份公司，股东由1个变成5个，完成第一次所有制改革。面对严峻的经营形势，集团决定背水一战，打破论资排辈的惯例，配备了一支以年轻干部为主的、有创新精神的股份公司管理层，并赋予其充分的经营管理自主权。同时，董事会通过利润增量部分的20%增加工资总额的决议。由此，初具现代企业制度雏形的拟上市公司正式成立。

2001年，万华在上交所上市。在证监会有力的监管下，公司管理逐步走向规范。之后，万华不断发展，从单一的MDI生产商发展到产品涵盖聚氨酯、石化、精细化学品三大板块的供应商，从当年偏居一隅的本土企业成长为现在拥有烟台、宁波、匈牙利三大产业基地的国际性化工公司。2017年，公司跻身全球化工30强，让别人眼中的“不可能”成为现实。

伴随改革开放步伐的不断深入，万华改革的探索也从未停歇。2016年，根据中共中央、国务院[2015]22号文件关于“主业处于充分竞争行业商业类国有企业，国有资本可以绝对控股、相对控股，也可以参股，并着力推进整体上市”的精神，万华提出了整体上市的计划。在中国证监会和省、市政府的大力支持下，2018年8月，万华化学重大资产重组项目获得中国证监会上市公司并购重组委员会审核无条件通过，万华成为真正意义上的公众公司，为进一步全球化、成为世界一流企业打下了坚实的体制基础。

二、凤凰涅槃，浴火重生，在激烈竞争中激发形成敢想敢干、锲而不舍的创新精神

探究万华成功的基因，其根本来源于创新。股份公司成立之初就意识到最重要的是要培育自己的技术研发能力。因此，决定把技术创新作为公司的第一核心竞争力来培育。

为了激励人才大胆创新，1999年5月，公司出台《万华技术创新奖励办法》。当年12月，根据该办法给10位研发人员发放了第一笔相当于公司半年工资总额的科研奖金，极大地调动了科研人员的创新积极性，同时也起到

了商鞅立木的轰动效应。在之后的20多年中,逐步形成了“敢想敢干、锲而不舍,没有不可能的事情”的创新理念,很多研发周期10余年、突破国外公司技术封锁的产品都是在这一理念的影响下研发而成。例如:公司的高端产品之一——HDI,现广泛应用于飞机、高铁涂层等领域,从1999年开始研发到2015年工业化装置稳定生产,前后经过了16年艰苦的历程;万华PC技术的自主开发也是一波三折,历经11年坚持不懈,终于开花结果,工业化装置开车成功,产品质量和能耗达到国际一流水平。

通过自主创新,万华的科研实力快速提升,并不断取得创新成果。目前,已成为中国唯一同时拥有MDI、TDI、ADI全系列异氰酸酯及聚酯、聚醚多元醇等聚氨酯原料制造技术自主知识产权的企业,多项产品产能位于全球前列,其中MDI全球第一、ADI与TPU全球第二、TDI全球第三、聚醚全国第一。先后获得国家科技进步一等奖等国家级科技奖励7次、省部级科技进步一等奖10次。公司还被有关部门授予“国家环境友好工程”“最具持续创新能力十大上市公司”“全国创新型企业百强”等荣誉,成为我国化工行业最具创新实力的企业。

三、抢抓机遇,筑梦未来,在改革创新中持续书写砥砺奋进、继往开来的时代新篇

在改革的召唤下诞生、在开放的大潮中成长的万华,经过40年的上下求索,在体制创新与改革发展方面,走出了一条极具特色的道路。2018年6月13日,习近平总书记来万华烟台工业园考察并作出重要指示,对万华改革创新、环保理念、人才管理等方面给予了充分肯定:“回顾你们的发展历程,一路走得很好,虽然是一条艰辛创业之路,但是很成功。之所以取得成功,我的一个体会就是走了自主创新之路。没有不可能的事情,就要有这么一股劲。谁说国企搞不好?要搞好就一定要改革,抱残守缺不行,改革能成功,就能变成现代企业。”改革与创新,是万华取得成功的核心DNA。国家的改革开放为万华提供了快速增长的大市场,国企改革为万华提供了充分调动员工积极性和创造性的好机制,坚持不懈的自主创新,保证了万华在激烈的市场竞争中掌握主动,勇立潮头,没有改革创新就没有万华的今天。

万华集团将牢记习近平总书记的殷殷嘱托,立足中国、放眼世界,按照高质量发展的要求,坚持创新发展、绿色发展,再接再厉,一鼓作气,一气呵成,一以贯之,朝着成为具有全球行业领先竞争力的世界500强企业的既定目标奋勇直前,为中华民族的伟大复兴做出更大的贡献!

四十华章结硕果　百年宏愿展新篇*

时光如水，岁月如歌。改革开放40年，在历史长河中不过是弹指一挥间，但对于南山人来讲，1978～2018年这40年，却是值得铭记于心的40年，值得欣慰自豪的40年。从贫穷落后的山村到全国闻名的小康村，从村办手工作坊到位列中国500强前列的企业集团，南山人敢为人先、自强不息，探索出了一条独具特色的“工业兴村”之路，以工业化带动城镇化，成为美丽乡村建设的成功典范。

回眸南山40年发展史，那是一幅绚丽夺目的创业画卷，一首激情昂扬的奋斗诗篇，一曲荡气回肠的进取乐章！

时光回溯到1978年12月，党的十一届三中全会开启了改革开放的历史新时期。在胶东半岛泳汶河畔的前宋村，时任三小队队长的南山集团创始人宋作文敏锐地捕捉到改革开放带来的机遇，与队委会领导班子商讨后，他决定带领村民通过发展工副业来致富，从此翻开了南山人披荆斩棘艰苦创业的崭新篇章。

正如英国著名作家萧伯纳所言：“改变世界的是这样一群人，他们寻找梦想中的乐园，当他们找不到时，他们就亲手创造了一个！”40年来，南山人与时俱进、抢抓机遇，打造了一座繁荣兴旺的产业园区，并形成了以铝业、纺织服饰、西海岸新区、地产、金融、教育、旅游、健康、航空为主导的多元化产业格局。其中工业是重中之重，南山铝业于1999年上市，坚持“创新驱动、精深加工、高端制造”战略，产品广泛应用于航空、轨道交通、汽车轻量化等高精尖领域；纺织服饰加快推进两化融合管理体系，强化产学研一体化建设，将南山精纺面料、缔尔玛品牌打造成中国驰名商标。

40年来，南山人辛勤耕耘、团结奋斗，筑就了一座安居乐业的乡间都市。

---

* 南山集团供稿。

当年三小队率先富裕之后，不仅带动全村 260 多户村民也富裕起来，而且相继带动周边 36 个村庄、两万多名村民共同致富，实现了“少有所学、青有所为、老有所养、病有所医”，过上了现代化的生活。此外，众多外地人口受南山广阔的发展空间吸引，来这里就业并扎根安家，南山为他们提供了施展才华的舞台和安身立命的沃土。

40 年来，南山人励精图治、开拓创新，打造了一座生态宜人的养心天堂。依托国家 5A 级旅游景区和齐鲁医院南山分院等丰富资源，南山积极推进健康小镇建设，辅以完善的生活配套设施，并定期举办丰富多彩的文化演出活动，“福寿胜地、养心天堂”的名片日益鲜亮，吸引了全国各地的游客来这里休闲度假，更有不少业主在此购房养老居住，把南山当成自己的第二故乡。

40 年来，南山人高瞻远瞩、未雨绸缪，打造了一个享誉八方的国际品牌。南山以国际化战略布局全球市场，在意大利、美国、澳大利亚、新加坡、印尼、德国等国家设立分公司，从原料采购到研发设计，从加工生产到市场销售，充分利用两个市场、两种资源。铝业成为波音、空客、罗罗等国际航空巨头的合作伙伴，纺织服饰为伦敦奥运会、APEC 国家领导人会议提供定制服装，在中美两国元首见证下签署乙烷综合利用项目合作合同……这些大事件让南山成为世界瞩目的响亮品牌！

“百年大计，教育为本。”创业初期，刚刚富裕起来的南山人就意识到，只有靠知识和文化才能真正改变命运，于是做出“富了优先办教育”的前瞻性决定。1988 年前宋村投资建设了一座高标准的幼儿园，此后相继建设新华完小、新华中学、南山职业高中等学校，2005 年南山学院经教育部批准成为民办普通本科院校，至此确立了从幼儿园直至大学的完整教育体系。1988～2018，南山投资教育 30 年，为探索中国民办教育发展经验做出了积极贡献。

40 年风雨磨砺，40 年春华秋实。南山的发展历程，既见证了改革开放以来中国经济和社会发展的巨大变迁，也凝聚着一代代南山人的汗水和智慧。

全国文明村、全国小城镇建设示范区、中国企业 500 强、山东省省长质量奖、山东省科技进步一等奖……这一个个沉甸甸的荣誉称号，都是对南山人 40 年辛勤付出的最好回报，是对南山发展成就的最佳褒奖！

作家冰心曾写过一首蕴含哲理的诗歌：“成功的花，人们只惊慕她现时的明艳！然而当初她的芽儿，浸透了奋斗的泪泉，洒遍了牺牲的血雨。”

南山的成功之花是如何绽放的呢？南山 40 年创业发展史给出的答案是：一是国家改革开放的春风激活了南山，是党和政府“致富思源、富而思进"的号召引导了南山；二是各级党委、政府和社会各界的关心、支持培育了南山；三是全体南山人团结拼搏、勤劳务实的付出成就了南山。

忠诚、责任、勤奋、敬业，南山精神在企业运营中爆发出强劲的生命力。南山人用实践证明：只要心中有梦想，而且努力去付出，就有机会创造奇迹。

"沉舟侧畔千帆过，病树前头万木春。"南山40年发展史绝非一帆风顺、一路坦途，而是充满了各种磨砺挑战和坎坷曲折。市场竞争浪潮风起云涌，许多品牌昙花一现红极一时，而后又销声匿迹风光不再。

"创业艰难百战多"，南山人深知：如今的发展成果来之不易，要想打造百年品牌，必须时刻充满危机感和紧迫感，安不忘危、兴不忘忧；必须在继承中创新，在创新中发展，让"发展"这个永恒的主题和"创新"这个永远的法宝为南山注入持续的动力。

"长风破浪会有时，直挂云帆济沧海。"40年，是一座里程碑；40年，更是新的起跑线。站在新的历史起点上，冲锋的号角已经吹响，远行的巨轮再次起航，斗志昂扬的南山人将踏上新的发展征程，奋力打造更有活力、更专业化、更国际化的新南山，为实现中华民族伟大复兴的中国梦增光添彩！

在路上

——绿叶制药集团改革开放发展历程*

改革开放40年,是中国巨变的40年,是书写奇迹的40年。

在这波澜壮阔的40年里,每个人的幸福与孤独承载的都不只是独自的荣耀与挫败,正因为万千名医药人的奋斗与坚守,一部奇迹般不可复制的中国医药产业史,正被激荡地书写在这个地球上人口最多的国度。

绿叶制药集团的是中国医药产业的一个缩影。秉承"专业技术服务于人类健康"的崇高使命,一群努力执着的绿叶人,日复一日,年复一年,在路上!

——题记

成立于1994年的绿叶制药集团,始终坚持走自主创新和国际化之路,经过全体绿叶人近25年的不懈努力,已经从烟台当地的一家小药厂发展成了一家业内知名的跨国制药企业集团,在全球建有7大生产基地,拥有30余条生产线,全球员工4000余名。

一、齐心协力,艰苦创业

1994,烟台绿叶制药(绿叶制药集团前身)成立于烟台胜利油田疗养院租来的简陋厂房里。起初,公司规模小、硬件设施差、工作条件艰苦。为节省成本,工人们利用中午休息时间卸货逐渐成为惯例,不用动员号召,从车间到办公室,从员工到领导,大家一起卸车搬箱。由于道路较窄,货车靠近不了仓库,大家就自觉排成一条"长龙",将一箱箱沉重的物料通过最原始的

---

* 绿叶制药集团供稿。

接力方式传递入库。这种创业初期的奋斗让绿叶制药在1997年实现了产值过亿元的既定目标。

二、自主创新，走国际化之路

绿叶成立初期，就意识到研发能力对于一个制药企业的重要意义。从那时候起，绿叶制药的发展不再满足通过仿制药获得简单的收益，而是毅然选择走更加艰难的自主创新研发之路。早在1998年，绿叶制药成立知识产权部，开始对科技创新进行知识产权保护；同年成立国际合作部，开始国际研发及产品合作，准备走出去积极开拓国际市场。1999年，公司正式成立研究开发中心。同年，按照欧美GMP标准设计的新厂房投入使用。所有这些围绕创新和国际化的战略布局，绿叶制药都走在国内制药行列的前列。

目前，绿叶制药在中国、美国和欧洲设有研发中心，拥有30个中国在研药物和超过10个海外在研药物，在中枢神经和肿瘤领域已有多个创新制剂和创新药在欧美市场开展注册及临床研究。绿叶制药在微球、脂质体、透皮释药等先进药物递送技术领域达到国际先进水平，并在创新化合物和抗体、细胞、基因治疗以及智能制剂等领域进行了积极布局和开发。绿叶制药建立了与国际接轨的GMP质量管理和控制体系，现有30余个上市产品，产品覆盖抗肿瘤、中枢神经系统、心血管、消化及代谢等规模最大及增长速度最快的治疗领域；业务遍及全球80多个国家和地区，其中包括中国、美国、欧洲、日本等全球主要医药市场以及高速增长的各地新兴市场。

三、深刻转型，布局未来

进入大数据时代，生命科学技术正在经历第三次产业革命，呈现学科汇聚的趋势。人们对生命的认识更加全面、精准，科技成果转化的进程不断加速。制药企业研发创新的产品规划，一定要放眼未来，要看清楚自己的方向，提前做好布局。绿叶制药顺应大趋势开始布局未来10年、20年的技术。整合利用全球领先研发资源，围绕基因、细胞技术等前沿领域开启创新平台的战略转型，布局未来。

一是瞄准全球研发。强化四大创新技术平台优势，深度布局新技术领域。绿叶制药始终专注于创新药物的研发和生产，并已在欧洲、美国、中国设立研发中心，以自主研发与外部合作双管齐下的策略，整合全球研发资源。目前，公司已拥有以先进药物递送技术、新型抗体、优化小分子药物和细胞基因治疗为核心的四大创新技术平台，并与多家领先的生物技术公司达成多项合作协议。从2017年至今，绿叶制药已通过一系列合作研发项目，在创新靶点抗体、蛋白类药物、肿瘤免疫治疗、细胞治疗、智能精准给药系统等多个创新领域进行布局。

二是瞄准全球市场。在核心治疗领域形成具有全球竞争力的产品线组合。中枢神经、肿瘤、心血管、消化与代谢是绿叶制药长期聚焦的四大核心治疗领域。围绕这些治疗领域，绿叶制药进行了一系列系统性和可持续性的长远规划。结合此前Acino透皮制剂和植入体业务的收购，以及公司自主研发的多个新药，绿叶制药已在中枢神经领域构造出丰富的产品线与治疗方案组合。

三是瞄准全球供应链。打造从前端原辅料采购到终端患者供应的全覆盖供应链网络。在生产制造方面，绿叶制药以现有的全球七大生产基地为平台，面向海外市场进行产业布局，并希望通过原辅料的采购、药品的代加工等外部合作方式，将各地相对成熟的产业链嫁接到全球先进的供应链上，进一步打造从前端原辅料采购到终端患者供应的全球化供应链网络。

“成为最受尊敬的国际领先制药企业”，为了这一愿景，绿叶制药一直在路上！

顺应凝心聚力惠民新时代 踏上新旧动能转换新征程*

玲珑集团是一家以轮胎为主业，主辅并举、多元发展的集团化公司，涵盖轮胎制造、机电装备、热电联产、房产置业、仓储物流、商贸旅游、卫生医疗、技术服务等八大行业领域，在山东招远和德州、广西柳州、湖北荆门以及泰国均建有轮胎工厂，欧洲项目将于2019年上半年开工建设。玲珑集团拥有20多家下属企业，是中国制造业500强，连续多年入围世界轮胎20强、中国轮胎前3强。2018年，玲珑轮胎品牌价值为378.08亿元，位居行业前列。

百废待兴，企业萌芽

20世纪70年代，国民经济处于破晓之前的黎明时分，招远轮胎制修厂作为县办集体主营企业正式诞生。1975年，招远轮胎制修厂成立。筹建伊始，主要以翻新、修补轮胎为主，但随着时间推移，种种问题浮出水面，致使在市场经济大潮的冲击下，濒临破产倒闭。

涅槃重生，乘风破浪

由于前期单一的经营方式，早期轮胎厂出现了前所未有的迷茫，很难突破生产瓶颈期。直至1987年1月，前任厂长王希成临危受命，组建新的生产团队，提出了“由路边到路中，在路中争上游”的整体发展规划，很快走出了一条借技改扩规模、靠管理增效益的发展道路。

二次创业，历经13年时间，公司产值突破7.5亿，翻了242.5倍。截至2000年，玲珑拥有年产350万套斜交轮胎的生产规模，包括工程轮胎、载重轮胎、轻卡轮胎、农用轮胎、轿车轮胎五大系列200多个规格，实现了由轮胎制修

* 玲珑集团供稿。

向斜交胎规模化发展的大转变，成为国内最大的斜交轮胎生产基地之一。

砥砺奋进，跨越前行

进入21世纪，全球经济高速发展，玲珑精准把握全球市场形势，快速高效辨识行业变化，大刀阔斧地进行企业改革。公司以新上子午线轮胎项目为契机，确定“稳定斜交胎生产，大力发展子午胎，兴建轮胎工业园”的经营思路，由单一斜交轮胎生产向子午线轮胎结构调整。此外，公司快速推动股份制改造，形成了产权清晰、权责明确的公司架构，进一步推进企业经营和公司治理的规范化，轮胎生产的专业化和规模化发展。

企业改制成功后，玲珑集团全面推动优势资源科学合理整合，逐步完成由单一产业发展跨向产业集群集聚，成为全国最具发展活力和竞争力的集约化生产基地之一。2001年9月，顺利下线第一条165/70R13半钢子午线轿车轮胎。同年11月，玲珑轮胎工业园也正式破土动工，2002年10月，第一条全钢子午线轮胎完成下线。公司各项重大工程有条不紊的推进，标志着公司产品结构的调整进入了实质性阶段，这在玲珑集团发展史上是一座崭新的里程碑。

截至2010年底，玲珑轮胎仅用10年时间便实现了销售收入过170亿、产品远销160多个国家和地区、总资产过120多亿元的“神话”，成为国内外最具发展活力和竞争力的轮胎制造业基地，强势入围世界轮胎20强。

坚守本心，跨国经营

作为一家有使命感的民族企业，玲珑集团在立足于自身发展的基础上，积极履行企业的社会责任。与山东大学、山东大学第二医院、山东省影像研究所联合建设了山东省内第一家非公立的三级综合医院——山东玲珑英诚医院，创立了山东省机械工业厅定点的综合性电气、机械制造企业——山东玲珑机电有限公司等。为进一步推动企业多元化、多领域经营，寻找新动能和利润增长点，玲珑集团于2016年投资建设了国内首家大型室外综合试验场——中亚轮胎试验场，实现了中国大型室外轮胎试验场的零的突破，标志着玲珑将逐步迈向世界一流轮胎制造行列。

自此，玲珑集团真正地形成以轮胎生产制造为依托，深度融合上下游产业链，打造出了一条功能齐备的可持续的循环经济产业链条，并逐渐形成了由国内跨地域到冲出国门、走向世界的品牌发展模式，稳固了在世界同类行业中的地位，成为具有世界一流水平的国际化大企业。

六韬八略，共赢未来

“十三五”以来，全球金融市场变化显著，资本市场成为跨国企业的宠儿。玲珑集团旗下子公司山东玲珑轮胎股份有限公司于2016年7月6日在上海证券交易所成功挂牌上市，正式迈入资本市场，开启了“资本＋品牌”的新时代，掀起了企业第五次跨越发展的新篇章。

拥抱战略合作伙伴。玲珑集团及旗下子公司分别和开泰银行、浦发银行签署战略合作协议。同时，高质量推进与欧开行的合作谈判，强化公司欧洲金融机构的合作关系，为公司在欧洲的正常生产经营和永续发展保驾护航。此外，玲珑轮胎与中国一汽签署战略合作协议，与“共和国长子”共迎汽车产业新时代，开启汽车工业新征程。

企业科研成果卓著。先后研发出蒲公英轮胎、石墨烯轮胎、全球首条3D打印聚氨酯轮胎、有机硅橡胶复合弹性体材料以及智能传感功能的绿色发电轮胎等成果。在国家级大奖方面，企业先后获得“国家科技进步二等奖”和“国家技术发明二等奖”，2018年12月9日，玲珑轮胎荣获“中国工业大奖”，成为轮胎行业唯一获得此殊荣的企业。

工厂建设喜报频传。公司在2018年7月6日宣布投资57亿元人民币在荆门建设国内第四工厂，产能规划1446万条高性能子午线轮胎。一个月后，公司宣布在欧洲塞尔维亚投资66亿元人民币建设海外第二工厂，产能规划1362万条高性能子午线轮胎。柳州全钢、泰国三期工厂将陆续投产，公司的总体产能将迅速扩大。随着未来公司美洲工厂的奠基及投产，公司2025年产能将达到1.3亿条。

2018年，公司董事会通过“5＋3”战略发展规划的决议，为企业的“十三五”再次做出了科学的战略大调整。玲珑集团将继续围绕“重科技、抓管理、创名牌、增效益”的经营方针，大力推进人才国际化、研发国际化、营销国际化、制造国际化、品牌国际化、合作国际化六个国际化发展战略，力求在2025年综合实力冲进世界前六。

心无旁骛攻主业

——潍柴为中国汽车工业强“心脏”*

中国改革开放40年，国企腾飞的基因是什么？

中国的企业如何赢得世界的尊重？

潍柴用几十年的探索与实践，回答了这些问题。

伴随着改革开放的步伐，潍柴从偏隅山东潍坊的老国企，发展成为一家跨领域、跨行业经营，拥有动力系统、智能物流、汽车业务、工程机械、豪华游艇和金融服务六大业务板块的国际化集团。2018年度企业营业收入再创新高，达到2360.5亿元，其中收入的40%来自于海外业务。

40年发展成就沉甸甸

潍柴是一家拥有70多年历史的老国企，诞生于炮火连天的战争年代，起家于中国共产党领导的地方武装部队创办的兵工厂。无论是在战争年代，还是在改革开放时期，潍柴始终与党和国家同频共振。特别是改革开放40年来，在国有企业的每一次关键转折节点，作为中国装备制造业的风向标，潍柴都先行先试，率先扛起改革与发展的大旗，在困境中重生、逆势中成长，探索出了独具中国特色的现象级企业崛起之路。

40年解放思想、大胆改革。潍柴投身市场经济浪潮，从计划经济体制下的工厂制，到探索转型、破旧立新，建立起与市场经济相适应的产权明晰、责权明确、治理完善、经营科学的现代企业制度，在国企改革中走在前列，蹚出了一条国企改革脱困重生、壮大腾飞的道路，坚定了国有企业的制度自信、文化自信。

自1998年来，潍柴顺利完成了体制机制改革、国际化布局，用仅仅20年

* 潍柴集团供稿。

的时间走完了许多国际公司百年的道路。据统计，近20年来，潍柴累计实现利润650亿元，国内贡献税收270亿元，创造了销售收入增长380倍、年均复合增长率35%的“潍柴速度”和“潍柴奇迹”。

40年自强不息、创新创造。潍柴以产品为抓手，牢牢掌握核心技术。2005年，成功推出中国第一台拥有完全自主知识产权的大功率高速“蓝擎”发动机，改变了中国重型汽车长期缺乏自主“心”的历史。2007年，潍柴在行业率先推出全球首款重型商用车动力总成，有力支撑了国内自主品牌重型卡车的发展，彻底扭转了中国汽车工业“缺重少轻”的落后局面。2018年，在国内销售的重型卡车中，进口重型卡车占比不足1%，这其中潍柴发挥了举足轻重的作用。基于对国家、行业的重大贡献，潍柴重型卡车动力总成荣获2018年度中国科学技术进步一等奖。

40年开放进取、走向全球。潍柴积极践行国家“一带一路”倡议，输出产品、技术、资本、品牌，落地当地制造。围绕主业补技术短板，整合海外优质资源，2009年以来，相继实施了海外并购“欧洲三部曲”“北美二重奏”等。截至目前，这些海外并购企业全部扭亏为盈，驶向高速发展通道，为中国企业“走出去”，积累了宝贵的经验。

全球布局叫响“中国制造”

随着国家开放的大门越开越大，世界资源涌入中国，中国企业也积极参与全球竞争。潍柴站在全球的产业链上，兼收并蓄、整合资源，通过系列海外并购，构建多元化业务版图，在全球叫响了“中国制造”。

在潍柴看来，海外并购应着力完善和升级产业链，将企业的产品战略与品牌战略有机衔接，进一步增强主业的竞争力。国际化的目的并不是简单的企业版图的扩张，不是资产的简单叠加，而是围绕“补短板、调结构”布局，通过资本“走出去”，技术“引进来”，实现高质量发展。

2012年，潍柴远渡重洋到意大利收购世界顶级的豪华游艇公司法拉帝。其目的就是：以并购撬动产业结构升级，带动传统产业走向高端，实现从陆上动力向海上动力、从投资驱动向消费驱动的转型。多年前，法拉帝已经扭亏为盈，步入快速发展通道。与此同时，潍柴在重组法国博杜安公司船舶推进技术的基础上，发展高速艇用推进系统，填补中国在该领域的技术与业务空白，一步挺进高端海上动力市场，从而带动传统业务的转型升级。

无独有偶，战略重组德国凯傲、林德液压也是意在产业结构升级。2015年，潍柴与林德的合资工厂林德液压（中国）潍坊工厂落地投产。潍柴发动机+林德液压打造的液压动力总成系统推向市场，快速进入中国高端智能农业机械、工程机械等市场，悄然改变了这些行业的格局。此举不仅借助潍柴发动机的市场平台加快了林德液压的市场化速度，而且助推发动机业务进入工程机械、农业机械的高端市场。

2016年，潍柴子公司凯傲成功并购自动化和供应链优化领域领军企业德马泰克。两起并购，让潍柴构筑起一条世界领先的智慧物流产业链，成为企业增长的新动力，实现了产业结构的再一次升级。潍柴虽然是起步于山东潍坊的地方国有企业，但发展的眼光从来没有离开过全球市场。近年来，以“贸易出口＋本土化生产＋技术输出＋兼并重组”的运营策略拓展海外市场，截至目前，“一带一路”相关出口占集团出口总量的90%以上，成为国家“一带一路”倡议的坚定执行者。

2018年对于潍柴来说是一个特别的年份，不仅是中国改革开放40周年，还是习近平总书记视察潍柴10周年、潍柴改革创新发展20周年。站在历史的交汇点，总结过往、启示未来。改革创新，是潍柴不断摆脱束缚、从一个胜利走向另一个胜利的最强动力；心无旁骛，是潍柴做强做大主业、实现跨越式发展的坚强定力；兼收并蓄，是潍柴整合全球资源、推动产业转型升级的有效路径；强基固本，是潍柴抵御风浪、增强内生发展动力的根本所在。

2018年3月8日，习近平参加十三届全国人大一次会议山东代表团审议时，高度肯定了潍柴发展：“潍柴十年发展，交出了一份亮丽的成绩单，沉甸甸的！”“凡是成功的企业，要攀登到事业顶峰，都要靠心无旁骛攻主业。”

围绕2020～2030战略目标，潍柴将牢记总书记嘱托，心无旁骛攻主业，坚持改革先行、创新驱动，坚定不移向高端迈进，挑战全球一流水平，为中国汽车工业的高质量发展做出新的更大的贡献。

全力聚焦新动能　自主创新促发展*

潍坊歌尔电子有限公司是歌尔股份有限公司全资子公司，坐落于潍坊综合保税区，总投资40亿元，占地380亩，建筑面积31万平方米，全部投产后年可实现进出口额30亿元。

从成立至今，歌尔借助我国对外开放的有利政策，依托多年研发与制造优势，逐步拓展上下游产业链，与行业知名厂商合作，放眼全球进行资源整合。歌尔始终坚持“大客户战略”，与苹果、谷歌、亚马逊、微软、Facebook、三星、索尼、华为、腾讯、阿里、百度、联想、OPPO、VIVO、小米等国际一流企业达成稳定、紧密、长期的战略合作关系。目前，歌尔已在声光电多个领域取得了突出的行业地位，逐步成长为一家具有全球竞争力的科技创新企业。微型麦克风、微型扬声器/受话器出货量均居国际同行业首位，中高端虚拟现实产品出货量占据全球70%的份额，游戏手柄出货量稳居全球第一，此外，在智能穿戴、智能耳机等领域已成为全球知名厂商指定的提供商。与此同时，歌尔致力于打造以“数字化工厂”和“C2M个性化制造”为核心的智能制造新模式，促进工业与信息化的深度融合。

2017年，歌尔营业收入实现255.37亿元，同比增长32.4%，净利润实现21.39亿元，同比增长29.53%；总资产超过266亿元，员工4.6万人。公司荣获2018年中国电子信息百强第31名、中国电子元件百强第5名、2017年中国民营企业制造业第168名（上升49名）。

---

* 潍坊歌尔电子有限公司供稿。

一、推动新旧动能转换，做大做强新兴产业集群，改造提升传统产业情况

在新旧动能转换的大背景下，歌尔积极布局以人工智能为核心的虚拟/增强现实、智能穿戴、智能音频、机器人与无人机等新兴产业，不断加大对智能传感、人机交互、微电子、先进制造等新技术的研发投入，同时与国内外知名院校在声学、光学、新材料、自动化、软件、人工智能等领域建立深度战略合作，整合全球优势资源，打造全球领先的电子信息高端产业聚集区。

（一）依托声光电技术基础，打造未来物联网入口

充分发挥声光电领域行业技术领先优势，在芯片研发、系统设计、声学/光学设计、半导体封装、仿真测试、软件研发等方面，持续保持全球领先的智能传感器研发能力。将声学精密零组件、压力传感器、光学传感器、MEMS微投影模组等高精尖产品，更加广泛地应用于智能手机、智能穿戴、智能耳机、智能音箱、平板电脑等硬件中，全力打造未来物联网入口。

（二）抢抓机遇，引领虚拟/增强现实行业发展

在VR领域全面布局，与全球智能头显设备巨头Oculus、Sony建立了独家战略合作关系。通过建设研发中心、投资并购、校企合作等多种方式，实施“VR装备产业发展计划”和“VR内容产业发展计划”，全力打造“芯片研发＋硬件生产＋软件开发＋内容制作＋相关服务”的全生态VR/AR产业链。

（三）围绕人工智能，加快在智能音频、智能穿戴领域的布局

在智能音频领域，依托在欧洲、北京、南京、青岛、潍坊等地设立的多个专业研发团队，努力在语音识别、声学结构设计、声学仿真、音效算法等方面持续扩大全球领先的技术优势。同时，依托收购的全球顶级品牌丹拿音响，进一步优化声学技术解决方案，为客户提供一流的扬声器产品。此外，继续加强与高通、恩智浦等知名芯片厂商的合作，集成多方全球领先语音识别引擎，为客户提供一流智能音箱产品系统解决方案。在智能穿戴领域，加强与行业领导企业的深度合作，共同开发智能手环、智能手表等可穿戴产品。与高通、联发科、恩智浦等行业伙伴展开智能芯片领域合作，在主流芯片平台基础上，融合歌尔在传感器、精密模具注塑、金属加工、软件算法等研发优势，共同研发兼具可靠传输等特性的智能穿戴产品。

(四)立足智能产业生态,加快微电子布局

歌尔在MEMS领域处于全球领先地位,其中MEMS麦克风市场占有率和销量居全球第二、中国第一。依托公司在MEMS传感器及专用集成电路领域的技术优势,采取边筹建、边研发创新的模式,计划利用3年时间,围绕先进封装、MEMS/ASIC设计、微纳加工及分析测试、超高分辨率微显示研发、智能传感器研发等五大领域,打造领军人才集聚、高新技术转移、创新人才培养、技术交流合作"四位一体"的综合性高端研发机构;利用3～5年时间实现智能传感器、超高分辨率微显示、MEMS/专用集成电路的产业化,年产值过百亿,有力支撑山东微电子产业发展。

二、实施重大短板装备专项工程,发展工业互联网＋制造

经过十余年的持续投入与积累,歌尔在重大短板装备领域取得了重大突破,建立了深厚的精密自动化设备生产能力,关键产品的部分核心生产设备实现了自行研发和供给。公司自主研发生产的激光类设备、连接器领域设备、机器人设备、产品检测设备在业内享有较高的声誉。制造业快速发展对数字化、网络化、智能化的制造体系提出了很高的要求。为有效地应对全球变革趋势和业务转型的需要,必须加速"智造"转型,特别是在纵向信息系统集成、生产设备的互联互通和远程运维、生产和环境状态的实时监控等诸多方面将加大力度纵深发展。

歌尔以传统制造模式的转型升级为目标,以推动数字化、网络化、智能化生产为主线,坚持"总体规划、分步实施、需求驱动、问题导向、多方联合、协同创新"的原则,将制造业智能转型作为必须长期坚持的战略任务。2016年,歌尔承担了国家工信部智能制造专项,分步骤持续推进,着力构建以"智能制造＋"新模式为核心,兼具"精密制造"和"智能制造"特点的新型歌尔制造模式。

歌尔所处的消费电子产品制造属于离散、非连续生产模式,并且市场变化快、产品迭代周期短、定制需求多,行业和产品特点决定了歌尔智能制造模式要达到以下核心目标:一是要提高效率,缩短产品上市时间,提高供应链协同效率;二是要提升灵活性,包括实现个性化定制生产,满足市场快速变化需求;三是要优化资源,实现对生产和能源资源的有效利用。为了实现效率提升、灵活性提高和优化资源三大目标,歌尔着力打造柔性生产、数字集成、虚实融合、大数据应用和生态创新五大核心"智造"能力,五大核心能力的建设有效支撑歌尔式"智造"蓝图,重点打造以"数字化工厂"和"C2M个性化制造"为核心内容的歌尔"智能制造＋"新模式。

三、科研人才激励助推企业创新发展

歌尔秉承“人才是第一资源”的理念，不断增强“人才强企”的战略意识，实施百杰人才战略，通过股权、期权、购房优惠等高激励措施，吸引一二线城市高技能人才到山东工作，构建全球一体化人才平台。通过歌尔管理学院整合国际知名教授资源，为技能人才进入公司后的再培养提供优秀资源保障。围绕技术创新发展战略和人才所需制定相应的任职资格标准体系、认证体系及发展体系，与高校共建硕士联合培养班，加强与院校的技术交流与创新合作，邀请技术领域专家来进行前沿技术交流分享加速技能人才培养。

歌尔建立了行业内富有竞争的薪酬体系，为集聚和保留优秀技术人才和科研骨干，结合公司倡导的家园文化理念，公司构建了以技能水平为基础、与工作业绩相挂钩、物质奖励与精神激励相结合的激励机制，最大限度地激发人才的创新创造活力。

公司为科研人才构建了自由展示才华和技能的工作平台，采取了股权激励、绩效奖金等多种激励措施。根据科研人才的特点和需求，歌尔推出了“员工分享计划”“恒产恒心计划”，使科研人才从中受益和实现自我价值，在高效、创新的工作活动中，享受成功的乐趣。建立“以奋斗者为本”的职务晋级、薪酬增长机制，并为创新人才提供舒适的专用餐厅、社区住宅、生态农场、休闲娱乐等生活配套服务，在建的“歌尔—绿城”高品质智能化小区，为公司的高层次人才提供家居、娱乐、事业一体化平台。

同时，为持续推进技术创新，培育自主创新能力，针对原有研发激励存在的问题，公司参照咨询公司实践，通过优化薪酬激励构成元素，完善即时激励维度，增设“研发项目特别嘉奖”，在追求卓越、激励贡献、激发创新方面达到全面覆盖。

乘改革浩荡东风　绘纸业发展宏图*

——改革开放40年太阳纸业高质量发展风鹏正举

改革开放就像不尽的源头活水，推动着中国的发展滚滚向前，激发着勤劳勇敢中国人的智慧，描绘出地球新的画图，谱写了人类新的诗篇！山东太阳纸业股份有限公司创立于1982年，是伴随着国家改革开放的政策发展起来的，公司年浆纸产能750多万吨，是全球先进的跨国造纸集团和林浆纸一体化上市公司、中国造纸行业领军企业、世界造纸前20强、中国企业500强、国家“绿色工厂”。创业近40年以来，公司累计为国家贡献税收100多亿元，直接解决就业14000余人，累计投入近60亿元保护和治理生态环境，在精准扶贫、捐资助学、消防公益等领域无偿捐赠2亿多元，为实现中国梦和建设美丽中国做出了积极贡献。

一、联营合作，实现低成本发展

太阳纸业历经兖州县城关公社造纸厂、兖州县造纸厂、山东省兖州市造纸厂、山东太阳纸业股份有限公司四次变更。初创时期，企业只有30余人，既无资金购买设备，也不懂造纸技术。就是在这种情况下，老一辈“太阳人”白手起家，从最初购买其他厂家淘汰的纸机部件、在废铁堆里找零件，到购买制造厂烘缸，自己设计、自己焊接、自己拼装，主动学习造纸技术。凭着不服输的拼劲，企业终于生产出了第一张纸。1985年，出于互惠互利，太阳纸业与青岛造纸厂联营，学习先进技术，引进国企的管理模式。经过不断地抓技术、强管理，太阳纸业于1992年成功晋升为国家二级企业，逐步确立了主导产业体系和业务板块，企业取得长足发展，跻身中国造纸第一集团军。

---

* 山东太阳纸业股份有限公司供稿。

二、强强合作，开启国际化发展

2006年11月16日，经过长时间的充足准备，太阳纸业在深交所上市，成功登陆资本市场。也是在同一年，太阳纸业与世界500强、全球最大的造纸公司美国国际纸业成功合资合作，实现了强强联合，正式开启了太阳纸业国际化战略发展新纪元。2004年下半年，国际纸业已经与山东省几家大型造纸企业进行过多次意向性的接触，但最终因股权分配问题致使谈判无果而终。了解到这一信息后，太阳纸业主动出击、迅速行动，通过有关渠道邀请国际纸业客人到太阳纸业参观考察，得到了国际纸业方面的积极回复。2004年8月，国际纸业董事长兼首席执行官庄华驰先生率领国际纸业考察团一行来到太阳纸业进行考察。太阳纸业的整体实力、发展速度给他们留下了深刻印象，提出了创立合资公司的设想，建立了40万吨白卡纸生产线。2008年，双方进一步深化合作，投资2.6亿美元建设了年产40万吨无菌液体包装纸生产线。2011年，投资4亿美元建设了年产60万吨高档食品包装纸项目，合资公司的生产规模扩大到140万吨。与国际纸业的强强联合，进一步提升了太阳纸业的综合实力和核心竞争力。

三、抢抓机遇，积极走出去发展

2008年，为解决原料供应问题，太阳纸业把目光锁定在森林资源丰富、劳动力成本低且与中国有地缘优势的国家老挝，投资1.97亿美元建设"林浆纸一体化"项目，这是当时济宁市投资金额最大的境外投资项目，也是山东省重点境外资源开发项目，预计控制林木资源10万公顷。目前，10万公顷原料生产基地进展顺利，为企业的长远发展提供了稳定的原料支撑，打造了完备的东南亚地区原料供应体系和林浆纸一体化产业链条。2013年，习近平总书记提出建设"新丝绸之路经济带"和"21世纪海上丝绸之路"的倡议。这一跨越时空的宏伟构想，融通古今、连接中外，顺应和平、发展、合作、共赢的时代潮流，承载着丝绸之路沿途各国发展繁荣的梦想，赋予古老丝绸之路以崭新的时代内涵，也为中国企业更好地"走出去"创造了机遇。"一带一路"倡议提出以后，太阳纸业顺势而为、抢抓机遇、积极响应，果断启动了老挝30万吨化学浆项目。项目投资约20亿元，采用全球最先进的生产设备，可实现年销售收入1.65亿美元，净利润3745万美元左右，目前已经顺利投产。项目的建设，将有效解决企业原料制约问题，进一步减轻原料价格周期对企业发展的影响，也为公司国际化发展打下了坚实的基础。

四、加强研发，促进品牌化发展

2012年，公司提出并制定了企业"四三三"发展战略。在坚持造纸主业不变的基础上，开始进军生物质新材料和快速消费品领域。先后淘汰了多条落后生产线和附加值低的产品，不断开发高档次、高附加值、差异化和细分市场的产品。研发三大"世界第一"的创新成果：一是成功研发出溶解浆连续蒸煮技术，成为全球首创；二是成功从水解液中提取出木糖、木糖醇，填补了世界空白；三是成功生产出世界上第一张不添加任何化学药品的生活用纸，同为全球首创。幸福阳光品牌生活用纸，被"复兴号"高铁确定为专用纸巾；"华夏太阳"品牌绿色环保轻型纸，成功被选定为中共十九大会议文件专用纸；"金太阳"品牌美术纯质纸，被《习近平谈治国理政》《习近平的七年知青岁月》等书成功采用；水解液木糖研发被列入国家"十三五"科技支撑计划。

五、注重环保，实现可持续发展

在企业发展的同时，太阳纸业始终把生态环保作为一项"生命工程"。截至2017年底，累计投入56亿多元用于生态环境保护，污水处理标准达到世界领先水平，大气超低排放改造顺利完成，固废基本实现资源化再利用。公司成为首批获得排污许可证的企业之一，排污许可证实物光荣入选国家"砥砺奋进的五年"大型成就展，白泥资源化利用项目被列为中美绿色合作伙伴计划。目前，太阳纸业各项指标都已达到或优于国家标准，但是达标不是目标，太阳纸业最终的目标是在达标的基础上，努力减轻对环境的影响，让山更绿、水更清、天更蓝、空气更清新！

新时代开启新征程，新征程要有新作为。新时代下的改革开放已经拉开帷幕，太阳纸业将继续坚定信心、开拓创新、稳扎稳打、实现共赢，努力把太阳纸业打造成可持续发展、受人尊重的全球卓越企业，为经济社会发展再立新功！

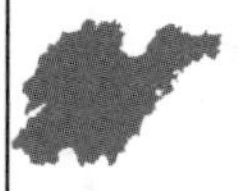

以高水平开放引领企业高质量发展*

华勤橡胶工业集团成立于1989年，是以高性能轮胎和高端工程橡胶为主导，涉及电力、新能源、金属制品、地产开发、医疗卫生、资本运营等众多领域的国际化、多元化企业集团，现有员工1万余人，连续多年上榜中国企业500强，先后荣获“国家首批资源节约型环境友好型企业”“中国出口质量安全示范企业”“国家高新技术企业”“山东省节能示范企业”等荣誉称号，集团党委书记牛宜顺荣获中央统战部和全国工商联评选的“改革开放40年百名杰出民营企业家”。以高水平开放引领企业高质量发展，是华勤集团最鲜明的特质，通过实现强强联合与自我发展的相互促进，努力抢占全球同行业的制高点，打造出了高端产品、高端技术和高端制造能力，为全省企业对外开放、转型升级提供了“华勤样板”。

一、招大引强敢为人先，勇攀全球行业巅峰

华勤集团始终坚持开放发展战略，以招大引强促进企业做大做强，创造了“借外力强内力，靠开放促裂变，以股权换发展”的合作模式，与意大利倍耐力、德国大陆、比利时贝卡尔特三家世界500强企业和知名跨国公司强强联合，推动企业在高性能轮胎、高端工程橡胶、高强力钢丝制品领域走在了全球同行业的前列。2005年，世界500强企业、全球著名轮胎制造商意大利倍耐力集团在中国寻找合作伙伴，华勤集团以出色的软、硬件实力引起了他们的注意，经过实地考察与交流，双方一拍即合，迅速签订了合作协议。通过10余年的合作，先后投资建设了年产120万套全钢载重子午轮胎、年产1000万套高性能轿车子午轮胎、年产300万套摩托车轮胎等一批大项目，创造了良好的经济社会效益。合资后，华勤集团通过积极引进、消化、吸收倍

---

* 华勤橡胶工业集团供稿。

耐力的先进管理经验和领先技术，大大提升了自身实力，成功跻身于全球顶级轮胎制造商行列。倍耐力在华勤工业园中国工厂的累计投资已超过15亿欧元，成为意大利在华最大的投资项目之一。与倍耐力互利共赢的成功合作，为华勤集团引进更多的世界500强企业奠定了基础。2015年2月，华勤集团与世界500强企业——德国大陆集团举行了战略合作暨合资企业成立仪式，共同组建山东康迪泰克工程橡胶有限公司。公司拥有世界上规模最大、技术最先进的输送带单一生产工厂和一流的胶管制造工厂，战略远景是打造全球知名的高端工程橡胶研发生产基地。华勤集团与大陆集团作为中德两国工程橡胶领域的杰出代表，在全球橡胶领域有着广泛的影响力，双方的合作提高了华勤集团的技术实力和在全球工程橡胶领域的地位，加速了德国在中国市场的战略布局，为全球客户创造更大的价值。2015年3月，华勤集团与比利时贝卡尔特集团举行合资公司成立仪式，共同致力于中国高端钢丝制品的技术进步与发展，打造全球钢丝制品的领军企业。华勤集团与贝卡尔特有着长期的业务关系，双方成功实现战略合作，既有利于发挥各自优势，推动合资公司各项工作实现新跨越，也有利于促进双方的主导业务取得新的发展。合资公司借助双方合作的优势，以领先的技术、完善的服务和高品质的产品占领国内外市场，努力建设全球最大的钢丝制品生产基地。

二、坚持“两个毫不动摇”，促进自主品牌发展

发展过程中，华勤集团牢牢坚持“两个毫不动摇”，即毫不动摇实施强强联合开放发展，毫不动摇做大做强自主品牌。通过与多家世界500强企业和知名跨国公司的强强合作，华勤集团吸收了先进技术和管理经验，打造出了高端产品，利用遍布全球的营销网络迅速占领国内外市场，为自身的加速跨越发展打下了雄厚的基础。2014年，华勤集团上马了中高端卡客车轮胎项目，采用多年积累高端轮胎制造技术，与中国道路运输实际相结合，生产民族自主品牌的陆通轮胎。进入市场短短几年时间，陆通轮胎受到了广大客户的一致好评，跻身国内替换市场的前三位，并广泛开拓国际市场，用优质耐用、节能环保的高端产品悄然改变着国产轮胎“粗制滥造”的传统印象，重塑中国民族轮胎品牌的崭新形象。

三、对外开放持续深化，强强联合再续华章

通过成功的长期合作，华勤集团与合作伙伴建立了互利共赢的良好关系，彼此信赖，相互支持，实现了资源共享、风险共担、优势互补、共同发展，合作关系不断深化，合作领域不断延伸。2018年8月，华勤集团与倍耐力集团再度携

手，双方共同投资31.5亿元，建设神州智能制造轿车轮胎项目，这次合资，倍耐力将把代表世界最高水平的工业4.0智能轮胎生产技术引入到合资工厂，并将建设倍耐力除米兰总部之外的第一家国际领先的橡胶轮胎研发中心和试车场，构建从设计、测试到工业化的全业务流程。2018年11月初，在龚正省长的见证下，济宁市政府与倍耐力签署了全面战略合作协议，明确了全力支持华勤集团与倍耐力强强合作、加速建设全球知名高性能轮胎产业基地的决心和信心。此外，华勤集团已经与比利时贝卡尔特集团达成新的合作协议，计划扩大钢丝制品项目的产能。同时，在与德国大陆现有合作的基础上，再增加新的投资，新上高压胶管技术改造及扩产项目、轻型输送带项目等一批高质高端的大项目，全方位提升产品档次。

随着中央、山东一系列扩大对外开放、促进经济发展政策的出台，华勤集团与合作伙伴对中国和山东经济的发展前景信心倍增。今后，华勤集团将以习近平新时代中国特色社会主义思想为指引，积极抢抓山东实施新旧动能转换重大工程带来的历史机遇，贯彻新发展理念，推进高质量发展，招引更多全球优秀企业落户华勤工业园，全力当好全省对外开放的示范者、引领者，以更加优异的业绩，为全省经济社会发展做出新的更大贡献！

整合全球资源　闯出中国特色的时尚品牌之路*

如意控股集团作为全球知名的创新型技术纺织和时尚品牌运营企业，创建40余年来，始终矢志不渝地坚持发展纺织服装产业，坚持高端化、科技化、品牌化、国际化的战略，赢得了在国内外的技术领先优势。目前产业布局遍及五大洲，拥有全球规模最大的棉纺、毛纺直至服装品牌的两条完整的纺织服装产业链以及国内A股和日本东京主板、法国巴黎、香港4家上市公司。2013年11月25日，习近平总书记亲临如意集团视察，对如意集团科技创新成果给予充分肯定与高度评价。习总书记指出："企业是创新主体，掌握了一流技术，传统产业也可以变为朝阳产业。"如意集团全面落实习总书记指示精神，立足长远放眼未来，全面实施企业转型升级，积极培育发展新动能，企业综合实力大幅提升，位列中国100大跨国公司第54位、全球100大高端品牌控股集团第16位，荣登中国纺织服装行业综合竞争力榜首，站在了国际纺织行业的最前沿。

一、加快全球资源型企业收购，向品牌产业链前端延伸

众所周知，中国传统的纺织企业大多以为国外企业贴牌加工为主，而贴牌只有5%～10%毛利率，绝大多数的利润被国外的品牌持有者收入囊中。作为意大利奢侈时装品牌阿玛尼曾经的贴牌商，如意集团看着成本仅几百块的西服、夹克被品牌方卖出上万元的天价，深知贴牌加工的尴尬，誓从产业链微笑曲线的利润底端摆脱出来，树立品牌、走上前台，抢占被国外企业长期占据的利润顶端。如意立足"高端定位"打造两条完整的产业链：一条是毛纺服装产业链，从羊养殖和羊毛加工、纺、织、染、服装制衣、品牌销售；另一条是棉纺印染产业链，从棉花种植、纺、织、印染、制衣、床上用品、毛巾、

---

* 如意控股集团供稿。

品牌销售。这两条产业链的每一个环节，从中间产品到终端产品，严格秉承科技品质、时尚品质、高端品质定位。为了达到这个目标，自 2011 年以来，如意集团相继投资收购了具有上百年历史的澳大利亚罗伦杜牧场和全球羊毛经营领军企业伦普利澳大利亚有限公司，建立了全球最细羊毛的研发、生产基地以及全球最大的羊毛经营企业。同时，投资收购澳大利亚最大、单产最高、品质最好的棉花种植基地卡比棉田，拥有 934 平方公里土地永久所有权和 5.13 亿立方米水权，棉花产量占澳大利亚棉花总量的 10%。自收购以来，卡比棉花接连喜获丰收，成为如意集团重要的效益增长点。通过对资源型企业收购，实现了产业链向前端延伸，增强了公司对原料资源的掌控能力和价格话语权，为企业长远发展提供了优质原料保障，夯实了品牌根基。

二、整合国际研发资源，提升科技创新水平

科技创新是如意集团品牌建设的灵魂。多年来，如意集团把增强自主创新能力作为战略基点，以“科技领先、精品战略”的经营理念不断创新创造，全面构筑以高新技术为主导的纺织产业高地。目前，如意通过全球布局产业链，已形成以中国总部为设计核心，英国、意大利、日本、韩国等 4 个设计分中心“四位一体”的发展模式，利用与产业链紧密相连的优势，打造出工业设计与制造产业链无缝对接的全新发展格局，工业设计成果快速传递到制造产业链形成创新转化优势，提高了产品附加值，加速了品牌再造时距，增强了企业市场竞争力。同时，如意集团不断与国内外大学及研究机构开展技术合作，进行纺织技术研究及信息化集成创新的研究。目前，如意集团拥有首家国家纺纱工程技术研究中心、国家级工业设计中心、国家级企业技术中心和博士后工作站，获得了数百项专利技术和创新成果。近年来，如意集团以创新为总引领，定位高端化、科技化、品牌化，面向整个行业，提出以“互联网＋智能制造”的战略规划，通过设计把现有供应链展现出来，满足顾客多样化的需求，建设了基于纺织制造体系的内外部高度协同的智能工厂，实现了小批量、个性化的制造模式，完成了由传统生产加工向智能制造的转变。

三、并购品牌运营企业，实现企业转型发展

近年来，新一轮全球纺织产业转移呈现中低端向东南亚转移、高端向欧美回流的特征，中国纺织产业面临“高不成、低不就”的挑战，利润率下滑严重，打造高端服装品牌、带动国内纺织行业向品牌化、高端化转型升级的呼声越来越高。2010 年，如意集团斥资 50 亿日元收购日本拥有 29 个品牌、具

有150年历史、东京主板上市公司株式会社瑞纳，开创了中国企业并购日本主板上市公司的先河，2013年12月再次增资实现绝对控股。通过对瑞纳的收购，如意集团开始了向品牌运营的战略性转型。近年来，又相继收购印度GWA毛纺公司、英国哈里斯花呢公司、英国泰勒毛纺公司、德国派纳公司，利用“如意纺”技术对其进行技术提升和产品对接，与包括爱马仕、普拉达等世界顶级奢侈品品牌构建了长期稳定的合作关系，提升了如意的品牌知名度及国际影响力。2016年底，如意集团斥资13亿欧元收购法国轻奢品牌企业SMCP集团，旗下三大品牌Sandro（杉卓）、Maje（曼之）、Claudie Perlot（柯笛碧罗）在全球34个国家拥有1118家门店，连续5年复合增长率超过20%，深受众多国内一线明星的青睐，至此如意集团一举成为全球排名前10位的时尚品牌企业。在2018年初，如意集团收购瑞士百年奢侈品牌Bally，其作为世界上最重要的奢侈鞋具及皮具配饰品牌之一，对如意在成衣的专业性上有重大补充。通过并购知名的品牌服装企业，使如意集团迅速走完一个服装品牌100年所走的路程，并且在设计、营销等软实力方面取得突破，迅速拥有国际顶级品牌运营团队，助力企业在品牌营销策划、产品设计、供应链、综合管理等方面快速提升，实现由纺织制造企业向品牌运营企业的战略转型。目前，如意集团在全球拥有近6000家店铺，遍及81个国家和地区，已成为全球时尚领域最具影响力的企业之一。

2018年3月，习近平总书记出席山东代表团座谈期间，作为全国人大代表的如意集团董事局主席邱亚夫向习近平总书记汇报了三件事：科技创新、向时尚品牌转型升级、沿“一带一路”布局智慧纺织产业链。习近平总书记在听取邱亚夫主席的发言后殷切指出，希望如意再接再厉，再攀新的高峰，做新时代的丝绸之路的使者，闯出中国特色的时尚品牌之路。如意集团作为山东省百强企业和中国纺织工业的领军企业，在今后的工作中，将铭记习总书记重要嘱托，秉承“科技化、高端化、品牌化、国际化”的发展战略，通过科技化，塑造如意纺织制造新定位；通过高端化，推动如意纺织产业新跨越；通过品牌化，实现如意纺织新转型；通过国际化，构建如意纺织新未来，打造全球知名的千亿级时尚产业集团！

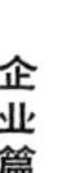

在创新中走高质量发展之路*

在驰名中外的泰山脚下，山东岱银纺织服装集团凭着一种勇攀高峰的登山精神，用实干创新和不懈进取，在新丝绸之路上放飞“创民族品牌，做百年企业”的梦想。1987 年建厂的岱银集团已由一个小型棉纺厂发展成为集纺纱、织布、服装、进出口贸易、跨国经营于一体的大型企业集团，相继荣获“全国棉纺织行业竞争力排名前 20 强企业”“全国服装双百强企业”“全国优秀民营企业”等一系列荣誉称号。

岱银集团在 30 多年的发展历程中，一直坚持用创新来引领企业发展，用董事长赵焕臣的话来说就是：“创新是一个企业发展的不竭动力，企业没有创新就没有发展，岱银的发展壮大历程就是不断创新、不断超越的过程。”特别是近年来，岱银顺应世界经济潮流发展，积极落实国家转型升级战略，围绕科技进步、品牌建设、国际化经营、智能化生产大力实施全面创新，培育壮大新动能，推进企业实现高质量发展。

一、国际化经营优化产业布局

真正优秀的企业从来都是走一步，看两步，想三步，成为经济浪潮中主动的弄潮儿，而不是被动的随波逐流者。岱银集团以立足全球的眼光对企业进行定位，将设计、采购、生产、营销各环节在全球范围内进行优化配置，逐步建立跨国企业的发展模式，更好地利用两个市场、两种资源。集团出口产品已涵盖面料、服装两大类 100 多个系列 8000 多个花色品种，出口市场遍及全球 70 多个国家，年出口创汇额从 1999 年的 280 万美元增长到 2017 年的 1.65 亿美元。集团紧随国家“一带一路”发展战略，投资 4 亿美元在马来西亚分三期建设 50 万锭纺纱项目，在当地打造世界一流的纺织样板工厂，一

* 岱银集团供稿。

期10万锭纺纱项目已于2015年5月实现竣工投产，实现当年投产当年盈利，取得了良好的经济效益和社会效益；二期项目于2016年11月启动，投资新上12万锭纺纱生产线，于2018年5月全面投产。二期项目实现良好运营后，将继续投资建设三期项目，新上28万锭纺纱生产线，届时总生产规模将达到50万纱锭。

二、品牌战略为企业发展提速

“在全球激烈的博弈中，如果只停留于简单的订单式加工、贴牌生产，形不成自身的品牌影响力，就只能赚取微薄的加工费。贴牌生产是做减法，越做利润空间越小；品牌化经营是做加法、做乘法，越做品牌价值越高。”岱银集团董事长赵焕臣对于品牌战略有着独到的认识，他在企业大力实施品牌创新，通过培育自主品牌来增强企业品牌资产，提高品牌贡献率。集团已拥有“岱银”和“雷诺”两个“山东省著名商标”，旗下的“岱银”牌棉纱、牛仔布、毛呢以及“雷诺”服装4个产品均凭借优异的品质，获得了“山东省名牌产品”称号，在国内外市场上树立起了良好的品牌知名度和美誉度。特别是精心培植的雷诺服饰已荣膺“中国驰名商标”“中国最具影响力商务休闲品牌”“中国服装招标采购高端定制品牌”等殊荣，并成为全国200多家企事业单位的服装采购优秀供应商。雷诺服饰还在美国、加拿大等10多个国家注册了商标进行品牌销售，在发展自主名牌的路子上迈出了全新的步伐。

三、科技创新引领企业转型升级

作为传统的纺织服装企业，只有不断进行产业升级和自主创新，才能在新一轮的国际竞争中抢占制高点，掌握主动权。岱银集团投资新上了高档牛仔布生产线、高档西服生产线、全自动特种纱生产线等具有世界一流水平的纺织服装项目，推动企业由传统产业向高端化升级，由低附加值向高附加值转变，使产品档次和质量步入国际先进行列。岱银集团坚持走科技创新之路，已建立省级企业技术中心、省级工业设计中心和山东省院士专家工作站三大省级研发平台，先后与军委后勤部军需研究所、江南大学、西安工程大学、东华大学、天津工业大学等知名院所建立了战略合作关系，每年都有多个产学研合作项目在省、市、行业协会立项。岱银集团已被中国纺织工业协会认定为“国家纺织产品开发基地”，有60多项技术、产品通过省级以上鉴定，达到国内领先以上水平；获得了“中国纺织产品开发贡献奖”“山东省科技进步奖”等国家、省、市级科技创新荣誉260余项；累计申请专利100多项，授权60余项，其中《一种交捻竹节纱的生产方法》发明专利荣获第十四届中国发明专利金奖。

四、借助“互联网＋”培育发展新动能

按照“传统行业＋互联网”的基本思路，岱银集团积极在美国市场开展跨境电子商务，设立了以西装、衬衣、床上用品、家居用品为主打产品的事业部，并在洛杉矶设立现代化的大型海外仓库。通过“国内＋国外”团队协作的形式，实现产品从工厂直达终端消费者(Factory to consumer)，走出了跨境电商的新路径，目前，已在美国的AMAZON、WALMART、OVERSTOCK、GROUPON、JCPENNEY等多家平台开展线上销售业务。下一步将继续推进“岱银美国跨境电商平台”项目建设，培育组建更多的单品事业部，并把业务拓展到欧洲其他国家，形成新的经济增长点。岱银集团还依托在美国、加拿大、欧洲建立的市场营销网络，通过互联网、大数据、云计算等现代化信息手段，形成了雷诺服饰高级定制云平台，高级定制中心收到客户下单信息后，从数据库中调取匹配版型，进行智能化生产制作，确保产品以最快的速度完成出货，配送到客户手中。目前，雷诺西服高级定制业务受到了美国、加拿大、荷兰、新西兰、澳大利亚等国家客户的青睐和赞誉，今后将进一步发展个性化高级定制业务，进一步实现经营模式从OEM到ODM到C2F的转变。

五、打造百亿企业、百年企业永不止步

岱银集团将以现代纺织产业为基础，以服饰为先导，立足“打造百亿企业、百年企业”这一发展目标，以科技创新和品牌培育为主攻方向，坚持绿色发展、生态发展、可持续发展的理念，加快对核心产品、核心技术和核心能力的培育，将“岱银”品牌创成国内外知名品牌，将“雷诺”品牌培植成世界一流的服装品牌，加大国际化经营力度，实现全球化采购、全球化设计、全球化生产布局、全球化销售，创新管理机制，建设人才队伍，培育企业文化，培植持续竞争力，努力发展成为永葆活力、引导潮流的大型纺织服装企业集团，在新丝绸之路上放飞梦想，实现新的跨越和发展。

从弱到强的涅槃之路*

2018年11月18日，泰山玻纤新的一条12万吨生产线在满庄新区建成点火，公司总产能达到90万吨，进一步巩固了全球五大、中国前三的玻璃纤维制造企业的地位。2017年，仅在“两材”重组后的一年，泰山玻纤就实现营业收入52.34亿元，利润总额达到8.22亿元，同比增长54.8%。2018年1～11月，又取得历史性新突破，实现营业收入53.45亿元，利润总额达到10.68亿元，同比增长36%。

时间回溯到1997年，泰山玻纤建成当时国内首条万吨无碱玻纤池窑拉丝生产线。21年间，泰山玻纤历经两轮创业、三次重组，走过了一条从无到有、从小到大、从弱到强的涅槃之路。

艰苦创业，确立行业地位

20世纪90年代初，为了打破国外的技术封锁，提升我国玻纤工业的技术水平，国家建材局将“万吨无碱玻璃纤维池窑拉丝攻关项目”作为“天字一号”重点工程，列入了“八五”计划。项目得到时任国务院副总理朱镕基的大力支持。

1994年11月，中国首条万吨无碱玻璃纤维池窑拉丝生产线在泰山之阳开工建设。建设者们从祖国各地汇聚到泰山脚下，历经两年多的艰苦创业，克服了技术、资金、管理等方面的重重困难，1997年5月，生产线最终建成投产。消息传出，业界一片哗然，惊叹声、赞美声、质疑声纷至沓来。

投产初期，由于公用工程投资占比大、市场下滑、产品结构不合理等原因造成企业生产经营陷入困境。最困难时，公司账户余额不足1万元，泰山玻纤到了生死存亡的关键时期。

---

* 泰山玻璃纤维有限公司供稿。

“只要精神不滑坡，办法总比困难多。”面对困难，泰山玻纤制定了迅速膨胀总量、加快技术研发的战略，对引进的先进技术消化吸收再创新，形成了自主知识产权，成功应用于后续的8条生产线建设。

2004年，泰山玻纤重组邹城佳斯达电子玻纤公司，填补了企业的产品空白。随后几年的时间里，在邹城基地相继新建及改造了4条生产线，产能达到15万吨，在业内站稳了脚跟。

二次创业，挺进世界五强

2007年，泰山玻纤加入了原中材集团。在集团的大力支持下，2007～2016年的9年间泰山玻纤产量由16万吨发展到60万吨，挺进世界玻纤行业五强。同时，公司被认定为行业首个国家级高新技术企业，并拥有了行业唯一的国家级技术中心、国家“863”科技成果转化基地、省级重点实验室、博士后科研工作站等研发机构。

面对席卷全球的金融危机，在原中材集团的战略指引下，泰山玻纤于2010年开始实施“调整、提升、国际化”的发展战略，在齐鲁大地上打响了一场攻坚大战。

“十二五”以来，泰山玻纤加快结构调整与转型升级。2012年3月，伴随着挖掘机的轰鸣，泰山玻纤满庄新区破土动工，在1600亩土地上拉开了二次创业的序幕。仅用了一年时间，首条高度智能化、自动化、现代化的8万吨生产线建成投产，被国家工信部列为“国家首批智能制造示范企业”。不用扬鞭自奋蹄，驶入发展快车道的泰山玻纤，在满庄新区又相继建成投产了7条技术先进的生产线。产能迅速扩张的同时，具备了高模、高强纤维的制造能力。

2014年，与美国OC公司合资建成了世界最大的耐碱纤维生产线。2015年，在邹城基地建成了全球最大的5万吨电子纱生产线。

“两材”重组，赢得勃勃生机

2016年，泰山玻纤迎来了历史上的第三次重组，整体并入中材科技股份有限公司。同年8月，“两材”重组，泰山玻纤成为中国建材集团中的一员，在这个更广阔的发展平台上，在中国建材大力发展新材料的战略布局中，泰山玻纤迎来了新的更大的发展机遇。

2017年金秋时节，在“两材”重组一年后，满庄新区F0410万吨生产线、F055万吨特种玻纤生产线在一片赞誉声中建成投产，泰山玻纤总体产能突破80万吨。2018年7月，在“两材”重组两周年之际，泰山玻纤总部整体搬迁至满庄新区，这是泰山玻纤发展史上的一个重要里程碑，标志着泰山玻纤迈入了新的发展时期。目前，F07 线年产 8 万吨高模生产线、F08 线 4 万吨耐碱玻纤生产线正在紧锣密鼓的建设中，一座现代化的玻纤城正在汶水之滨拔地而起。

21 年间，泰山玻纤也在“走出去”中取得了突出成绩，设立了 CTG 北美公司、南非公司等驻外公司及机构，与北美、中南美、欧洲、中东、亚太等的 70 多个国家和地区的客户建立了长期稳定的合作关系。目前，公司又在筹划马来西亚选址建设生产基地，启动了海外建厂战略，目前该项目正在稳步推进当中。

宋志平董事长称，泰山玻纤近几年通过调整产品结构、引进新技术、增加产品附加值、启动新的商业模式、减少资产负债率等措施，打了个翻身仗，企业发生了天翻地覆的变化，赢得了勃勃生机，逆风飞扬。

“雄关漫道真如铁，而今迈步从头越。”肩负着振兴民族玻纤工业使命的泰山玻纤，在中国建材新材料领域的前瞻性布局中，正朝着“成为世界最具竞争力的玻纤企业”的宏伟愿景奋勇前进！

在传统企业基因中注入现代元素 培育转型发展新动能*

迪尚集团成立于1993年,从传统的服装外贸企业起步,发展成为在全球范围内配置要素资源、布局市场网络的跨国经营企业。2016年,服装贸易额15亿美元,成为中国最大的服装出口企业之一。服装行业是最传统的行业,也是市场竞争最为残酷的行业。2017年4月20日,李克强总理到迪尚集团考察时说,纺织服装行业原先赚的是工人们的汗水钱,现在迪尚集团在传统行业里挖金矿,靠的就是新技术、新业态、新模式。改革开放以来,迪尚集团能够在开放大潮中实现转型发展,靠的就是不断地在传统企业基因中注入现代元素,走出一条自我提升、稳步发展的道路。概括起来,就是三个“自主”,即自主品牌、自主设计、自主平台。

一、培育自主品牌,提高企业国际竞争力

与绝大多数服装企业一样,迪尚集团成立初期,也是靠来料加工、来样加工,赚取一点点微薄的利润。那个时候连最基本的线和扣子都要客户提供,在国际市场上没有任何的话语权。在激烈的市场竞争中,迪尚认识到,企业要发展,就要彻底摆脱过去的贸易模式,在全球布局贸易公司、设计公司、品牌公司,拥有自主品牌。初期,迪尚主要是通过代理国际品牌等策略,搭建自己的品牌运营团队,建立起自己的品牌零售渠道。然后,通过海外收购,在美国拥有5家服装公司、10个自主品牌,直接将自主品牌推进国际市场。其中,Indigo Rein(印弟哥王子)在美销售收入达1.5亿美元,是美国市场上知名的中国自主品牌。2012年,迪尚收购了韩国三大服装上市公司之一的AVISTA公司,将其旗下的4个国际知名品牌收入囊中。

---

* 迪尚集团有限公司供稿。

目前，迪尚的自主品牌出口占到15%。海外品牌公司的运营经验，迅速带动了国内设计开发队伍的建设，夯实了自主研发和品牌运作基础。目前已经成功运营了高档女装“FERAUD”和休闲男装“IZOD”多个知名品牌，在全国一线城市设立了200多个专卖店。同时，线上自主品牌“Lilith A Paris（莉莉的）”“BLUESKY（蓝天丽领）”等也上线天猫商城。为发现和培育中国本土设计师，带动我国服装创新创意发展，迪尚集团每年都会举办服装界的设计大赛，其中就包括与中国服装设计师协会共同举办的“迪尚杯”中国时装设计大赛，这是中国服装界最高奖项设计大赛。品牌策略的实施，使迪尚集团从一个单纯的传统外贸服装加工企业，转型为从设计研发到终端品牌零售一体化的综合型服装企业集团，增强了企业核心竞争力和发展新动能。

二、强化自主设计，推动企业转型发展

要占据产业链的高端，必须以领先的自主设计和研发能力为基础。迪尚高度重视设计研发团队建设，在美国、英国都设有设计公司，在韩国拥有上市的设计公司，在法国有设计工作室，在意大利、比利时、荷兰等有设计信息收集团队。3000多人的设计和信息收集团队遍布全球，使集团对市场具有灵敏的反应能力，能够抢占服装潮流先机。现在迪尚的产品有95%以上是由自己的设计团队设计，不仅产品利润率得到了大幅度提升，而且也在整个国际服装贸易体系中掌握了充分的话语权。近年来，随着3D设计、数字化技术、人工智能等新技术日趋成熟，迪尚又创造性地提出了“DDM数字化设计制造”的全新概念，推出了DCCM服装个性化定制、柔性化生产的新商业模式。2018年6月，首家样板店开始试运营，建立起单品智造生产线，下一步将在北京、上海、济南等一、二线城市设立分支机构，启动线上定制云平台系统，进行个性化定制成衣制造。

三、搭建自主平台，实现全产业链共享发展

综合分析服装行业发展趋势，迪尚认为整合服装行业上下游企业，加强产业链上下游协同创新，是服装企业转型升级的方向。借助多年积累的行业资源，利用数字化、智能化科技手段，打造了中国服装设计创新集成平台，为全行业服装企业、设计师提供资源共享、综合服务。打造了中国服装设计创新中心，为服装设计师搭建了众创空间，2017年被确定为国家“双创”示范基地。与中国纺织工业联合会联手，建成国家纺织面料馆，整合30多万份面辅料信息数据，搭建起高度专业化的面辅料公用服务平台。2017年7月，又

收购了日本J-MODE公司，通过其掌握的支付平台系统，直接将设计服务延伸到上千家日本中小企业店铺的零售终端，迈出中国服装设计走向国际的坚实一步。

打造国际化企业　建设全球化品牌*

经过41年的不懈努力，三角集团已发展成为集高性能子午线轮胎研发、制造、销售于一体的综合性企业，产品涵盖五大系列4000多个品种。近年来，集团坚持全球化品牌发展战略，规模和效益显著提升。

一、整合资源，布局全球营销市场网络

一是加快海外市场销售网络建设。在原有美国销售公司、俄罗斯代表处、印度代表处的基础上，新组建了南美、澳新、东南亚、中东非和欧洲等销售团队。二是打入国际跨国公司配套体系。加强与固特异、沃尔沃等跨国公司战略合作，成功为美国、欧盟、韩国、伊朗等国家和地区的10家主机厂与集团用户服务。三是实施国际区域市场营销策略。针对国际市场因地域、气候、经济、消费等不同对产品需求不同，公司始终以客户需求为中心开展营销和服务，保障产品交付及时率。四是启动在美首座海外工厂。投资5.8亿美元，在美国建设年产500万条乘用车轮胎和年产100万条商用车轮胎的制造工厂，列为“钻石”项目，2018年4月动工建设，建成后将是世界上最高效、环保的轮胎制造厂家之一。

二、科技创新，引领品牌发展

公司注重研发能力建设，建成了国家级技术开发中心、国家级工业设计中心、国家工程实验室三个国家级研发机构，承担了多个国家级、省部级科技计划项目，三年来自主投入研发资金15亿元，取得了多方面成果和突破。法炼胶新工艺直接带动了行业炼胶的技术变革，硫化缩时测试成功，“直压硫化技术”取得成功，参与15项国家标准和行业标准的制定工作，目前公司

* 三角集团有限公司供稿。

共拥有授权专利329项，其中海外专利70项。

三、智能制造，注入品牌新动能

一是智能化制造。以工业4.0的标准设计，先后建成了华阳公司年生产能力500万条的高性能乘用车轮胎生产基地、华茂公司200万条高性能商用车轮胎生产基地。新工厂均采用机器人技术、大数据技术、工业云技术等，从原材料进厂到成品出库，均实现了高度自动化、信息化。二是绿色制造。华茂和华阳公司的胶料生产全部采用一次法低温炼胶工艺新技术，实施太阳光灯照明技术，硫化时效节能技术，产品达到“绿色轮胎”制造标准，也达到世界先进国家的环保、安全等级标准。三是高端制造。华茂二区商用车胎高端装备生产线生产的产品全部为无内胎轮胎，80%以上的产品供应国际市场，其噪声、湿滑、滚阻等技术性能指标达到了欧盟标签法规。华阳公司乘用车胎16寸及以上的产品定位为供应全球市场的中高档消费群，噪声、湿滑、滚阻性能已超过了欧盟标签法标准。

四、精益管理，构筑新管理体系

一是精益生产制造管理。从原材料采购到密炼、压延压出、成型、硫化、检测等工序，严格把控工艺标准。生产制造严格执行“工艺100条”“设备管理100条”等标准。二是精益人力资源管理。搭建了由各领域中高端人才、基层技术管理人才和高技能人才构成的人才框架。建立全球化信息管理体统，升级EHR系统，提升人力资源信息化管理水平。三是精益品牌推广。入选2017中央电视台“国家品牌计划”，举行经销商全球峰会，参加SEMA展、德国埃森轮胎展等展会，宣传三角公司和品牌。

从跟跑行业到走在国际化前列*

40年前，山东临工还只是个年产值200余万元的小工厂，1978年产气动装运机68台、装载机2台。它甚至都上不了行业名录。而2018年，已经成为中国工程机械行业领先企业之一的山东临工，年销售装载机、挖掘机等各类整机4万多台，年产值达到176亿元，装载机销量是全球之冠。在中国工程机械行业国际化的进程中，它已经走在前列。从40年的时间跨度看山东临工，可能还不能体会它发展速度的惊人，那我们就把视线拉到一个重要的时间节点——2006年，因为正是在这一年，山东临工开始了与世界知名品牌沃尔沃的签约合作。

在21世纪初的几年里，虽然山东临工发展势头很猛，而且还抓住市场机遇迅速实现了产销过万台，但与行业领先企业相比始终存在较大差距，甚至差距还有继续拉大的趋势，当时，快速增长的短板已经显现，企业似乎触到了发展的天花板。怎么突破？就在企业感到困惑的时候，是国家深化改革开放、加快融入世界经济的发展战略给山东临工带来了机遇和希望。2006年，地方政府和山东临工的决策者以开放的心态看世界、谋发展，勇于解放思想，打破股权控制的传统观念，大胆地以股权换品牌的合作模式与沃尔沃签约。沃尔沃通过注资拿到了山东临工70%的股权，而山东临工品牌则得以保留和发展。与沃尔沃的合作成功，助力山东临工在国际化道路上快速发展。合作10年来，沃尔沃累计投资达1.65亿美元，山东临工资产增长了10倍。更重要的是，公司在管理、技术、市场等方面获得了沃尔沃的大力支持，企业核心竞争力快速提升，公司实现了跨越式发展。

---

* 山东临工工程机械有限公司供稿。

一、双品牌战略使临工品牌地位迅速得到提升并快速走出国门

根据双方达成的共识，沃尔沃集团以“双品牌”战略，支持“山东临工”品牌做大做强。合资公司在经营管理上全面依靠中方管理团队。“双品牌”战略的实施，既保持了山东临工运营的独立性，有利于发挥本土管理的成本和企业文化优势，同时又借助合资大大提升了山东临工的管理能力、产品技术和品牌声誉，实现了山东临工品牌与沃尔沃高端品牌的优势互补，促进山东临工快速实现了跨越式发展。山东临工品牌迅速进入“中国品牌500强”和“亚洲品牌500强”，2018年品牌价值达到了280亿元。

二、引进消化吸收沃尔沃先进技术，迅速增强集成创新和自主创新能力

对沃尔沃先进的技术，公司管理团队采取“吃自助餐”的方式，从产品开发、设计到基础研究、实验平台，有针对性地引进、吸收和再创新，使得公司产品性能和质量全面提升。高起点开发挖掘机、平地机、挖掘装载机等新产品，在短时间内实现了国产化。目前，临工产品在品质可靠、节能环保、操作灵活、人性化设计等方面都已走在了行业前列，成为名副其实的国产高端品牌。由于临工技术水平的迅速提升，沃尔沃产品的多个关键部件已经由临工制造，而且临工研发平台如今还承担了沃尔沃产品的研发。由临工研发团队开发设计的沃尔沃小挖，整体性能甚至优于沃尔沃自身产品，经沃尔沃销售渠道销往全世界，获得了市场认可并取得非常好的市场回报。

三、沃尔沃精益模式助力临工质量和效率领先行业

学习应用国际先进的管理理念和管理模式，是山东临工与沃尔沃合作的主要目的之一。围绕提升运营质量和效率，山东临工采取“走出去、请进来”的方式，每年邀请沃尔沃管理专家，同时向沃尔沃标杆工厂派出学习团队，很快便在制造过程中导入了沃尔沃精益生产方式，在此基础上进一步创新形成了临工精益生产方式LPS。LPS精益生产模式确保了公司生产制造过程高效、领先，有效、有力地支撑了公司核心竞争力的提升。公司生产制造关键绩效指标、综合运营效率已经多年领先于同行业。临工精益管理水平在沃尔沃全球18个工厂中的排名，由最初的第16位达到了现在的第5位，居于国际先进行列。在LPS支撑下，山东临工连续获得“省长质量奖”“全国机械工业质量奖”“全国质量奖”“亚洲质量卓越奖”。

四、渠道共享支撑山东临工市场国际化大提速

沃尔沃大力支持山东临工市场建设，通过在媒体大量投放广告，赞助亚冠联赛，开展“中国好司机”“俄罗斯好司机”，与世界自然基金会签约“碳减排先锋计划”等公益活动，提升品牌形象和价值。在境外，山东临工共享沃尔沃全球营销渠道，在60多个国家和地区设立了办事处或代理商，在巴西建设了海外工厂，公司已连续6年保持装载机出口量第一。借力国际合作，山东临工实现了市场国际化大提速，成为民族品牌借助合资合作做大做强的典范。

山东临工与沃尔沃合作10余年来，双方的合作模式与经济全球化的特性相适应，合作过程优势互补、相互促进，使得双方实现了互利双赢，更使山东临工品牌和公司管理、技术、质量等获得了巨大提升，市场国际化走在行业前列。现在，双方正在开展智能制造的合作，进一步提升国际市场份额。双方计划到2020年，山东临工各类产品综合销量达到5万台，销售收入超过300亿元。展望未来，山东临工对成为世界知名、国内领先的国际化品牌充满信心。

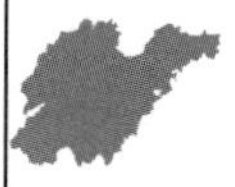

乘改革春风 谱时代华章*

作为民营企业中的佼佼者，创立于1991年的新凤祥集团乘改革开放春风，从一家小小的良种鸡场，成长为一个跨行业、多元化的大型企业集团，旗下拥有凤祥食品和祥光有色金属两大主导产业，正在形成新凤祥金融产业和医养健康产业，牵头打造大美伏城。新凤祥人用智慧与汗水书就了一部创业成长史。

一组大数据，让新凤祥的传奇发展变得现实可感：

1992年，营收4620万元，税收贡献77万元。

2001年，营收1.2亿元，税收贡献1572万元，进出口额3600万元。

2009年，营收111.7亿元，税收贡献11亿元，进出口额9亿元。

2017年，营收501亿元，税收贡献21.10亿元，进出口额42.44亿元。

……

27年间，新凤祥资产规模增长了383倍，营业收入增长了1084倍。新凤祥税收贡献总额达193亿元，已向国家累计交纳进口环节增值税163亿元；进出口总额256亿元，连续多年居聊城市企业进出口排名第一。

乘东风激越而起——凤祥食品成为国内外安心鸡肉代名词

1991年，在这个改革开放新的历史交替点，刘学景在阳谷县办起了畜牧实业公司，带领四邻八乡的老百姓养鸡致富。1994年，山东凤祥集团总公司注册成立，当年凤祥食品就走出了国门。1996年，凤祥取得进出口自营权。2002年，它成为国内首家同时具备生鲜产品与熟食产品出口资质的企业。目前，凤祥是中国出口量最大的全产业链肉鸡企业、全国首批出口食品“三同”示范企业。

---

* 新凤祥集团供稿。

为帮助农民脱贫致富，2000 年前后，凤祥举办肉鸡饲养培训班 800 余期，人员达 47000 人次；在各生产基地设立了近 100 个技术服务站；向部分养殖户赊销鸡苗、饲料，资金不足的农民可以通过养鸡富裕起来。2000 年，仅阳谷一个县的农民通过养殖肉鸡，从凤祥得到的直接收益就达 5000 多万元。

2010 年，凤祥投资近 30 亿元，在全国率先实现了全部工厂化自养模式的顺利转型，在业内开创了"现代化肉鸡养殖"的先河。凭借严苛的"从农场到餐桌"全产业链管控体系，成就了"凤祥 360 安心鸡肉"。正是凤祥对品质的匠心坚守，成为肯德基、麦当劳的战略合作伙伴，产品出口日本、欧盟、马来西亚等 20 多个国家和地区，被国家体育总局训练局指定为国家队运动员备战保障产品。

在来势汹汹的消费升级浪潮中，凤祥食品成为积极拥抱行业变化、坚持创新驱动的典型代表。凤祥是鸡肉行业内最早在研发层面进行全球布局的企业之一，在山东、上海、日本东京三地均建有研发中心。2018 年，凤祥小步疾行，陆续推出超过 50 款针对不同消费群体的产品，极大地丰富了产品矩阵。

深耕食品领域 27 年，"安心凤祥"已成为海内外消费人群的普遍共识。凤祥食品，不仅让世界爱上中国味，并致力于同 13 亿中国人共享具有世界品质的鸡肉产品。

中流击楫破浪行——祥光铜业为传统企业高质量发展领跑

时间的脚步迈进新世纪大门，"实业报国"的社会责任感和"做大做强"的历史使命感，让新凤祥人敏锐意识到行业转型发展迫在眉睫。2005 年，祥光铜业一期工程开始建设。2007 年，就建成了中国第一座、全球第二座拥有闪速熔炼和闪速吹炼工艺的铜冶炼厂。虽然"双闪"铜冶炼设备的价格比普通转炉高出 10 多亿元，但拥有全球最好的环保性能。

2009 年 5 月，祥光铜业自主研发的旋浮铜冶炼技术投入生产，此举打破了国外对铜冶炼核心技术的长期垄断，代表了全球铜冶炼行业的最高水平。该技术先后荣获国家科技进步二等奖、中国专利奖金奖，不仅受到中国黄金、中国铝业等大型国企的青睐，还被美国肯尼科特铜业公司选用，实现了中国铜冶炼核心技术应用到美国顶级铜冶炼工厂的突破。

作为目前全球单系统产能最大、技术最先进、环保治理最好的生态铜冶炼工厂，祥光铜业与三峡工程、青藏铁路共同入选"国家环境友好工程"。祥光在环保方面的投入超过 9 亿元，全面实现废气回收制酸、废渣再选再用、废水循环利用、余热高效利用，各项指标均优于国家标准。2018 年，祥光又投资近9000万元，实施烟气提标改造，在全国率先达到铜冶炼大气污染物特别排放限值；投资8500万元实施综合废水深度处理，在同行业中率先实现工业废水全部零排放。

大手笔环保投入，换来巨额经济效益。通过阳极泥回收，祥光每年可获得20吨黄金、600吨白银、1000多吨稀贵金属，总效益达80亿。而生产废水零排放、烟尘和尾气回收等，每年又能为祥光带来几个亿的额外收入。在经济低迷、行业遇冷的大环境下，祥光反而取得逆势增长13%的成绩，创历史最佳水平。

新时代　新担当　新作为——新凤祥全面发力乡村振兴建大美伏城

在党的十八大精神感召下，新凤祥依托凤祥食品和祥光有色金属两大主导产业，助力阳谷县加快推进乡村振兴，成为齐鲁大地的一道亮丽风景。多年来，新凤祥在土地流转方面年均惠民3.5亿元，通过一、二、三产业深度融合，使10万农民从新凤祥产业链受益，年增加社会效益近20亿元。新凤祥按照阳谷县委、县政府“两城一带一区六园”总体规划，正在牵头打造一座占地23.46平方公里、可容纳10万人以上居民的大美伏城，现已初具规模。

自2014年以来，新凤祥积极推进伏城教育事业发展，共计投入4.6亿元。伏城教育全面实现了十二年一贯制教育，引入了大量国内外优秀教师以及国际化教育资源，教学成绩居全市前列。2018年4月，新凤祥投资建设的鲁西南医院全面运营，这是一座大型三级综合标准医院，为鲁冀豫三省交会区72县市的5000万人民群众的健康保驾护航。以其为依托，新凤祥规划建设占地约4460亩的阳谷伏城医养结合大健康产业园，将全面构建全域适老化和全生命周期的医养结合产业链。

正在兴建的伏城文化旅游项目一期工程是山东省2018年度重点建设项目，其中伏城文化博物馆、文化旅游购物中心主体工程已经完工，同期已建成如意山公园，正在建设石佛山文化公园。未来，还将筹划打造一座集历史文化观光、大型文艺演出等于一体的伏城印象，以及占地5000亩的伏城春晓田园综合体。

在改革开放40周年这一继往开来的历史节点，习近平总书记频频为民营经济发展加油、鼓劲，给民营企业吃下了“定心丸”。在中央一系列政策措施支持下，新凤祥集团坚定高质量发展信心，在加快实施新旧动能转换大潮中，必将为民营企业发展提供更多的有益探索和成功经验。

坚持开放发展　打造国际化企业*

山东魏桥创业集团的前身是一家小型油棉加工厂，从1981年开始，伴随着改革开放的进程，历经37年的创新和发展，目前已发展成为一家拥有2家香港上市公司、国内外11个生产基地、13万名员工、2500亿元总资产，集“纺织—染整—服装、家纺”产业链及“热电—采矿—氧化铝—原铝—高精铝板带、新材料”产业链于一体的特大型企业，连续7年入选“世界500强”，2018年位列第185位，连续5年位列山东企业100强首位。

多年来，魏桥创业集团始终坚持开放发展，充分利用国际、国内两个市场、两种资源，扩大进出口，产品远销欧、美、日、韩、东南亚等70多个国家和地区；积极参与“一带一路”建设，加快“走出去”步伐，到印尼、几内亚投资建设氧化铝厂、开采铝土矿，推动国际产能合作，加速企业国际化进程，使企业发展成了具有国际影响力和话语权的民族企业。

一、加强国际市场开拓，国际贸易迅猛发展，产品遍布世界各地

为了把企业做大做强，魏桥创业集团积极面向国际、国内两个市场、两种资源，一手抓扩大进出口，一手抓利用外资。在出口方面，1997年以前，集团充分利用外贸代理和合资企业积极开展一般贸易和加工贸易，出口创汇从1989年的43万美元猛增到1997年的5332万美元，棉纺规模从1989年的1万纱锭迅速发展到1997年的28万纱锭，成为全国最大的棉纺织企业。1997年获得自营进出口权后，集团如虎添翼，自营出口创汇从1997年的1700万美元猛增到2008年的103608万美元，棉纺规模从1997年的28万纱锭迅速发展到2007年的700万纱锭，发展成为全球最大的棉纺织企业。目前，“魏桥”牌产品作为中国名牌产品和世界著名品牌产品，以其档次高、

* 山东魏桥创业集团供稿。

质量好、规格全的优势，覆盖欧、美、日、韩、东南亚等70多个国家和地区。

在发展过程中，魏桥创业集团积极引进国外先进设备，不断加大技术改造力度，在纺织工序方面，引进了具有国际先进水平的清梳联、精梳机、紧密纺细纱机、自动络筒机、喷气织机、剑杆织机等先进设备。在高精铝板带箔领域，引进了世界上13个国家和地区的熔铸、热轧、冷轧、精整设备，建成了全世界最快的罐盖涂层生产线，有效地扩大了进口。

魏桥创业集团还抢抓我国加入世贸的有利时机，充分利用纺织行业的比较竞争优势，大力开展加工贸易，每年进口棉花30万吨，使棉花采购成为国际棉花市场的风向标。

二、积极推动境外上市，打造国际融资平台，扩大利用外资规模

利用外资最有效的方式是境外上市。魏桥创业集团控股子公司魏桥纺织于2003年9月24日在香港成功上市，募集资金24.41亿港元，2004年5月28日在香港首次配售融资6.66亿港元，在此基础上又于2006年3月2日在香港配售融资8.31亿港元，在香港证券市场已累计直接融资39.38亿港元。

魏桥创业集团关联公司——中国宏桥集团于2011年3月24日在香港联交所主板成功挂牌上市，融资额达63.72亿港元。2014年，集团充分利用上市公司平台，累计境外融资15亿美元，其中银团贷款5.8亿美元、配股融资2.2亿美元、发行优先票据7亿美元，特别是两笔优先票据的发行，获得了国际投资者的高度关注，创下了多个引人瞩目的纪录，使企业在拥有股票市场资本平台的基础上，又成功走上了国际债券市场这一融资平台。

三、加快“一带一路”建设，在印尼建成我国首家海外氧化铝企业

2013年以来，魏桥创业集团旗下中国宏桥集团、魏桥铝电公司充分利用印尼丰富的铝土矿资源，与印尼哈利达集团、韦立投资（香港）有限公司联合成立宏发韦立氧化铝公司，共同投资10亿美元，在印尼西加里曼丹省可达邦县肯达旺甘镇建设年产200万吨的氧化铝生产线，并同步建设电厂、码头、生活区等配套设施。该项目是中国首家海外氧化铝生产企业，也是印尼第一家大型的氧化铝生产企业，2013年7月奠基，得到了中国和印尼政府的高度关注。2013年10月3日，国家主席习近平访问印尼期间，与印尼时任总统苏西洛共同见证了项目签约仪式。2014年11月10日，APEC领导人峰会上，该项目再次被确定为中国、印尼领导进行经济合作交流的三大项目之一。

2016 年 5 月 9 日，第一条 50 万吨氧化铝生产线正式产出氧化铝，标志着中国首条海外氧化铝生产线建成并投产。2016 年 6 月 30 日，第二条50 万吨氧化铝生产线正式投产。2016 年 8 月 1 日，首批 5 万吨氧化铝产品装船，13 日启运，正式出口中国山东，23 日顺利抵达烟台港，开启了中国有色金属海外加工运输的新模式，也掀开了有色金属全领域合作的新篇章。

印尼氧化铝项目主要工程设计、大型工程承包均由中国单位承担，项目建设用主要关键物资均自中国采购出口供应，项目带动的出口总额达 5 亿美元。

四、加强中非合作，在几内亚创造“中国速度”，刮起“中国风”

2014 年，魏桥创业集团旗下中国宏桥集团，联合新加坡韦立集团、烟台港集团和几内亚 UMS 等 4 家企业，组成企业联合体“赢联盟”，在几内亚注册成立了两家几内亚法人企业，分别为赢联盟博凯矿业公司、赢联盟非洲港口公司，分别承担矿山开采建设、港口建设运营以及社区建设管理工作。赢联盟成为中国率先在几内亚共和国拿到铝土矿的企业，锁定了 15 亿吨的铝土矿，不但获得了矿权，还实现了河运、海运相结合的多式联运的完整产业链。

该项目一期投资 2 亿美元，充分利用矿区连接深海的一条运河，修建河港码头，在河港接驳水运后，运送到离港口 74 公里外的 20 万吨货轮深海锚地，通过浮吊船装大型散货船。2015 年 3 月 26 日奠基，7 月 20 日博凯矿业公司及博凯港口正式建成投运，第一船铝土矿顺利装船，9 月 25 日首船18 万吨铝土矿启运回国，自此开创了几内亚铝土矿出口到中国的先河。经过 40 多天的海上航行，经好望角、印度洋、马六甲海峡、南中国海，11 月 15 日抵达烟台港，12 月 12 日转运滨州套尔河港区码头卸船，直送魏桥创业集团氧化铝厂堆场，全程 1.2 万海里，全部水运，搭建了一条自国外矿山到魏桥创业集团国内工厂、集多式联运于一体的完整产业链条，也是经跨三大洋的新兴的铝土矿海运航线，形成了中国至几内亚、几内亚至中国的双向物流运输通道。该项目在几内亚创造了一个中国人的建设奇迹，为企业的持续发展奠定了资源基础，对中国的铝工业发展提供了示范和创新发展模式，并成为践行中国“一带一路”倡议，实现互利互赢理念的一个鲜活的例子，每年运回矿石 4000 万吨以上，为我国铝工业健康可持续发展提供了战略支撑，使企业牢牢把握了铝土矿采购的话语权。

几内亚铝土矿开采项目，极大地带动了国内大型机械装备的出口，国内生产的大型起重机、装载机、挖掘机、重型卡车等装备已先期“走出去”，到达遥远的非洲。多艘 20 万吨级巨轮长期穿梭于中国与西非海岸，在把矿石运进国内的同时，也把国内出口物资运往非洲沿岸国家，形成一条长期稳定的“海上丝绸之路”。几内亚总统孔戴亲自洽谈合作，分别参加了河港码头奠基仪式、医疗站捐赠仪式、铝矾土装船仪式及二号港口三号泊位投用仪式，多次给予项目充分肯定和高度评价。

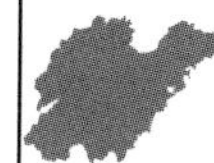

融入世界经济　建设国际西王*

近年来，西王集团以十九大精神为指导，贯彻新发展理念，以国际化的视野，坚持开放发展，建设外向型企业，"走出去"与"引进来"双轮驱动，推进外贸、外资、外经融合发展，国际贸易、对外投资、引进外资工作不断取得新成效。依托资本运营、国际并购、对外合作将集团产业布局延伸到海外，成为跨国集团，开放发展成为企业发展的新动能、新引擎。在改革开放的大潮中，在开放发展的支撑下，西王集团历经32年，从一家小型油棉加工厂发展成为全国大型民营企业，形成玉米深加工和特钢两大主业板块，拥有运动营养、物流、国际贸易等多个产业。控股西王食品、西王特钢、西王置业三家上市公司和西王集团财务公司。现拥有总资产500亿元，职工1.6万余名，位列2018中国企业500强第358位、中国制造业500强第170位。公司年加工玉米300万吨，年产特钢300万吨，年产葡萄糖180万吨，国内市场占有率50%，药用葡萄糖国内市场占有率85%，居亚洲第一。年产玉米油30万吨，国内市场占有率30%。被中国食品工业协会冠名"中国糖（淀粉糖）都""中国玉米油城"。2018年1～11月，实现销售收入426亿元，利税26.5亿元，税金12.1亿元，同比增长分别为6.9%、23%和26.6%。

稳健高质量发展态势，离不开对外开放发展的经营模式。

一、树立开放思维，融入世界经济

创业之初，企业摈弃了保守的传统思想，树立了开放发展的战略思维，主动以开放的姿态融入世界经济发展之中。企业通过与美国太平洋能源、泰国万浦、日本住友等国际化大型公司合作，引进先进的国际管理理念，为企业走向国际舞台奠定了基础。西王的发展引起了国际社会的关注，来自

* 西王集团供稿。

荷兰、美国、芬兰、日本等多家国际型企业、国际金融集团及众多国际友人，纷纷前来考察，洽谈合作。西王也因此成为邹平、滨州乃至山东对外合作交流的窗口。1997 年 7 月，美国前总统卡特先生考察西王经济发展情况。现在，集团每年接待国际访问、考察团几十批次。西王人从容不迫地敞开大门，在推介、宣传、展示西王的同时，也为西王开展跨国合作和国际化发展铺平了道路。

二、发展国际贸易，占据国际市场

西王集团将发展国际贸易、做大国际贸易确定为公司的重要发展战略和集团转型升级的重要举措，分别成立了西王国贸、青岛国贸、香港国贸三大贸易公司：邹平基地的西王国贸以出口为主，青岛西王国贸以进口原料为主，香港国贸配合西王国贸和青岛国贸开展进出口业务。三地贸易公司联合运作，打出一套组合拳，促进了国际贸易板块的迅速壮大。同时，西王提前布局，积极运作，建设国际网络和国际渠道，为未来全球战略布局提供了支持。

围绕玉米深加工和特钢两大主业，西王依托集团品牌优势和资源优势，不断扩展国际市场，出口、进口双向提升，促进量效齐增，进出口业务额不断扩大。特钢板块产品通过了韩标、日标认证，利用青岛设立中日韩自贸区的机遇，积极开展对韩、对日贸易，积极开拓国际市场；玉米深加工板块产品通过了 GMP、欧盟、清真等各项国际认证体系，产品销往东南亚、欧洲、非洲、美洲、澳大利亚等 80 多个国家和地区，年出口创汇均 1 亿美元，在国际上塑造了西王品牌，扩大了西王影响力。

为做大国际贸易，西王集团与日本住友合作，后者以 7300 万元入股西王国贸，占股 40%。双方发挥各自优势，西王借助住友遍布全球的销售网络和先进经验，积极发展扩大以粮油食品为中心的合作，实现了农产品国际贸易及高端食品的开发与推广，原料的全球调配采购和健康食品的全球销售以及贸易的全球化。

三、实施海外并购，推进国际化进程

2016 年 11 月，西王食品以 7.3 亿美元的价格成功并购全球最大的运动营养与体重管理企业——加拿大科尔公司，正式进入运动营养与保健品领域，上演了一场“蛇吞象”的海外并购，在国际资本市场引起轰动。李克强总理和加拿大特鲁多总理共同见证了双方的签约，西王资本走向了国际，西王集团因此增强了全球竞争能力，成为跨国集团正式进入运动营养与保健品领域，有效推进西王集团的国际化进程，增强公司全球竞争能力，实现公司海外和国内业绩均衡发展的战略目标。

下一步，西王集团计划并购日本住友在澳大利亚经营的粮食公司 Emerald。2018 年 10 月 26 日，日本首相访华，该项目在两国总理见证下，签署了意向书。这是继 2016 年加拿大并购项目之后，西王集团又一国际合作项目得到国家领导人的关注和肯定。该项目总投资 5 亿美元，西王集团计划持股 80%，并将于 2019 年完成并购。公司成立后，在澳大利亚粮食主产区将拥有仓储设施 200 万吨，与澳洲 12000 家农场主建立业务关系，并将拥有码头和铁路，力争在 5 年内将规模扩大到 1000 万吨，做大粮油产业和粮食贸易，服务国家粮食安全。

四、实施资本运营，创新投融资模式

大力实施资本运营战略，促进了企业投融资模式的创新，实现了由单一资产运营向资产运营及资本运营兼顾作业模式的转变，成功将西王糖业、西王食品、西王特钢、西王置业推向资本市场，打造了“西王板块”。2005 年，西王糖业在香港以红筹股成功上市，融资 6.1 亿港元，开创了全省通过跨境抵押和过桥贷款方式在境外通过红筹股模式实现上市的先河。2011 年，西王食品正式登陆深交所主板市场。2012 年，西王特钢在香港联交所成功上市，募集资金 13.25 亿港元，成为当时近 8 年来国内钢铁企业在香港上市的唯一一支红筹股。2013 年，西王置业通过资产置换，成功登入香港资本市场。近年来，西王通过资本运营，搭建了外资引进的优质平台，实现直接融资超过 30 亿元，促进了企业资本结构和资产结构的持续优化。

五、积极开展对外合作交流，提升国际化水平

大力实施人才战略。2005 年以来，西王多次公派留学生出国深造，为公司发展培养了一大批眼界开阔、思维先进的国际化人才。2005 年，来自卢旺达的阿纳斯博士落户西王，提升了公司的玉米深加工板块技术软实力；西王引进了瑞典阿法拉伐精炼设备、法国的吹瓶线、意大利的灌装线、德国工业巨头克朗斯食用油吹灌一体生产线等先进技术及装备；多次组团赴德国巴登钢铁交流学习，促进了公司技术提升。通过人才、技术的“双引进”，西王实现了公司软件、硬件的双升级。

在今后的发展中，西王集团将乘着深化改革开放的东风，将企业发展与国家的需求结合起来，把企业的成长融入国家发展、国家需求、国家战略中去，坚持开放发展，做大粮食贸易，着力打造一家国际上有话语权的大型跨国企业。

图书在版编目(CIP)数据

山东开放40年:不忘初心再出发/山东省商务厅,山东省商务发展研究院编.—济南:山东大学出版社,2019.7

ISBN 978-7-5607-6354-5

Ⅰ.①山… Ⅱ.①山… ②山… Ⅲ.①改革开放—成就—山东 Ⅳ.①D619.52

中国版本图书馆CIP数据核字(2019)第160375号

责任编辑:武迎新

封面设计:张 荔

出版发行:山东大学出版社

社　址　山东省济南市山大南路20号

邮　编　250100

电　话　市场部(0531)88363008

经　销:新华书店

印　刷:济南新科印务有限公司

规　格:720毫米×1000毫米　1/16

21印张　360千字

版　次:2019年7月第1版

印　次:2019年7月第1次印刷

定　价:60.00元